경호인성교육

Security Personality Training

김진환 저

도서출판
진영사

경호인성교육

김진환 저

2020년 02월 03일 초판 인쇄
2020년 02월 06일 초판 발행
발행인 박 진 영
발행처 도서출판 진영사

인천광역시 부평구 갈산동 185번지 풍진빌딩 303호
전화 : 032)505-4207
팩스 : 032)505-4206
E-mail : 0183734207@hanmail.net
등록 : 122-91-77317

ISBN 978-89-6541-460-5 93350
값 17,000원

PREFACE

경호인성 교육이 필요한 이유……

1.

경호인성교육이라는 책을 쓰려고 시도했던 것은 참 오래전의 일이다. 겁 없이 초안을 써 놓고도 얼마 후에 다시 보면 왠지 부족하고, 필자만이 이해하는 책이 될 것 같아서 뒤로 미루어두기 일쑤였다.

그 후 여러 번의 집필을 시도했고, 그 결과 259쪽의 경호인성교육이 완성되었다. 그러나 책이 완성되었다는 성취감보다는 부족하고 서운하다는 느낌이 앞선다.

2012년 경호전공 최초로, 학교 전공 교과과정 심의통과 후 경호학과 1학년 1학기 기초 전공과목으로 경호인성교육이 출발하였다. 그러나 수업이 개설된 지 약 8년 만에 전공서적이 출간되는 일은 흔치 않은 일이다. 그것은 필자의 게으름도 있었으며, 아마도 감히 지식도 없이 경호전공분야가 아닌 타 분야를 접근해 보았기 때문이다.

경호인성교육을 집필하게 된 동기는 우연히 후배 교수 연구실에서 한국교직원 신문에 게재된 “교실수업 더 즐겁게 바꾼다 창의인성교육”(2011)이라는 제목을 보고서 인성이 좋은 엘리트 경호원을 양성하겠다는 학과 목표와 일치하는 인성교육 프로그램을 생각하게 되었다.

그 후 8년 동안 도서관과 현장을 찾아다니고, 명사특강 및 타 분야 전공서적의 자료를 수집하고, 분석하여 여러 번의 집필을 시도하면서 인성티칭 프로그램을 개발하였다.

2.

이 책은 이러한 문제의식에서 출발하였다. 타 전공분야가 많이 내포되어 있다고 다른 측면에서 보는 사람도 있겠지만 필자는 경호학 전공학생들에게 인성의 의미를 숙고하고, 바람직한 성품을 함양시키고자 하는 의도에서 경호인성교육을 시도하였다. 대학교육차원에서의 타 대학 교과과정에 경호인성교육을 정착시켜 바람직한 엘리트 경호원을 양성하는 것이 필자의 조그만 꿈이기도 하다. 경호인성교육 책은 크게 두 가지로 구분하였다. 첫째는 단원 단원마다 이론적 개념정리를 하였으며, 둘째는 학생들이 어떠한 주제에 의한 탐색과 토론위주의 자율수업으로 전원 100프로 수업참여와 다양한 논점을 제시하고 결과 중심보다는 과정중심 수업이 되고자 노력하였다. 세부구성을 살펴보면 제 1장은 경호인성의 이론적 틀을 제시하였으며, 제 2장은 경호 인성교육방법에 관한 안내서이다. 강의방법 및 자율수업 방식 등이 소개 되었으며, 제 3장은 경호인성교육의 시발점으로 도덕성과 윤리성에 대한 요소 및 나의 도덕성이란 주제로 탐색을 하는 과정이다. 제 4장은 경호원의 성격의 종류와 올바른 성격관리 등으로 구성되었다. 제 5장은 리더십과 팔로워십의 중요성을 배우며, 경호원의 리더십 목표수행지침을 제시한다. 제 6장과 7장은 의사결정의 중요성 및 경호원의 창의적인 문제해결능력을 다루는 과정을 다루었다. 제 8장에서는 시간관리의 중요성과 경호원의 시간에너지 관리전략에 의한 자기계발을 다루는 과정이다. 제 9장은 멘토링의 특징 및 장점을 배우고 경호특강 및 경호멘토를 선정하는 과정이다. 제 10장은 동기부여 실제사례를 통한 본인의 진로방향을 설정하는 단계이다. 제 11장은 경호원의 기본소양 및 스피치훈련을 하는 과정이고, 제 12장은 국내 사회봉사단체 및 해외단기 봉사활동 프로그램을 소개하고, 학생들의 봉사활동 내용들을 발표토록 하는 과정이다.

3.

이 책은 필자의 오랜 경험적 측면과 타 전공 서적 및 유명 특강강사 자료, 그리고 기업 연수 교육자료 등을 조사 분석하여 집필하였다. 경호인성부분에 보편적으로 적용하기에는 부족한 면은 있으나 대학에서 경호인성 수업이나 경호기업에서 인성교육 및 팀 활동 직무교육 교재로는 무난할 것으로 생각한다. 이외도 타 전공에서 인성교육을 연구하는 일반인에게도 참고서적으로 많은 도움을 줄 수 있을 것으로 기대한다.

그리고 이 책이 완성되기까지 자료를 제공해준 인성전문가 박상균 박사와 연구실에서 워드작업을 도와준 문서경, 방수지, 김지현 학생, 사진촬영을 도와준 김효정, 이성민 학생 우리 경호학과 학생들에게 감사한 마음을 전한다. 끝으로 출판업계의 어려운 여건 속에서도 기꺼이 출판을 허락해주시고 적극적인 성원과 지원을 아끼지 않으신 진영사 박진영 사장님과 관계 임직원에게 깊은 감사를 드리는 바이다.

2020년 1월

부아산 연구실에서

김 진 환

CONTENTS

목 차

제1장 경호인성 이론

- 1. 경호의 개념
- 2. 인성의 개념
- 3. 경호인성교육의 필요성

제 1 장 경호인성 이론

1. 경호의 개념

"경호"는 경호대상자의 생명, 신체, 재산을 보호하기 위한 제반 활동이라 할 수 있으며, 직, 간접적인 위험발생을 사전 예방 및 사후 제거하는 총체적인 안전 활동이다. 즉, 경호는 경호대상자를 중심으로 한 경호 주체의 안전 확보 활동이며, 시간적 개념으로 위험발생을 기점으로 한 사전 예방활동과 사후 제거 활동, 거리적 개념으로 근접호위 활동과 지역적 경비 활동을 모두 포함하는 총체적개념이다.

또한, 경호는 특정인에 대한 신변보호를 말하는데, 신변보호는 개인의 생명과 신체에 대한 근접 호위활동이라 할 수 있다. 거리 측면에서는 경호대상자의 가까운 거리 내에서의 보호활동을 의미한다. 일반적인 인식적 측면에서 경호란 좁은 의미로서의 근접 호위활동으로 이해되고 있으며, 일정한 대형을 유지하여 위해자로부터 경호대상자를 보호하는 활동을 말하며, 넓은 의미로서의 경호란 이러한 근접 호위활동에 일정한 경계지역을 순찰·방비하는 경비적 개념이 추가된다. 또한, 실질적 의미의 경호란 학문적 개념으로서 경호의 이론적 정립에 따른 것이다.

실질적 의미의 경호는 경호의 이론적 정립에 의해 성립된 것이며, 경호란, "정부요인이나 국내에 체재중인 외국요인 등의 신변에 위해가 미치는 것이 국가 치안에 염려가 있는 자, 즉, 경호대상자에 대해서 정치적, 돌발적인 폭력·불법행위 등 인위적인 위해, 화재, 건조물 손괴, 산사태 등의 자연발생적인 위해 등으로부터 그 신변을 지키고 안전을 확보하기 위한 작용이다. 이러한 절대적 신변 안전을 위하여 모든 사용 가능한 수단과 방법을 동원하여 위해요인을 사전에 방지 및 제거하기 위한 총체적 제반작용"이라 할 수 있다.[1)]

형식적 의미의 경호는 이러한 이론적 접근이 아닌 현실적 경호기관을 기준으로 정립된 것으로 실정법상의 경호작용을 말한다. 즉, "대통령경호실법상"의 경호개념이고, 대통령경호실법에서 입법적 해석을 내리고 있다.

대통령경호실법 제2조에 따르면 경호라 함은 "경호대상자의 생명과 재산을 보호하기 위하여 신체에 가하여지는 위해를 방지 또는 제거하고, 특정한 지역을 경계·순찰 및 방비하는 등의 모든 안전 활동"이라 하였다. 여기에서는 경호를 호위적 개념과 경비적 개념으로 나누어 파악할 수 있다. 그 외에 경찰관직무집행법, 전직 대통령 예우에 관한 법률에서도 경호가 언급되어 있다.

그리고 미국과 일본 경호기관의 경호에 대한 개념정리는 미국 비밀경호국에서는 경호란 "실제적이고 주도면밀한 범행의 성공기회를 최소화하는 것"이라 하며, 일본 요인경호부대의 경호란 "신변에 위해가 있을 경우 국가 공공 안녕질서에 영향을 줄 우려가 있는 자에 대하여 그 신변의 안전을 확보하기 위한 경찰활동"이라 하였다.[2]

2. 인성의 개념

인성은 다각적으로 정의할 수 있으며, 사람의 성질과 됨됨이, 사람의 성질과 품위를 말한다. 인성진흥교육법의 규정에서는 인성은 자신의 내면을 바르고 건전하게 가꾸고 타인, 공동체, 자연과 더불어 살아가는데 필요한 인간다운 성품과 역량을 말한다고 볼 수 있다.

사람의 성질과 품격은 인간의 본성[3]이다. 그러나 인성은 가치관, 태도, 개인적

1) 김두현(2006). 경호학개론. 경호출판사(서울). pp. 26-27에서 요약 인용.
2) 이민형 외 3인(2008). 한국 경호사 강의. 진영사(인천).
3) 동양사상에서 인간의 본성은 성선설과 성악설, 성무선악설, 성성악혼설, 성삼품설로 분류한다.
- 성선설: 인간이 선하게 태어나는지 악하게 태어나는지에 대해선 다른 주장들이 있다. 맹자의 성선설은 낙관론적 견해이며, 즉, 맹자는 사람의 마음속에는 남을 불행히 생각하는 측은지심이 있고 여기에서 인이 나오며, 사양지심, 수오지심, 시비지심에서 선이 나온다고 했다. 인간이 악을 행하는 이유는 생활환경이 나쁘기 때문이며, 생활환경이 개선되면 악을 행하지 않는다고 하였다.

기억, 사회관계, 습관 및 개인의 발달에 의하여 영향을 받는 일련의 개별적 차이기도 하다.

인성의 개념은 사람의 성품, 각 개인이 가지는 사고와 태도의 행동특성'이며 성품이란 사람의 성질이나 됨됨이를 말한다. 일반적으로 학문에 따라 인성의 개념은 다소 차이를 보이는데 심리학에서 보는 인성은 '성격(personality)'을 철학에서는 '인격(character)'을 의미한다. 인성으로 쓰는 단어를 분석 해보면 서양에서 인성은 영어로(personality) 성격, 인격, 개성, 개성이 강한 사람 등으로 쓰이며, 기질, 특징, 개정으로도 쓰이고 있다. 독어로는 Mentalitäten 심성(心性), 정신 상태, 성향, 기질, 프랑스어로는 personnalité 인격, 개성, 인물로 통용되고 있다. 즉, 성격(personality)은 인간 특성을 말하는데 개인이 환경과 상호작용하면서 나타나는 독특하고 일관성 있으며 안정된 인지, 정의, 감정, 행동 양식이라고 말할 수 있다(한국교육학회, 1998). 또한, 심성보(2008)[4], 정창우(2015)[5]는 철학에서의 본 인성, 인격을 심리학에서의 인성보다 더 많은 도덕적인 함축이 담겨져 있으며, 인간이 가져야 할 품격이나 성품을 말한다고 하였다. 유병렬(2015)[6]은 인성이란 흔히

- 성악설: 순자의 성악설은 비관론적 견해이다. 순자는 인간의 본성은 악이라고 말하며, 인간의 본성이 악한 것은 사람은 태어나면서 욕망을 지니고 있고, 그 욕망이 채워지지 않으면 끊임없이 갈구하므로 이러한 욕구 때문에 사회혼란이 끊이지 않는다고 하였다. 또한, 순자는 이기적인 존재이므로 특별한 교육과 훈련이 요구되며 그렇지 못하면 동물처럼 악에 치우쳐 단순히 물질생활의 개선만으로 악성의 발로인 범죄를 막을 수 없다고 하였다.
- 성무성악설: 고자의 성무성악설은 성은 선도 악도 없다고 하였다. 인간본성이 선과 불선으로 나뉘어 있지 않은 것은 마치 물이 동서로 나뉘어 있지 않은 것과 같다고 하였다. 공도자는 성은 선해질 수 있고 불선해질 수 있다고 했다. 즉, 인성의 본질에는 선악이 없고 선천적 유전적 요인보다는 환경적 요인에 의해 변할 수 있다고 하였다.
- 성선악혼설: 왕충의 성선악혼설은 왕충이 논형에서 인간의 성은 선하기도 하며 악하기도 하다. 인간이 선성을 길러서 바르면 선이 길러지고 악성을 길러서 돋으면 악이 자란다고 하였다. 왕충은 하늘은 인간행위에 대해서 선악을 내린다는 동중서의 천인 상응설에 반대하고 있으며, 천과 인은 서로 상응하지 않는 별개의 존재이므로 천이 인간의 선악에 영향을 주지 못한다고 하였다.
- 성삼품설: 당나라 한유는 성삼품설을 주장했는데 한유는 인간의 성은 출생 시에 생기며 인, 의, 예, 지, 신으로 구성되고 있고, 성은 다시 상중하의 3품으로 구분하여 상품은 선하며 학문에 나가면 더욱 좋아지고 하품은 악하며 중품은 상, 하로 움직일 수 있다고 하였다. 이것은 인간이 본성에 선한자도 있고 악한자도 있다는 것이다(cafe.daum.net/insung. edu/giqA/2, [재단법인]한국상담교육원 충남교육원. 인성의 개념).

4) 심성보(2008). 도덕교육의 새로운 지평. 경기: 서현사.
5) 정창우(2015). 인성교육의 이해와 실천. 파주: 교육과학사.

사람의 '사람다운 성품'을 가리킨다고 할 수 있다. 여기서 '사람다운'이란 '사람이라면 누구나 본래적으로 가지고 나오는'이란 뜻이고, '성품'이란 '갈고 닦아 얻어진 어떤 바람직한 성향과 특성, 자질과 역량, 품격 등을 가리키는 것'이다. 따라서 인성을 이렇게 이해하게 되면 인성교육이란 바로 그러한 사람다운 성품을 기르는 교육을 뜻한다고 볼 수 있다. 박찬옥(2010)[7]은 모든 존재에는 나름의 특성, 본성, 성질이 있는데 생태계의 다른 생명체와 구별되는 사람의 본성을 인성이라고 할 수 있다고 하였다. 즉, 사람의 마음과 그 사람의 됨됨이가 어떠하다는 것을 의미하는 것이다. 인성은 '마음'과 '사람됨'으로 이루어져 있는데 마음은 지(知), 정(情), 의(意) 세 가지 요소로 구성되어 있다. 사람 된 모습은 가치를 추구하고 실행하며 살아가는 사람에게서 찾아볼 수 있다. 결국 인성을 구성하는 마음과 사람됨은 상호 연관 되는데, 통합된 마음은 사람됨의 바탕이 되고, 사람됨은 통합된 마음이 가치의 실행을 통해 드러난 모습이라고 볼 수 있다.

이러한 다양한 인성의 개념을 종합으로 살펴보면 인간 내부에 존재하는 하나의 역동인 구조로서 사고와 행동의 특성을 나타내며, 사회에서 바람직한 가치들을 내면화하여 인격 속에 녹여낸 사람으로서 가져야 할 바람직한 품성이라고 할 수 있다.[8]

3. 경호인성교육의 필요성

경호는 사람의 신변이 위험하지 않도록 그 사람을 보호하는 일이며, 인성은 사람의 성품이나 성격을 말한다. 인성교육은 학습자의 인성요소를 개발하고자, 정의능력을 조화시키기 위해 이루어지는 교육으로 인간다운 품성을 함양시키기는 맥락에서 인간성 계발교육, 인간됨 교육으로 표할 수 있다고 한다. 인간이 타고난 본성을 바람직한 방향으로 변화시키려는 노력으로 이해할 수 있으며 인간을 인간답게 기르는 교육으로 정의하고 도덕교육, 가치교육, 인간성 등으로 보는 견해도 있다

6) 유병렬(2015). 인성교육진흥법의 시행과 학교 도덕 · 인성교육의 실천방향. 인성교육 중학교과로서 초등도덕과 발전방안 탐색. 한국초등도덕교육학회 학술발표대회보. p. 7-8참조.
7) 박찬옥(2010). 유치원교육과정에 기초한 생활 주제교육 계획. 서울: 창지사.
8) 김현지(2017). 유아 인성교육의 개념과 방향에 대한 델파이 조사 연구. 경북대학교 대학원.

(김영옥, 장명림, 유희정, 2009)[9].

교육부(2014)에서는 인성교육을 "도덕성, 사회성, 정서를 포함한 바람직한 인간으로서의 성품을 기르는 교육"이라고 쉽게 풀이하고 있다. 즉, 인성이란 자신의 내면을 바르고 건전하게 가꾸고, 타인 · 공동체 · 자연과 더불어 살아가는데 필요한 인간다운 역량과 성품이다.

결국, 인성 교육이라는 말은 인간성을 기르는 교육, 인격을 함양하는 교육으로 해석될 수 있으므로, 사람을 사람답게 기르는 교육으로 볼 수 있겠다. 따라서 경호와 인성교육이 합성된 경호 인성교육이란 최고의 엘리트경호원을 양성하기 위하여 기본적인 인간다운 성품과 역량을 교육과 훈련을 통해 지닐 수 있도록 만들어져 가는 전공과정이라고 할 수 있다.

인성교육을 최민수(2011)[10]는 두 가지 측면에서 제시하였는데. 첫째, 도덕교육은 옳고 그름에 바른 판단과 바른 행동을 목표로 하는 교육, 감성교육은 자신과 타인의 정서를 이해하고 조절하는 능력을 기르는 교육, 행동교육은 사회 가치를 따르고 타인과 원만한 관계를 유지하기 위해 배려하는 행동습관을 기르기로 한 교육을 의미한다. 둘째 기본 생활습관 교육은 질서, 청결 등의 덕목을 기르면서 인간이 인간답게 살기 위해 가장 기본이 되는 교육을 의미한다.

경호인성교육의 필요성 및 특성내용은 교육과학기술부(2012)[11]에서 제시한 존중, 책임감, 양보와 같은 도덕성 덕목과 타인과 더불어 살아가기 위해서 필요한 자존감, 협력, 등의 사회정서 덕목, 민주시민으로서 형성되어야 하는 청결, 질서, 예절과 같은 기본 생활습관에 주안점을 두었으며, 다음의 5가지 기준에 근거하여 배려, 존중, 협력, 나눔, 질서를 경호인성교육 덕목으로 선정하였다.

1) 배려

배려는 도와주거나 보살펴주려고 마음을 쓴다로 정의되어 있다. 배려란 어떤 대

9) 김영옥, 장명림, 유희정(2009). 유아인성교육 프로그램개발 및 효과. 열린유아교육 연구.14(5) 297-354.
10) 최민수(2001). 유아교육현장에서의 영유아 인성교육 방안모색. 유아교육 보육연구. 15(4), 141-168.
11) 교육과학기술부(2012). 유치원 기본과정 내실화를 위한 인성교육프로그램. 서울: 한국시각장애인 연합회.

상을 염려하고 걱정하는 정신적 상태이며, 그 대상을 위해 책임감을 느끼고 돕는 행동적 태도이며, 배려를 구성하는 요인으로는 공감, 수용, 전념, 확신이 있다고 한다. 이에 따라 배려는 타인과의 관계형성을 타인에 대한 보살핌, 관심, 이해를 기반으로 관계를 회복시키며 나아가 자신을 되돌아보게 하고 스스로를 성장시킬 수 있는 윤리적 기본원리이다. 따라서 경호원의 인성교육에서 배려란 경호팀과 VIP의 필요와 요구사항에 민첩하게 반응하고 공감하는 마음과 태도라고 정의하겠다.

2) 협력

협력은 힘을 합한다로 정의되어 있고, 협력이란 공동과제 목표를 달성하기 위하여 집단이 서로 마음과 힘을 하나로 합하여 구성원간의 서로 돕는 것을 말한다. 따라서 경호인성교육에서 추구하는 교육내용으로는 팀원 경호원들이 팀 목표를 위해 이를 달성하기 위해서 개인적 책임을 다하고 서로 상호간의 조언과 조력을 주고받는 것으로 정의한다. 주요내용으로는 긍정적 상호의존성으로 의견, 의사결정, 정보, 자료공유, 책임감, 도움주기 등이 있으며 개인책임감으로는 역할인식, 역할완수, 책임감 등이 있다.

3) 존중

존중은 소중하게 여겨 받듦으로 정의한다. 존중이란 사람이나 사물의 중요성에 대하여 경의를 느끼고 표현하는 것이다. 본인 스스로에게 갖추어야 할 자기에 대한 존중과 타인과 모든 사람 사람들의 권리나 존엄성에 대한 존중, 사람과 밀접한 관계 속에서 존재하는 환경에 대한 존중, 생명에 대한 존중 등 다양한 형식으로 제시될 수 있다. 즉, 존중은 인간의 삶과 밀접한 관계형성을 맺고 있으며 본인 스스로를 존중하는 것부터 시작해서 모든 생물체 모든 사람들, 타인의 가치를 인정하고 소중히 하고자 하는 기본 윤리이다(교육과학 기술부, 2012). 따라서 경호원의 인성교육에서 존중이란 VIP의 가치를 존중하고 인식하며, 충성심을 갖고 그 가치에 대해 소중히 여기는 것이라고 정의한다.

4) 나눔

나눔은 일반적으로 물질을 나누는 것으로 생각하는데 나눔은 자기스스로 마음에서 남을 돕기 위해 하는 것으로 대가를 바라지 않고 계속적으로 도와주는 것으로 의미한다(교육과학 기술부, 2012). 따라서 경호원의 인성교육에서 나눔은 봉사활동 프로그램을 통해 나눔의 필요성과 나눔의 대상, 나눔의 실천, 나눔의 참여 등의 내용을 다루고자 한다.

5) 질서

질서는 순서, 정돈된 상태, 명령, 지시, 체제이고 질서는 다른 뜻으로 정돈되고 규칙된 상태를 나타내는 의미로 명령이나 지시, 체제 등으로 사회를 안정시키고 정돈시키는 것을 의미한다(교육과학 기술부, 2012). 질서란 사회가 혼란 없이 움직일 수 있는 순서나 차례를 의미하며 사회의 평온을 유지하기 위한 규범이나 규율을 의미하므로 구성원은 누구든지 질서를 잘 지켜야 하며, 위반 시는 각종제제를 가한다. 그러므로 질서가 잘 지켜지면 아름다운 사회를 이룰 수 있다. 따라서 경호원의 인성교육에서 질서는 법체계 하에서 명령, 지시, 조직 체제를 이해하고 도덕성 인성프로그램에 의한 사회규범을 지키는 것으로 정의한다.

제2장 경호인성 교육방법

1. 경호인성과정의 필요성
2. 과정의 목적
3. 진행방법
4. 학습자 여러분에게
5. 과정 잠깐만!!!

제2장 경호인성 교육방법

경호인성교육이 출발하게 된 동기는 대학에서 효과적으로 가르치기 위해선 어떻게 해야 하는가? 강의를 잘한다는 것은 어떻게 해야 하는 것인가? 학생들이 수업을 좋아하고 즐겁게 할 수 있는 수업은 무엇인가? 즉, 그것은 학생이 학교가 강의실이 변화를 할 것이 아니라 내가 먼저 변해야 한다는 것을 느꼈다. 지금까지 강의했던 주입식 교육보다는 자율식 수업인 새로운 교수법이 필요한 시기라고 느끼고 새로운 티칭 프로그램을 개발하려고 하였으나 방향설정부터 쉽지 않았다. 그러는 중 우연하게 후배동료 교수 강의실에서 보게 된 한국교직원 신문에 계제된 "교실수업 더 즐겁게 바꾼다"[12]는 제목을 보고 인성 티칭프로그램을 개발하여 2012년 경호전공 분가 최초로 전공 교과과정 심의통과 후 경호학과 1학기 1학년 전공필수 과목으로 시작하였다.

---

12) 수업 현장에서 적용할 창의, 인성교육 프로그램을 개발하고 실천하는 모임에 대한 지원이 대폭 확대된다. 교과부는 교실수업의 즐거운 변화를 선도하는 자발적 연구, 실천모임인 '창의, 인성 교과연구회' 1000개를 지원한다고 지난 8일 발표했다. 교과연구회 지원 사업은 학생 참여 중심의 교육프로그램을 연구하고 실천함으로써 강의식 교수법에 익숙한 교수들이 손쉽게 창의, 인성교육에 접근할 수 있도록 돕기 위함이다. 교과부 관계자는 "창의, 인성 교과연구회 지원 사업은 학생들로 하여금 다양하고 생생한 체험형 수업을 통해 학습 흥미도와 사고력, 문제해결력을 높이고, 협동심과 리더십을 함양하도록 하는데 목적이 있다"고 밝혔다. 지원 대상 연구회는 동일 학교 또는 타 학교 교수 5인 내외로 구성되며, 1학기에는 정규 교육과정에서 운영할 수 있는 교과별 창의, 인성 프로그램(사례중심 학습, 팀 프로젝트, 토론 · 실습 등)을 개발하고, 2학기에는 본인의 수업에 직접 적용하게 된다. 올해 선발되는 1000개 연구회 중 800개는 그동안 창의 · 인성교육 프로그램 연구가 부족했던 교과(예술 · 체육, 선택 · 교양과목)에 우선 배정된다. 나머지 200개는 지역 사회에 위치한 박물관, 미술관, 습지, 계곡 등을 활용한 창의적 체험활동 프로그램 개발에 지원한다(한국교직원신문, 2011).

한국교직원신문

"교실 수업, 더 즐겁게 바꾼다" 2011-03-14

교과부, 창의 인성 교과연구회 1000개 지원

지역별 교과연구회 신청기간 및 문의처

지역	신청기간	교육청 문의처	지역	신청기간	교육청 문의처
서울	'11. 3. 7. ~ 3. 31.	02-399-9412	경기	'11. 3. 21. ~ 3. 31.	031-820-0612
부산	'11. 3. 7. ~ 3. 18.	051-860-0425	충남	'11. 3. 7. ~ 3. 31.	042-580-7431
대구	'11. 3. 7. ~ 3. 31.	053-757-8357	충북	'11. 3. 7. ~ 3. 31.	043-290-2094
인천	'11. 3. 7. ~ 3. 31.	032-420-8253	전북	'11. 3. 7. ~ 3. 31.	063-239-3235
광주	'11. 3. 7. ~ 3. 31.	062-380-4312	전남	'11. 3. 10. ~ 3. 31.	061-260-0305
대전	'11. 3. 15. ~ 3. 25.	042-480-7649	경북	'11. 3. 10. ~ 3. 31.	053-603-3256
울산	'11. 3. 7. ~ 3. 25.	052-210-5414	경남	'11. 3. 7. ~ 3. 31.	055-268-1213
제주	'11. 3. 15. ~ 4. 1.	064-710-0223	강원	'11. 3. 10. ~ 3. 31.	033-258-5411

출처자료: 한국교직원신문, 2011. 3. 14.

경호인성교육 수업은 학생들이 어떠한 주제에 의한 탐색과 토론위주의 자율수업이다. 전원 100프로 수업참여와 다양한 논점을 제시하고 결과 중심보다는 과정중심 수업이 되고자 노력하였다. 그 중 대표적인 교수법이 포스트잇 발표[13]와 소크라테스문답법이 자주 활용되었다.

그러므로 제 1장에서는 경호인성의 이론적 틀을 제시하였으며, 제 2장에서는 경호 인성교육방법에 관한 안내서이며, 강의방법 및 자율수업 방식 등이 소개된다.

13) 포스트잇은 자율적 토의식 수업에서 매우 효과적인 기자재이다. 어떠한 주제를 학생들에게 제시를 하고 토론을 하려고 하여도 일부 학생들만 집중적으로 참가할 뿐 대다수의 학생들은 참여율이 저조한 게 현실이다. 이러한 점을 보완하기 위한 방법으로는 포스트잇 방법이 매우 좋다. 그 방법으로는 첫째, 토론 주제 발표 후 포스트잇을 개인 1명에게 여러 장을 배분해준다. 둘째, 포스트잇 용지에 본인의 이름을 적고, 미션 주제에 대한 찬성과 반대 아니면 중간을 선택토록 한다. 그리고 선택 결정한 이유를 6하 원칙에 의거하여 적게 하고, 셋째, 미션내용의 결정항목인 찬성 반대 중간인 3그룹으로 나누어 자리배석을 시키고 팀별 토론시간을 준다. 넷째, 수업진행자는 벽에 붙은 포스트잇을 떼어내서 학생들에게 읽어주고 난 후 그 이유를 적은 학생과 토론식 대화를 해본다. 물론 토론식 대화는 수업진행자도 될 수 있고 다른 팀의 학생과의 토론도 가능하고 바람직하다. 이러한 결과는 자율식 수업에 참가한 학생들의 100% 토론에 참석을 유도한다는 점에서 매우 바람직한 방법이다.

1. 경호인성과정의 필요성[14)]

인간과 조직의 생활환경이 Canoe시대에서 Kanyak 시대로 변함에 따라 각자의 나아갈 바를 분명히 하고 급변하는 상황에 능동적이며, 자율적으로 대처해야 할 명분이 뚜렷해졌습니다.
기술과 지식이 아무리 고도화 되고 축척된다 하더라도 개개인의 가슴이 뜨거워지고 의식이 날로 새로워지지 아니하면 삶의 보람이 생기지 아니할 것입니다.
그러므로 본 과정을 통한 조직의 구성원들이 "왜 무엇을 하여야 하고", "무엇을 어떻게 하여야 하는가"를 공유하고 실천하지 않는다면 우리의 자아실현이란 한낱 꿈일 뿐입니다.
이에 본 과정의 디자인의 필요성이 제기 되었고 우리 구성원은 여기에 모였습니다.
따라서 경호인성 교육과정 참가자 개개인의 자신과 타인에게 스스로 솔직해지고 할 말은 남김없이 하는 자세를 보여 과정을 성공으로 이끄시길 바랍니다.

2. 과정의 목적

비인간적인 사회와 범죄에 대한 수법이 흉폭화 되고 다양화 됨에 따라 이를 효율적으로 대처할 수 있는 경호원을 양성하기 위하여 경호인성교육의 체험학습을 통한 도덕성, 사회성, 문제해결능력을 포함한 바람직한 인간으로서의 인성을 지닌 엘리트 경호원을 양성하고자 한다. 인성발달, 체험형 수업, 협동심과 리더십배양, 문제해결 능력배양, 흥미와 사고력 향상 등에 의한 집중 토론식 교육방법이다.

14) 경호인성과정의 필요성에서 Step 개인 활동 표 및 그림은 진로그룹(1996). "그룹관리자 의사결정과정" 과정코드: 12101에서 인용하고 재구성하였다.

3. 진행방법

1) 팀 편성

본 과정을 전원 참여적 방법으로 하기 위하여 참여자를 우선순위(1팀, 2팀 등) 칼라(노랑, 파랑 등) 구성원의 특성 등으로 구분하여 분류하게 되며, 학습자는 위 팀 중에 어느 한 팀에 소속이 됩니다.

활동은 팀 내부에서 이루어지고 때로는 개인활동(one to one self), 나의 확인(one to one), 나고 팀원 확인(one to many)의 활동이 이루어집니다.

2) 주의사항

본 과정은 학습자 중심으로 이루어집니다. 그러므로 학습자의 적극적이며, 긍정적인 자세와 토론에 의한 참여가 요구됩니다.

본인이 적극 참여 할 뿐 아니라 동료 참가자를 적극 참여시키는 활동을 통해서 경호인성 학습효과의 극대화를 도모하기 바랍니다.

한정된 시간 내에 주어진 미션을 수행하여야 하므로 시간 관리에 유념하여 주시기 바랍니다.

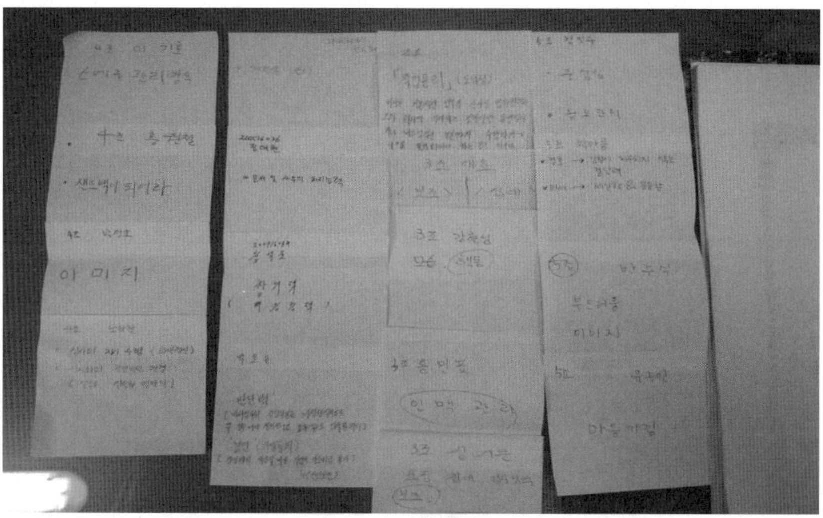

(사진 2-1) 경호 인성교육 포스트잇 수업

4. 학습자 여러분에게

감사합니다!!!

* 언제든지 필요하면 진행자에게 질문한다.
* 항시 예시와 미션을 학습자와 공유한다.
* 요점이 명확하지 않으면 이해하기 쉬운 사례를 요구한다.
* 학습한 내용을 현장 적용키로 한다.
* 여기서 얻은 아이디어를 주변 학습자에게 전달하고 공유한다.

미안합니다!!!

* 학습 안내자가 모든 것을 제공하고 증명해 줄 것이라는 판단 미스
* 이론적으로 다 좋지만 더 좋은 것도....
* 모든 게 다 정답일 수는....
* 학습진행 중 주제에서 벗어난 질문은 좀.....

5. 과정 잠깐만!!!

잠깐만 !!

우리가 교육과정에 참여할 때 현업에서의 일이나 가정 또는 다른 잡념에 사로잡혀 있거나 과거의 고정관념에 얽매여 있으면 효과적이며 적극적인 참여가 어려워집니다.

본 과정이 모든 인생문제를 다룰 수 없다는 사실은 자명하기 때문에 잡다한 문제가 머리 속에 남아 있으면 학습하고자 하는 내용에 대한 흥미나 관심이 많이 줄어들게 됩니다.

지금 본 과정과 관계가 없는 문제(가정문제, 현업 등)를 5분간 생각나는 대로 아래에 써주십시오. 다 쓰신 후에는 봉투에 넣고 겉봉에 본인의 성명을 적어주십시오.

이 봉투는 15주후 본 과정이 끝나면 본인에게 돌려드립니다.

1.

2.

3.

4.

5.

6.

7.

다 쓰셨으면 지금까지 쓴 문제를 모두 잊어주십시오

지금부터 자기발전과 조직발전을 위한 여행을 시작합니다.

Step 2-1. 개인활동 : 나의 위치

미션진행방법: 첫째, 학습자의 중요도를 생각한다.

둘째, 왜 그런지에 대한 근거를 준비한다.

셋째, 학습자 전체의 미션 분포를 알기위해서 포스트잇 용지에 미션 설정을 적어 칠판에 붙인다.

넷째, 미션 내용을 분석 후 토론을 한다.

미션 설정을 개인, 학과, 선배, 교수, 학교 등으로 설정할 수도 있다.

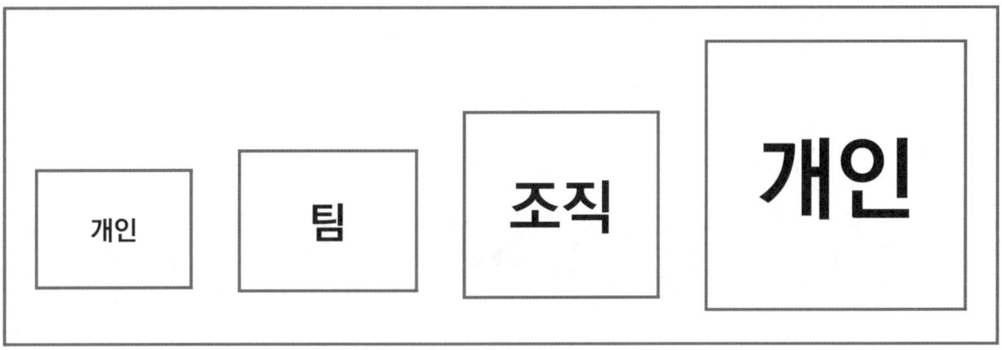

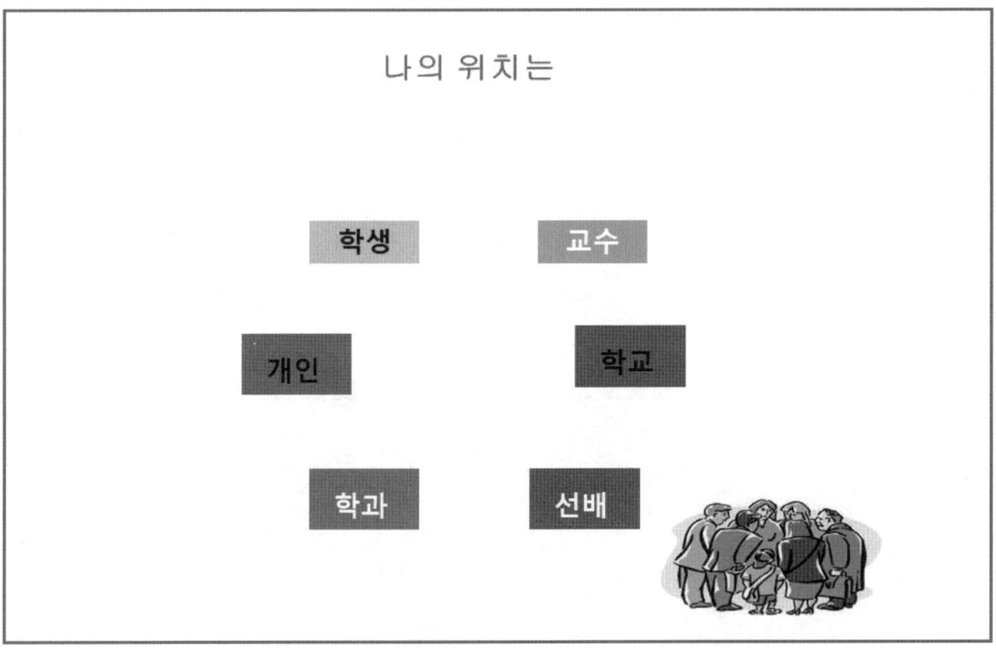

Step 2-2. 개인활동 : 점과 직선

아래의 9개의 점을 4개의 직선으로 연결하여 보십시오?

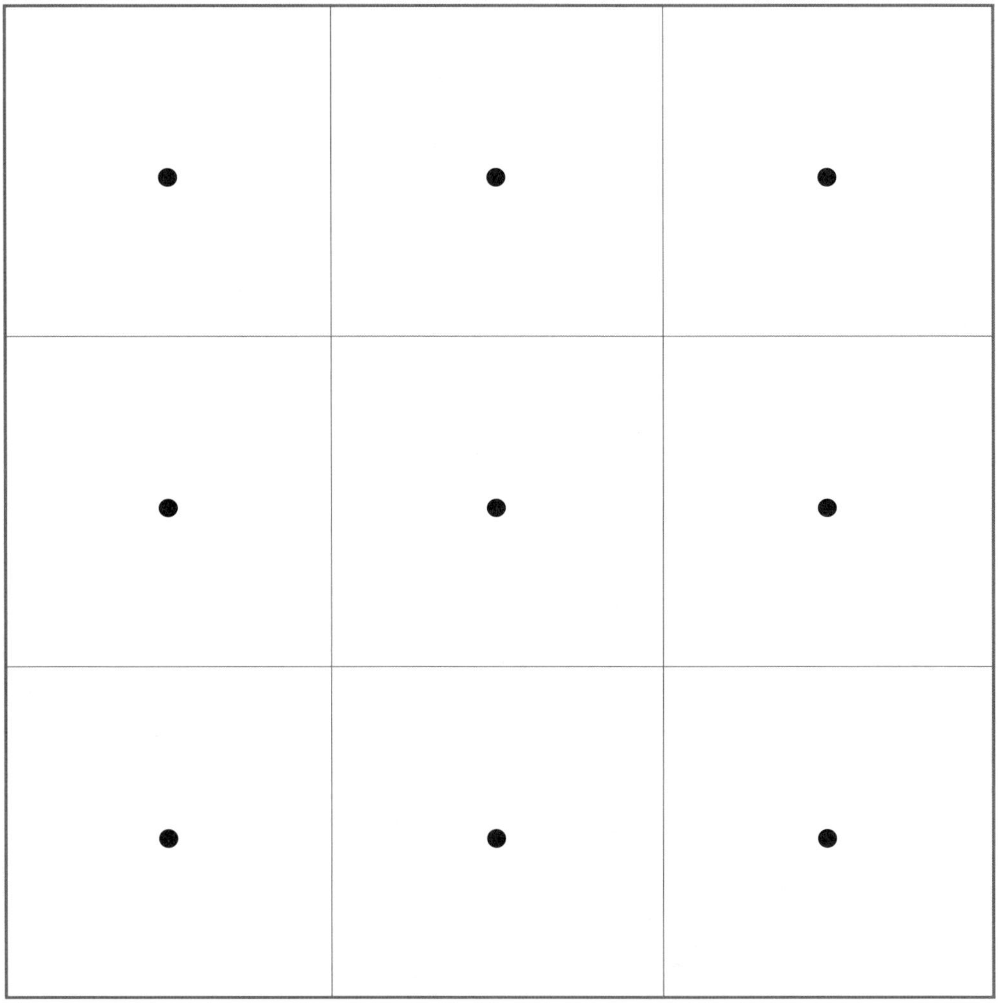

Step 2-3. 개인활동 : 나의 삶

1) 아래의 빈칸에 수평선을 그리십시오?
2) 선의 양쪽 끝에 각각 점을 찍으십시오?
3) 왼쪽에 있는 점은 당신이 태어난 날입니다.
   점 밑에 0표를 하고 생년월일을 적어보십시오?
4) 사람은 필연적으로 죽음을 맞이하게 되어 있습니다.
   이제 나 자신의 죽음은 과연 언제가 될 것인가를 생각 하십시오? 그리고 그 날은 내가 몇 살 때까지 이겠습니까? 이러한 질문은 당혹스럽고 난처한 질문이 될 수도 있겠지만 진지한 자세로 생각하고 대답하시기 바랍니다. 오른쪽 끝에 있는 점 아래에 내가 죽음을 맞이하는 날이 언제이며, 나는 몇 살 때인지를 적어보십시오?
5) 지금 현재 당신은 어디쯤에 와있는지를 수평선 위에다 X표로 표시 하십시오?
6) 수명 선을 보면서 자신의 인생에 대해서 생각해보고 죽음에 대해 생각해볼 기회가 되었을 겁니다. 지금까지 살아온 당신의 삶은 얼마나 빨리 흘러 가버렸습니까?
   당신의 살아온 시간에 대해 어떻게 생각 되십니까?

〈수명선〉

▶ 과거 조직에서의 잘못된 문제점 등을 간략히 적어본다

①

②

③

④

⑤

7) 이제 지나간 과거에 대해서는 지나치게 집착하지 말고 앞으로의 자신의 삶에 대하여 생각해보기로 합시다.

▶ 앞으로 조직에서의 발전적인 방향을 적어본다

①

②

③

④

⑤

Step 2-4. 개인활동 : 솔직하게 말해서

솔직하게 말해서...

바로 옆에 앉은 사람에게 다음 사항을 인터뷰하여 주십시오.
(1인당 3분) 그리고 그 사람을 참가자에게 소개하는 시간을 갖겠습니다.

1. 이름: 메일: 핸드폰:
2. 전공 및 특기(구체적으로):
3. 가장 자신 있는 것:
4. 가장 따분한 것:
5. 자신의 강점:
6. 자신의 약점:
7. 대학에서의 기대:
8. 가장 보람스러웠던 일:
9. 이런 학생이에요

나는 하는 것을 제일 좋아하는 사람입니다.
그리고 하는 것을 제일 좋아하지 않는 사람입니다.
내가 부모님께 자주 듣는 말은 이구요
친구들에게 가장 자주 듣는 말은 입니다.
내가 지금껏 들어본 말 중 가장 기분이 좋았던 건 라는 말이에요.
가장 속상하고 듣고 싶지 않았던 말은 이말이구요.
나는 한마디로 말하면 나는 사람이에요.

10. 희망사항 및 목표
나는 사람이 되고 싶어요.
대학에 가면 사람이 되려고 다짐했어요.
저는 저의 점을 꼭 고치고 싶구요.
지도 교수님과 함께 하고 싶어요.

출처자료: 제2장 경호인성 교육방법에서 Step 개인 활동 표 및 그림은 진로그룹(1996). “그룹관리자 의사결정과정” 과정코드: 12101에서 인용하고 재구성하였다.

제3장 도덕성과 윤리성

제3장 도덕성과 윤리성

1. 도덕성 개념 및 정의

도덕(Morality)은 라틴어 Moralitas에서 유래했다. 즉, 예의범절, 성품, 예의바른 행동, 선악의 견지에서 보는 인격, 판단, 행위 등에 대한 가치를 도덕성이라고 한다.

도덕적 판단은 하나의 행동이 정당한 것인지 아니면 부적당한 것인지 또는, 이기적인 것인지 이기적이 아닌 것인지를 깊이 생각하여 판단하는 것이다.

또한, 도덕성은 진실한 내면적 판단으로 친절, 예의바름, 정직, 의리 등으로 간주된다. 위선적이라 함은 거짓으로 덕을 행하는 것으로, 우리 주변에서 학식이 높은 사람들이 실제로 굉장히 높은 도덕적 기준을 가지고 있는 것처럼 보이지만, 그 실체와 실제행위가 일치하지 않는 것을 말한다.

그러므로 도덕성의 개념은 도덕성을 보는 관점에 따라 매우 다양하게 정의된다. 김선혜(2009)[15]는 일반적으로는 도덕성을 일상생활 규범의 전달과 이에 따른 습관의 형성 또는 선악의 판단 능력이나 도덕적 사고능력 함양에 관심을 둔다고 하였고, 이종대(1997)[16]는 도덕성을 자신이나 타인의 행동에 선과 악, 정의를 구별하고, 선행과 정의를 실천하려는 심성과 행동경향성라고 정의했다, Hersh(1980)[17]는 도덕성을 인정 있는 보살핌, 객관적인 사고, 단호한 행동의 조화로 정의했다.

---

15) 김선혜(2009). 유, 초연계를 한 유아도덕교육 프로그램 개발 및 적용 효과. 원광대학원 박사학위논문.
16) 이종대, 조난심(1997). 인간교육개념 정립을 한 연구. 교육 철학. 18, pp. 99-123.
17) Hersh, R. H., Miller, J. P.,& Fielding, G. D(1980). Models of moral education. New York: Longman, Inc.

도덕은 문화, 철학, 종교, 사회 또는 개인적인 양심 중 어느 것으로부터 유래했든지 간에 논리, 경험 그리고 내면적 판단을 통해 결정된다. 규범적이고 보통적인 생각에서, 도덕은 행위의 이상적인 규범으로 언급되며, 모든 사람이 특정한 상황에 있을시 무엇인가를 선택해야 할 때 좋은 쪽으로 지지를 받고 있다. 그러나 이러한 부분이 본인의 주관적 판단에 의한 결정으로 잘못 나타났을 시 이런 상태에서의 도덕을 부정하는 견해도 있는데, 그것을 "도덕적 회의주의"라고 한다.18)

도덕성은 기본으로 사람이 무엇을 해야만 하는가, 무엇이 옳고 그른가, 선과 악, 의무와 책임 등에 관한 판단과 이에 관련된 행동적 영역을 말하지만 이것만으로는 엄밀한 판단이 되지 못한다. 결국, 도덕성은 인간이 사회생활을 해 나가는데 규범이 되어야하고, 인간행동의 절대적 기준이 되어 인간이 지닌 인격을 측정하는 도구이다(이돈희, 1975, p. 99).19)

도덕성은 도덕적 영역에 대한 체계적인 철학적 연구인 윤리학분야에서 유사어로 사용된다. 윤리학은 도덕적 결과가 어떻게 특정한 상황에서 성취될 수 있는지, 도덕적 가치들이 어떻게 결정되는지, 무엇이 사람들을 실질적으로 도덕적 규범들에 따르게 하는지, 어떤 목적에 의한 정당화를 포함하는, 윤리학과 도덕성의 근본적인 본질은 무엇인지, 도덕적 수용력과 도덕적 힘은 어떻게 발달하고, 그것의 본성은 무엇인지와 같은 많은 질문들을 던지고 고민한다.20)

그러므로 도덕성이란 용어는 학자에 따라 그 의미가 다양하게 유용되고 있다.

문용린(1994)21)은 도덕성에 한 개념을 "완전한 개인의 자유의사에 따라 도덕성에 따라서 행동하는 것으로서 외직권위에서 이행과 함께 나타나는 행동"이라고 보았다. 또한, Kohlberg(2000)22)는 "개인에 의해 내면화된 사회 행동의 문화 규칙으로서의 양심"이라고 정의하였다.

철학분야에서 언급되는 규범적인 입장에서는 도덕을 암묵적인 명령이라고 보고 있으며, 도덕적 허무주의에서는 오류적 이론을 주장하는데, 객관적인 도덕적 사실

18) 도덕성의 정의. (철학, 스탠퍼드 백과사전).
19) 이돈희(1975). 도덕과 교육 서론. 서울: 능력개발사.
20) 윤리학(Ethics). 철학. 인터넷 백과사전, Internet Encyclopedia of Philosophy.
21) 문용린(1994). 청소년의 도덕성, 법의식 발달, 비행 경향성 법교육 실태에 관한 연구. 한국형사정책연구원.
22) Kohlberg, L(2000). 도덕발달의 철학. 김민남, 김소, 진미숙 역, 서울: 교육과학사.

이란 거짓으로 만든 전제라고 생각하고. 일부 학자들은 옳은 행동이 무엇인지를 정확하게 정할 수 없다고 생각했다. 그러므로 도덕성은 오직 특정한 상황에 따라 판단해야 하는 문제라고 보았으며, 그러한 것은 특정한 신념체계와 사회역사적인 맥락 안에서 이루어지는 것이라고 주장했다. 이러한 입장이 도덕적 상대주의이며, 인류학으로부터 이 입장을 뒷받침할 수 있는 경험적 증거들을 인용하곤 한다.[23] 이와 반대되는 학자들의 견해로는 보편적이며 영원한 도덕적 진리가 있다는 것으로, 도덕적 절대주의라고 불린다. 즉, 도덕적 절대주의자는 우리가 의미 있는 도덕적 결정을 내릴 때 사회적인 동조의 힘이 작동한다고 한다. 그러나 그들은 문화적 규범과 규약이 도덕적으로 옳은 행동의 범위를 한정한다는 것은 인정하지 않을 것이다.

23) 도덕적 상대주의(Moral Relativism). 스탠퍼드 사전 철학 항목.
23) 유병열(2013). 도덕 교육론. 한국 도덕윤리교육학회, 도덕윤리학개론, 교육과학사. pp. 134-155.

Step 3-1. 개인활동: 도덕성에 대한 단어설정

미 션:

1. 저 사람은 도덕성이 높다 그러면 생각나는 단어를 쓰시오?
2. 팀별로 단어 2개를 칠판에 적게 한다.
3. 다음으로 상의단어 밑에 하의단어를 만들도록 한다.
4. 유사단어 들을 아래그림과 같이 만들어서 분석한다.
5. 단어 분석 후 느낌 점을 팀별 발표한다.

토의노트:

정직	명예	성실	신중	평화	친절	감사	공평	약속
행복	현명함	믿음	양심	재미	용기	겸손	이해심	자신감
배려	사랑	보람	예의	의리	책임	봉사	결단	평정
유머	인내	모험	배움	센스	성장	끈기	우정	절약
원칙	긍정	경청	자유	리더십	열정	기쁨	건강	재치
손해	모범	고지식	인내	강인	성실	투지	솔선	자기관리

Step 3-2. 개인활동 도덕성 사례게임(EBS, 아이의 사생활 제2부, 도덕성에서 인용 및 재구성)

준비도구: 1. 비디오(아이의 사생활 도덕성, EBS) 2. 포스트잇 용지 3. 보조강사

게 임 : 1. 미션내용을 상세히 설명해준다.
2. 학습자의 개별미션 결정
3. 포스트잇 용지에 이름을 기입하고 교실 칠판에 붙인다.
4. -사실대로 말한다. -거짓으로 말한다. -나도 생각이 안 난다고 등으로 분류한다.
5. 포스트잇을 읽으면서 사유를 들어본다.
6. 그리고 인터뷰한 비디오를 본다.

평 가 : 1. 현실적 유혹에 의해 도덕성은 많은 흔들림을 갖는다.
2. 도덕성이 강하면 손해를 보지만 마음은 풍부하고 편하다.
3. 이러한 프로그램을 통해 본인의 내면적 도덕성을 파악 인지함.
4, 도덕성은 경쟁이며, 훈련받으면 강해진다.

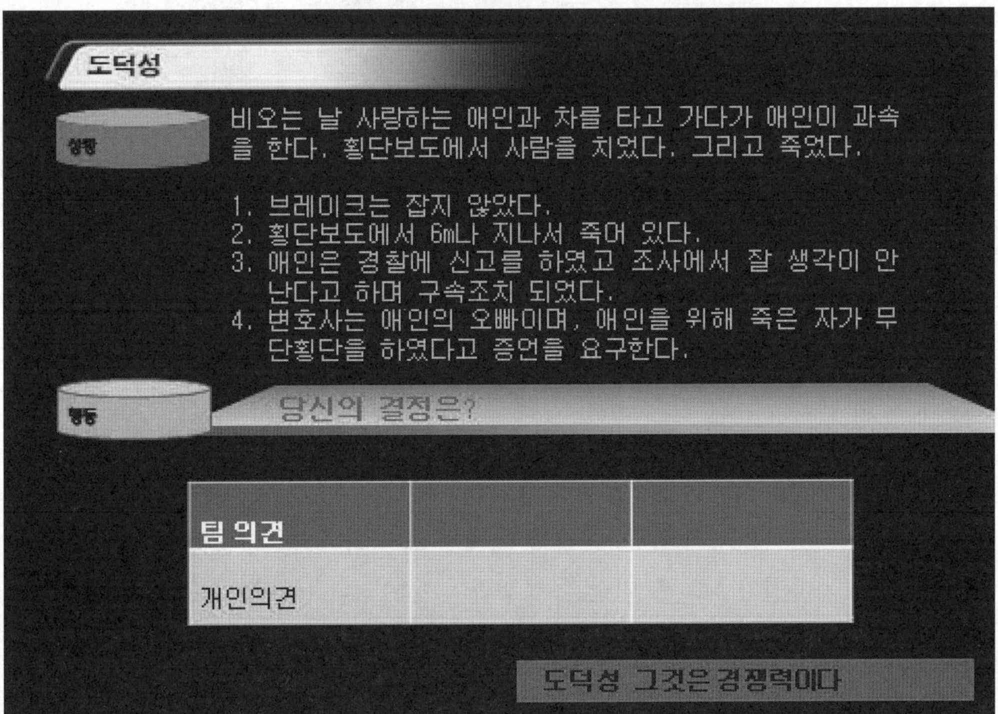

자료출처: EBS 아이의 사생활, 도덕성에서 인용 및 재구성

2. 도덕성의 요소

도덕성은 정서, 인지, 행동 등 3요소가 있는데 정서는 양심, 공감, 이타성을 내포하고 있고, 인지는 자제력, 분별력, 책임감 공정성 등이 있다. 즉, 정서는 양심이나 공감이 해당되는데 이것은 사람이 느끼는 기본적인 감정이라고 할 수 있다. 인지에서는 책임감이나 분별력 등이 있는데 즉, 이런 것은 나쁜 것이야 라고 스스로 자제하는 능력을 말한다. 그렇지만 이러한 정서와 인지작용이 행동으로 이어져야만 도덕성 있는 모습을 보일 수 있는 것이다.

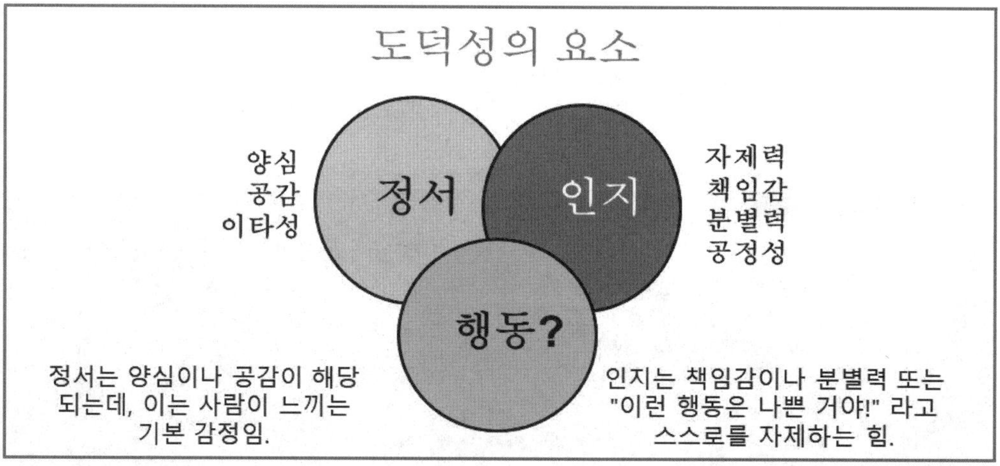

자료출처: EBS 아이의 사생활, 도덕성에서 인용 및 재구성

곽금주는 "우리가 살아가면서 여러 가지 유혹들도 있을 수 있고, 자기 충동대로 행동을 하고, 거기에서 중요한 것은 내가 나를 충동을 자제할 수 있는 자제력이 중요하다. 내 만족을 지연시킬 수 있는지도 도덕성의 일부이다"(중략). "도덕적이고 착하면 손해를 본다. 그 생각은 완전히 잘못된 생각이다 결국 도덕성이 높으면 나의 경쟁력도 높아진다. 즉, 도덕성은 경쟁력이 높아진다"(중략). "도덕성에 관한 차이는 어른과 아이는 종이 한 장 차이뿐이다.

우리사회가 어쩌면 이게 옳은 거야! 이게 착한 거야! 라는 생각만 가르치고 있고, 정답만 제시하고 있는 것이지 실제로 남에게 보여 줄때와 안 볼 때와가 행동이 달라지는 그러한 거를 은근히 교육을 시키는 것 같다."[24]

그러므로 도덕적 관점에서 도덕성을 구성하는 인지적, 정의적, 행동적 측면에서 각각의 하위요소들은 다음과 같다.

첫째, 인지적 측면에서는 도덕적 판단력과 도덕적 추론을 포함한 도덕적 사고의 능력을 말하고 있으며, 삶의 바람직한 목적이나 원칙들, 도덕적 추론을 포함한 도덕적 사고의 능력을 말하고 있다. 또한, 도덕 이론과 윤리적 학설, 사상에 대한 삶과, 전통과 경험 속에서 전승되어 온 도덕적 삶의 지혜들에 대한 이해가 포함된 것으로 본다. 그것뿐만, 아니라 도덕의 가치적 개념 또는 덕목, 도덕적 일반화 지식, 규범과 관련하여 실천해야 할 것들과 그 실천 방식 등에 대한 모범적인 삶의 모습 등에 대한 깊은 형성을 포함한다.

둘째, 정의적 측면 요소는 알고 있는 것과 행동하는 것 사이를 연결해 주거나 도덕적이고 바람직한 삶을 말하며, 이러한 정의적 측면에서 길러져야 할 요소들로는 도덕적 감정, 정서와 도덕적 열정, 의지가 있으며, 또한, 도덕적 감수성과 도덕적 의무감, 도덕적 정서 능력, 도덕적 태도 등이 있다.

셋째, 행동적 측면에서는 덕성을 기르고, 가치 규범을 학습하는 일과 관련하여 그것을 행동으로 실천하는 데 필요한 기능을 의미하는 도덕적 행위와 기능 및 능력과 어떤 덕성과 가치 규범을 실제 생활 속에서 꾸준히 실천하면서 습관화된 성향으로 심화시켜 가는 것을 의미하는 도덕적 실천습관들이 있다.[25]

그러므로 도덕은 연습이다. 연습되지 않으면 도덕성이 나타날 수 없다(중략). 출세하고 성공하는 것이 중요하지만 인생의 마지막 마무리는 도덕성이다. 출세하고 성공했다고 하더라도 도덕적이지 못하면 이 세상 살아가는 의미와 가치를 느끼지 못하게 된다.

결국 중요한 것은 인생의 마지막에 있어서 중요한 것은 도덕적으로 얼마나 가치 있고 의미 있는 삶을 살았느냐 하는 것이다.[26]

지금까지 도덕성에 대한 이러한 요소들은 도덕교육을 통해 균형 있게 발전시켜 나가는 사람을 유덕한 도덕성을 지닌 것으로 보고 이를 도덕교육의 이상으로 보는 입장이 바로 유덕한 인격의 내용으로서 도덕을 바라보는 관점이다.

---

24) 곽금주(2019). 서울대 심리학과. EBS, 아이의 사생활 도덕성에서 인터뷰 인용.
25) 유병열(2013). 도덕교육론. 한국도덕윤리교육학회, 도덕윤리학개론, 교육과학사. pp. 134-155.
26) 문용린(2019). 서울대 교육학과. EBS, 아이의 사생활 도덕성에서 인터뷰 인용.

Step 3-3. 개인활동: 도덕성 자제력 테스트(아이의 사생활, EBS, 도덕성에서 인용 및 재구성)

> **도덕성 자제력 테스트**
>
> 1. 학습자를 선정하여 자제력 테스트를 해본다.
> 2. 화면에 나온 글씨 컬러가 무슨 컬러입니까? 질문한다.
> 3. 자제력이 없는 학생은 화면상의 글씨를 읽을 것이다.
> 4. 자제력이 있는 학생은 화면상의 글씨컬러를 말할 것이다.
>
> * 학습자의 자제력 테스트에 의한 도덕성도 곧 자제할 수 있는 연습이 필요하다는 것을 느낀다.

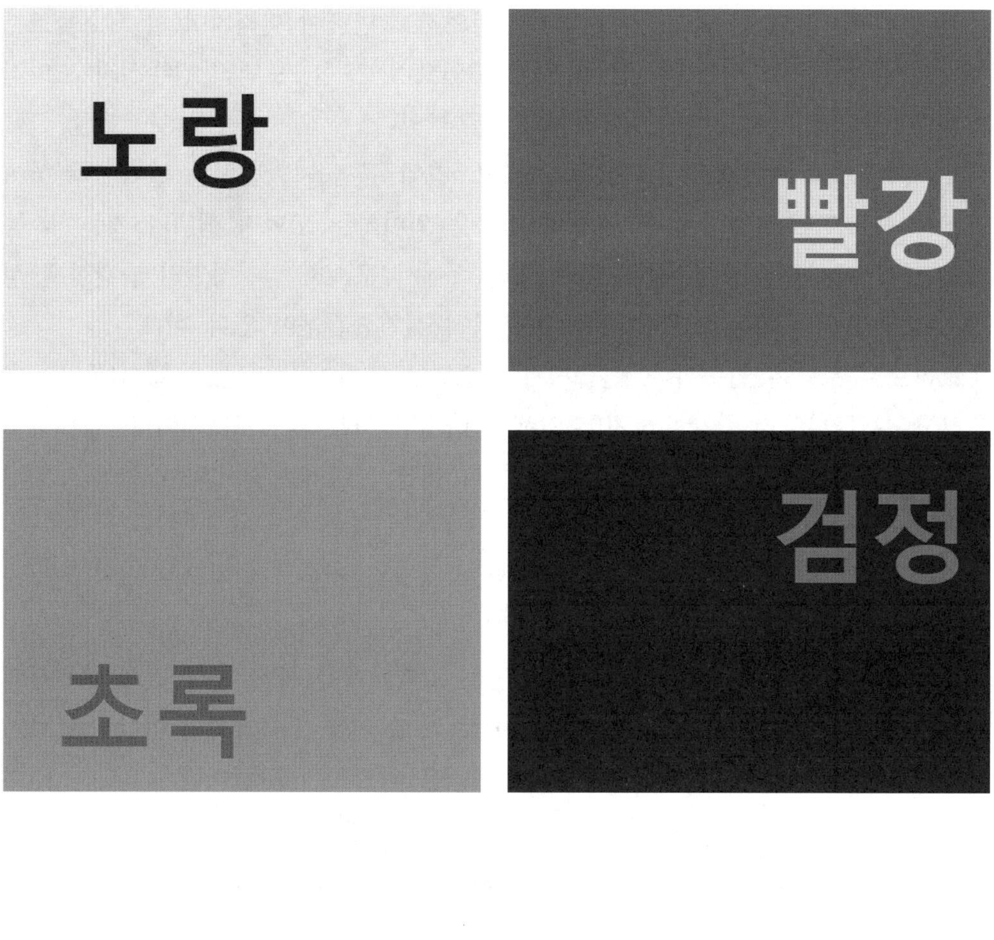

Step 3-4. 개인활동: 무엇이 보입니까?[27)]

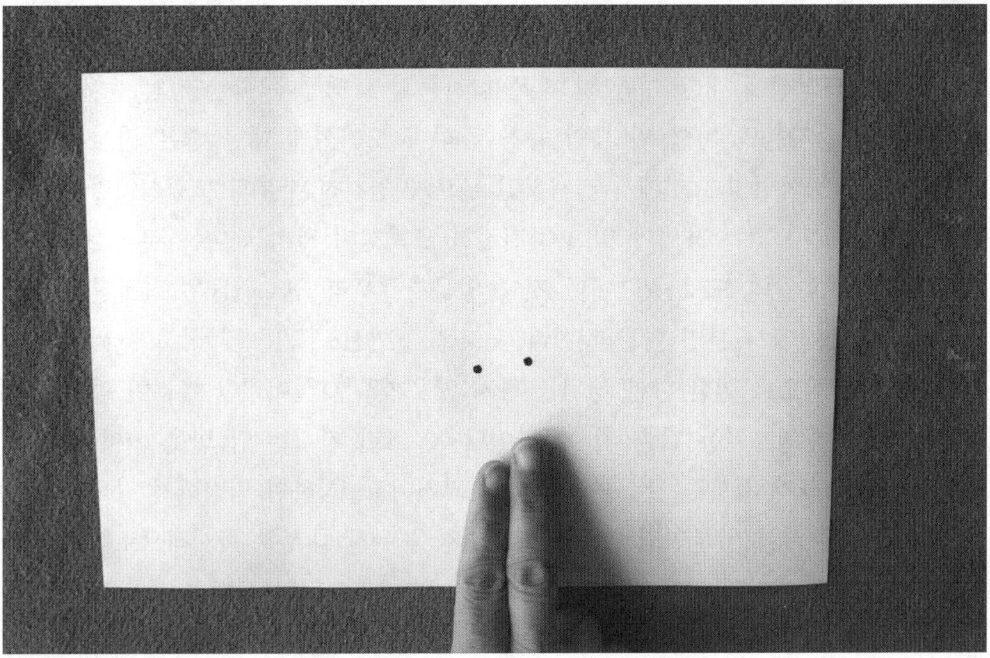

자료출처: Daum카페(2010.12.17.) http;//cafe.daum.net/doulcn/CAZo/322에서 재구성

사람은 누구나 본인의 관점에서만 보고, 판단하며, 결정합니다. 이러한 잘못된 결정이 착각, 착오라고 하며, 이 사진에서 보았을 시 당신은 무엇이 보입니까? 라고 질문을 주면, 대부분 까만 점 2개요~ 라고 대답을 할 것이다. 누구나 모르는 착각 속에 빠질 수 있으나 시간을 갖고 찾고, 생각해 보면, 하얀색 백지도 생각 날 것이다. "아쉽다~ 넓은 하얀색 백지도 못보고 작은 까만 점 2개만 보았으니? 이러한 부분을 심리학에서는 자제력이 부족할 시 나타나는 시각적 착각이라고 한다.

즉, 도덕성도 착각에 의한 잘못된 결정을 할 수 있으므로, 모든 문제 및 사물을 뒤집어도 보고 흔들어 보기도 하고, 옆면에서도 볼 수 있는 자제력이 필요하다.

27) Daum카페(2010.12.17). http;//cafe.daum.net/doulcn/CAZo/322

3. 경호원의 올바른 도덕성

지금까지 도덕성에 대한 개념 및 많은 학자들의 도덕성에 대한 정의 등을 볼 수 있었으며, 학습자들의 미션 및 게임 등을 통하여 도덕성에 대한 숨은 진실을 알게 되었다. 특히 도덕성의 요소에서 정서적인 부분과 인지적 부분의 도덕성이라도 역시 행동으로 옮길 수 있는 용기가 있어야 진정한 도덕성이 완성 된다는 것을 볼 수 있다. 그러면 경호원의 도덕성은 어떤 것이 있을까? 우리 경호원들은 정서적인 면과 인지적인 도덕성에서 분명 나쁜 것이라는 것을 알면서도 VIP 및 상사에 의해 지시를 받고, 충성심으로 인한 나쁜 행위를 하지 않을까? 분명 이러한 부분이 많이 존재할 것이다. 이론적으로는 나쁜 지시사항이니까? 그런 지시는 안 받을 거야 하지만, 직장에서의 상사의 지시불거는 곧 항거이며 좌천이고, 심하면 퇴직까지 강요받을 수 있으므로, 많은 부분이 본인의 일시적인 편안함을 위해 대부분 묵시적으로 이행되고 있다. 이러한 문제점의 방향을 찾고자 학습자들과 경호원의 올바른 도덕성의 항목 제시와 실제 사례를 통한 현실감 있는 경호원의 도덕성을 분석하고자 한다.

Step 3-5. 개인활동: 경호원의 올바른 도덕성의 항목

1) 경호원의 올바른 도덕성의 항목 제시는 학습자 개별 의견을 5가지로 제시한다.
2) 많은 학습자 자료를 공통적 도덕성항목이 많은 우선순위부터 제시하고 선정한다.
3) 최종적으로 학습자 의견일치 하에 10개의 경호원의 올바른 도덕성 항목을 최종 결정한다.

경호원의 올바른 도덕성 항목	체크

Step 3-6. 개인활동: 사례토론(그룹 회장 보복폭행 사건)

■ 사건개요

3월 8일 새벽. 서울 북창동 S클럽에서 일하는 종업원인 우리들 8명은 이 날 따라 기분이 좋지 않았다. 일이 끝난 늦은 새벽, 자주 가던 서울 청담동에 있는 가라오케에 종업원이 아닌 손님으로 놀러갔다.

우리 일행이 지하 1층 술집을 나오기 위해 계단을 올라가고 있는데 김 회장 아들 일행이 술집으로 들어왔다. 그가 김 회장 아들인 줄은 차후 나중에 알았다. 우리 일행 가운데 한 명이 김씨와 어깨가 부딪치며 시비가 크게 붙었다. 서로 승강이를 벌이던 중 김씨가 떠밀리면서 계단에서 굴렀다. 시비가 벌어지고 우리 일행 중 한 명과 주먹이 오갔다. 계단에서 굴러 생긴 상처인지, 맞아서 생긴 상처인지는 모르겠지만 김씨의 눈두덩이가 찢어졌다. 우리 일행 가운데 큰 형이 '시비가 길어져 우리 애들한테 맞으면 사고가 커지겠다'는 생각이 들었는지, 김씨에게 "술 곱게 먹으라"고 충고를 하고 끝냈다. 우리는 아침 7시께 가라오케 술집에서 나와 택시를 타고 집으로 돌아왔다.

■ 1차 보복

3월 8일 오후 청담동 가라오케로부터 전화가 왔다. "큰 문제가 생길 것 같다. 그룹 쪽이 사과를 요구하니 이쪽으로 와서 사과하라"는 내용이었다. 사과를 하면 조용히 무마가 될 거라고 했다. '설마 보복이야 하겠냐'라는 생각에, 김씨를 때린 사람은 가지 않고 다른 사람을 내세워 종업원 5명이 가기로 했다. 이날 새벽에 술 마시던 우리 일행은 8명 이었기에. 사람 수가 모자라서 가라오케 종업원 3명을 끼워 넣었다.

도착 하자마자 우리일행은 경호원들로 보이는 사람들에게 붙잡혀 산으로 끌려갔다. 어두운 산이었다. 누군가 작은 손전등을 하나 켠 뒤 얼굴을 비췄다. 공포영화가 떠올랐다. 누군가 "아들을 때린 사람이 누구냐"고 물었다. 우리가 "이 사람"이라며 대신 지목한 사람의 양팔을 경호원들이 꽉 붙잡았다. 김 회장이 "내 아들이 눈을 맞았으니 너도 눈을 맞으라"며 눈을 연속 때렸다. 사실, 그 사람이 김 회장인 줄은 나중에서야 알았다. 눈이 피 범벅이 되고 만신창이가 됐다. 경호원들은 쇠 파이프와 전기충격기도 들고 있었다. 이들은 우리 일행에게 쇠파이프를 휘둘렀고 총처럼 보이는 것으로 위협도 했다. 그때, 공포에 질려 있던 김 회장 아들을 때린 사람이라며 대신 나섰던 사람이 "나는 때린 사람이 아니다"라고 말하자, 김 회장 일행은 진짜 때린 사람을 찾아야겠다며 북창동으로 향했다.

■ 2차 보복

3월 8일 밤. 북창동 좁은 골목에 고급 승용차가 7대가 들어오더니 북창동 가게 앞에 멈췄다. 경호원들이 많이 깔렸다. 웬 남자가 나오는가 싶었는데 김 회장이었다. 경호원 두 명이 김 회장 곁에 딱 붙었다. 김 회장은 우리 가게에 들어오자 마자 "아들을 때린 사람이 누구냐"며 손으로 주점 사장님의 뺨을 때리기 시작했다. 김 회장은 룸 안으로 들어간 뒤 "아들 때린 사람만 데리고 오라"고 하고는 술을 시켰다. 경호원 30여명이 주변에 쫙 깔렸다. 경호원이 아니라 '거물급'으로 보이는 '깡패 건달' 같았다. 회칼도 차고 있었다. 자기들끼리 술을 마셨다. 김 회장이 "너희들은 뭘 하는 놈들이냐"며 경호원 가운데 제일 높아 보이는 사람을 때렸다.

김 회장 아들이 5분 뒤쯤 주점으로 들어왔다. 룸에 감금된 종업원들은 무릎이 꿇려졌다. 때린 사람을 데려오면 진짜로 죽을 것 같았지만 어쩔 수 없이 데리고 왔다. 사장이 김씨를 때린 사람에게 "네가 나가야 상황이 끝날 것 같다"며 김 회장 일행이 있던 방으로 들여보냈다. 김 회장이 마구 때리려 하자 아들이 말렸다. 대신 김 회장 아들은 자기가 맞은 만큼 때렸다. 나머지 종업원들도 경호원들로부터 마구잡이로 맞았다. 룸 밖으로 '퍽퍽' 소리가 날 정도였다. 3시간 넘게 무서운 공포가 이어졌다. 그날 장사는 못했다.

■ 경찰신고

3월 9일 새벽. 누군가 경찰에 신고를 했는지 경찰이 주점에 들어왔다. 들어오자마자 경찰이 "신고한 사람이 누구냐"고 찾았다. 아무도 나서는 사람이 없었다. 얼굴이 벌건 종업원들을 확인한 경찰은, 룸 몇 개를 열어봤다. 사장님이 "직원들끼리 싸웠다"고 거짓말로 둘러댔다. 김 회장 일행은 당시 다른 룸에 그대로 머물고 있었지만, 경찰이 그 방문을 열어보는지는 못했다. 경찰들은 잠시 뒤 주점을 떠났다. 김 회장은 주점사장에게 치료비로 쓰라고 돈을 줬는데, 뺨을 맞고 기분이 상한 사장은 "치료비 낼 돈은 있다"며 받지 않았다. 그러자 김 회장은 술값이라며 카운터에 100만원을 집어던지고 나갔다.

■ 사건 후

모두 6명이 크게 다쳤는데 야산에 끌려가서 맞았던 한 명은 심각한 몸 상태였다. 온몸이 피투성이가 됐다. 병원에 다니면서 통원치료를 받았으나, 너무나 억울했다. 그나마 나머지는 멍든 정도로 끝난 게 다행이었다. 가게에 타격을 줄 수 있는 보복이 두려웠다. 그날 기분을 풀려고 청담동에 가는 게 아니었다. 일이 이렇게 커질 줄 몰랐다. 솔직히 두드려 맞기 전까지는 회장이라는 사람을 전혀 알지도 못했다.

사건 후 다음 날 경찰이 우리 쪽 식구를 불러 모든 상황에 대해 자세히 조사했다고 한다. 왜 어제, 그 장소에서 경찰은 아무것도 조사하지 않았는지 화가 났다. 얼마 뒤에는 서울경찰청의 한 형사가 사장님을 찾아왔다. 기대도 안 했다. 울분을 술로 풀며 30여일을 보냈다.

사건 다음 날부터 북창동 일대에 퍼진 '클럽 초토화 사건'은 잊혀 지나갔다. 그런데 24일 갑자기 신문과 뉴스에서 난리가 났다. 가게 앞에 기자들이 죽치고 앉아 떠나질 않았다. 애써 잊으려 했던 그날의 기억이 살아났다. 어디선가 이 사실을 털어놓지 않으면 열 받아 죽을 것만 같았다(출처: 중앙 선데이, 조인스 닷컴, 연합뉴스2007.05-03. 10:02, http://kyckhan.egloos.com/1140267).

자료출처: 김토일기자(2007.04.27.). 연합뉴스 그래픽.

자료출처: 반종빈기자(2007.04.27. 19:52). 연합뉴스.

■ **법적조치 사항**

- 이 사건으로 김 회장이 경찰에 구속된 것은 물론 차남과 비서실장, 경호과장 사택 경비용역업체 직원 등 10여명이 사법처리 되었다.
- 재벌 총수가운데 구치소가 아닌 경찰서 유치장에 갇히는 치욕적인 기록을 쓴 것도 김 회장이 처음이었다.
- 또한, 국민들의 정서역시 그룹 불매운동을 시작하여 경영난까지 심각했다.
- 김회장은 1심에서 징역 1년 6월이 실형이 선고 됐지만 항소심에서 징역 1년6월에 집행유예 3년 사회봉사명령 200시간으로 감형되었다.

토론주제: 1. 김회장의 지시사항이 나쁜 것을 알면서도 도덕적 관점에서 회장님에게 직언을 할 수 있겠는가?

2. 김회장의 지시사항이 나쁜 것을 알면서도 지시이행을 했다면 왜 했을까?

3. 이러한 사례를 통한 경호원의 도덕성이란 무엇인가?

4. 경호원의 자성예언

- 도덕성 있는 경호원은 자성예언을 매일 기상 시 힘껏 외쳐본다.

자성예언(자기암시효과)	체크
나는 멋있고 좋은 사람이다	
나는 어디서나 필요한 사람이다	
나는 말보다 행동하는 사람이다	
나는 내 인생의 주인공이다	
나는 긍정적이다	
나는 참을성이 있다	
나는 정직하다	
나는 책임감이 강하다	
나는 부지런하다	
나는 겸손하다	
나는 예의 바르고 단정하다	
나는 무엇이든지 끝까지 열심히 한다	
나는 부모님을 사랑한다	
나는 스승님을 존경한다	

"무안함"과 "미안함" 그리고 "부끄러움"
그것은 도덕성의 다른 이름입니다.
아무것도 부끄럽지 않다면 그것은 곧 "절망"입니다.
부끄러움 이제 도덕성의 시작입니다.
당신은 지금 우리학생들에게
어떤 부끄러움을 가르치고 있습니까?
출세하고 성공하는 것도 중요하지만
인생의 마지막 마무리는 "도덕성"입니다.

자료출처: EBS, 아이의 사생활, 도덕성에서 인용 및 재구성

제4장 성 격

- 1. 성격의 개념 및 정의
- 2. 개인 행동특성의 이해
- 3. 성격의 유형
- 4. 경호원의 올바른 성격

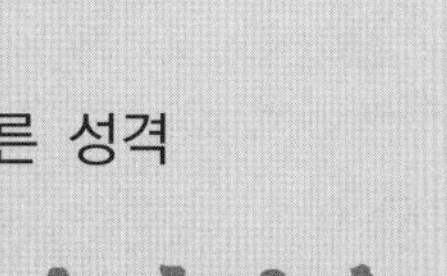

제4장 성 격

1. 성격의 개념 및 정의

성격이란, 우리가 자주 사용하는 단어 중에 하나이며, 매우 친숙한 용어이다. 성격은 사람의 얼굴이 모두 다르듯이 사람에 따라 각기 다르며, 시대와 장소를 초월하여 많은 사람들이 관심을 갖고 연구하는 분야이기도 하다. 인간의 행동을 이해하는 한 방법은 개인의 성격을 이해하는 것이다. 성격은 직접적으로는 알 수 없는 것이고, 행동을 통해 관찰되기 때문에 성격에 대한 이론적 접근도 다양하다.

"성격"이라는 용어의 유래는 영어의 "Personality"이고 희랍어의 Per~ 을 통하여와 sonare 말하다. 나타내다의 합성어인 Persona에서 유래된 것으로 본래는 고대희랍에서 배우들이 배역에 따라 그 특징적 인상을 나타내기 위해 가면으로 사용한데서 비롯된 개인의 특징적 인상을 지칭하는 말이다.

성격과 유사한 용어로는 인격(character), 인간성(humanity), 개성(individual), 기질(temperament)등이 있으나 여러 학자마다 성격에 대한 개념적 견해는 다르다.

따라서 성격에 대한 절대적인 정의는 존재하지 않으나, 그 정의 또한 많이 분포하고 있다. 성격에 대한 대표적 정의를 내린 학자 Allport(1961)는 성격은 각 개인의 정신적, 신체적 체계 안에서 그의 특징적 사고와 행동을 결정하는 역동적 조직인 것이라고 하였고, Jung(1971)[28]은 인간의 행동이 겉으로 보기에는 예측하기 힘들 정도로 변화무쌍해 보이지만 사실은 매우 질서정연하고 일관성이 있는 몇 가지의 특징인 경향으로 나뉘어져 있음을 강조하였다. 즉, 정보를 처리하고 결정을

28) Jung, C. G(1971). Psychological types. N. J. :Princeton University, Press.

내리는 선호방식에 따라 인간의 성격 유형을 분류할 수 있다고 보고, 인간은 정보에 영향을 미치거나 받아들이거나 반응하는데 있어서 저마다의 선호하는 방식을 발달시켜 나간다고 보았다. 이처럼 성격에 대한 학자들의 공통된 의견은 성격이 지속으로 각 개인의 특성을 타나내는 독특한 행동양식이라는 것이다.

Formm에 의하면 성격은 한 개인의 특징이 되며, 독자성을 꾸며주는 선천적 및 회득적인 정신적 특질의 총체라고 하였다. 또한 Adler에 의하면 성격은 사회에 있어서의 개인의 역할 및 상태를 규정하는 모든 성질의 통합이라고 하였다.[29] 즉, 성격은 지속성, 독자성, 항상성, 특징적, 개성적, 조직적, 구조적, 통합적인 개념으로 나타내고 있다.

이러한 내용을 종합해볼 때 성격에 대해 공통적으로 내릴 수 있는 정의는 환경에 대한 개인의 적응을 특징짓는 비교적 일관성 있고 독특한 행동양식과 사고양식이라 할 수 있다.[30]

2. 개인 행동특성의 이해[31]

사람을 이해하기 위해서는 성격보다 행동 그 자체에 초점을 맞춰야 합니다.

인간의 행동은 전부 관찰이 가능 하며, 눈에 보이는 행동을 관찰함으로써 사람의 스타일을 판정할 수 있기 때문입니다.

사람의 행동유형을 파악하려면 2가지 기준이 필요한데 그 첫 번째는 의사표출에 있어서 상대방을 지배하려는 정도를 측정하는 지배성이 있으며, 두 번째는 감정을 어느 정도 밖으로 나타내는 감정 개방성입니다. 이 2가지 결합정도에 따라서 사람의 유형이 결정됩니다.

---

29) 오숙영(2000). MBTI 성격유형에 따른 중학교 3학년의 학교생활 적응에 관한 연구. 동국대학교 교육대학원 석사학위논문.

30) 강명호(1996). 가정환경과 성격유형이 학교적응에 미치는 영향에 관한 연구. 고려대학교 교육대학원 석사학위논문.

31) 개인행동특성의 이해에서 Step 개인활동 표 및 그림은 진로그룹(1996). "그룹관리자 의사결정과정" 과정코드: 12101에서 인용하고 재구성하였다.

- 지배성 의사표현: 자신의 의사를 상대방이 수용하기를 어느 정도로 강력히 요청하고 있는가의 강도를 표현합니다. 의사표현 유형이 지배적인가 아닌가의 여부에 따라 행동특성이 나타납니다.
- 개방성 감정표현: 자신의 감정표현이 개방적이냐 억제적이냐의 정도를 말합니다. 감정을 외적으로 나타내는 정도에 따라서 행동특성을 파악할 수 있습니다.

Step 4-1. 개인활동: 내가 보는 내 성격과 친구가 보는 내 성격

- 아래박스 안에 내가보는 성격을 표시한다.
- 친구가 보는 내 성격을 표시해 본다.
- 나와 친구의 표시를 확인하고 분석하며 차이점을 들어본다.

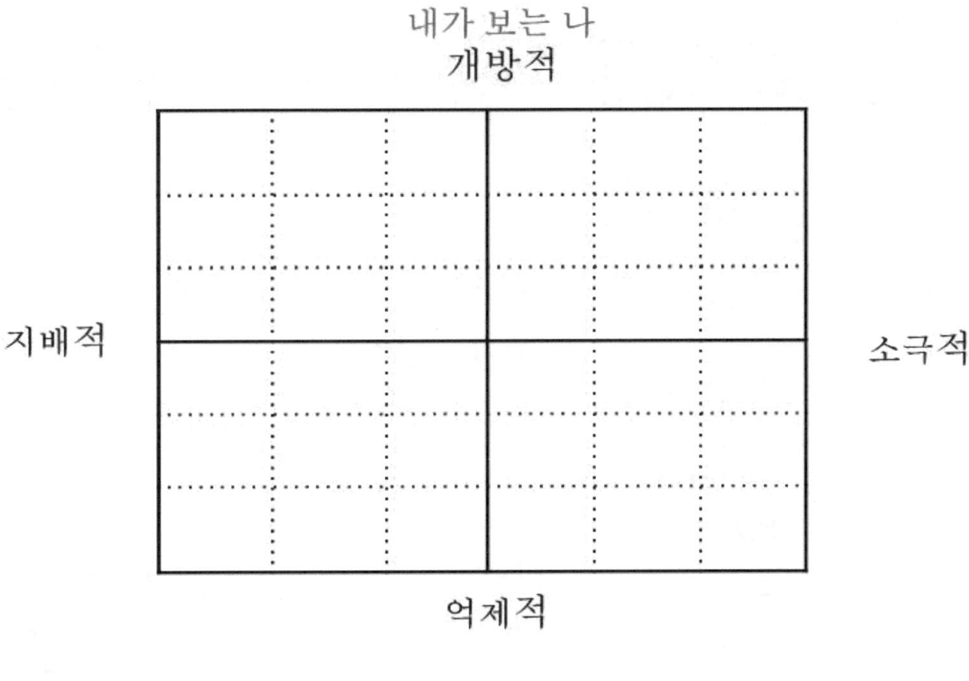

Step 4-2. 개인 및 팀 활동: 경호원의 성격 탐색[32)]

경호원의 성격

1.경호원 선발완료 ⟶ 최고의 전문가 양성

1)교육과정안내

팀워크 훈련

일　시 : 2020. 4.30~5.10
장　소 : 00그룹 연수원 및 남산1,2,3 코스
참가대상 : 00그룹 신입사원 123명
교육방법 : 팀 워크훈련 교육
과정의 필요성

인간과 조직의 생활환경이 Canoe시대에서 Kanyak시대로 변함에 따라 각자의 나아갈 바를 분명히 하고 급변하는 상황에 능동적이며 자율적으로 대처해야 할 명분이 뚜렷 해졌습니다.
기술과 지식이 아무리 고도화 되고 축척된다 하더라도 개개인의 가슴이 뜨거워지고 의식이 날로 새로워지지 아니하면 삶의 보람이 생기지 아니 할 것입니다. 그러므로 본 과정을 통한 00그룹 조직의 구성원들이 "왜 무었을 하여야 하고" "무엇을 어떻게 하여야 하는가" 를 공유하고 실천하지 않는다면 우리의 자아실현이란 한낱의 꿈일 뿐 입니다. 이에 본 과정의 디자인의 필요성이 제기 되었고 우리 구성원은 여기에 모였습니다

☞ " I Can Do it" "나는 할 수 있습니다"

교육목표

1.00맨의 기본자세 확립
2.자발적,능동적,진취적,사고방식 함양
3.친절 의식 습관화 및 행동의 예절학습효과
4.실습 및 직무교육으로 현업 적응 능력 배양
5.기업인으로서의 자부심 고취
6.애사심 배양

32) 경호원의 성격 탐색에서 Step 개인 활동 표 및 그림은 진로그룹(1996). "그룹관리자 의사결정 과정" 과정코드: 12101에서 인용하고 재구성하였다.

교육생 준수사항

1. 명찰부착
2. 교육집합
3. 교육 시 준수사항 엄수

팀워크 훈련(아메리카 카누여행)

폰테로사 공원 ◂▸세먼폭포다리(16km) 4월 습도 10도 이하(여름15도-21도) 인원 7명 개1마리
맹수 일리산(해발 2000M) 협곡과 기암 계곡 눈이 녹아 이루어 졌음
컨빅스 바위 지나면 유속이 빠르다. 강물속도가 빠름 컨빅스 바위에서 점심
댐2군데 급류2800CFS 시즌3월-10월 유량 3000-4000

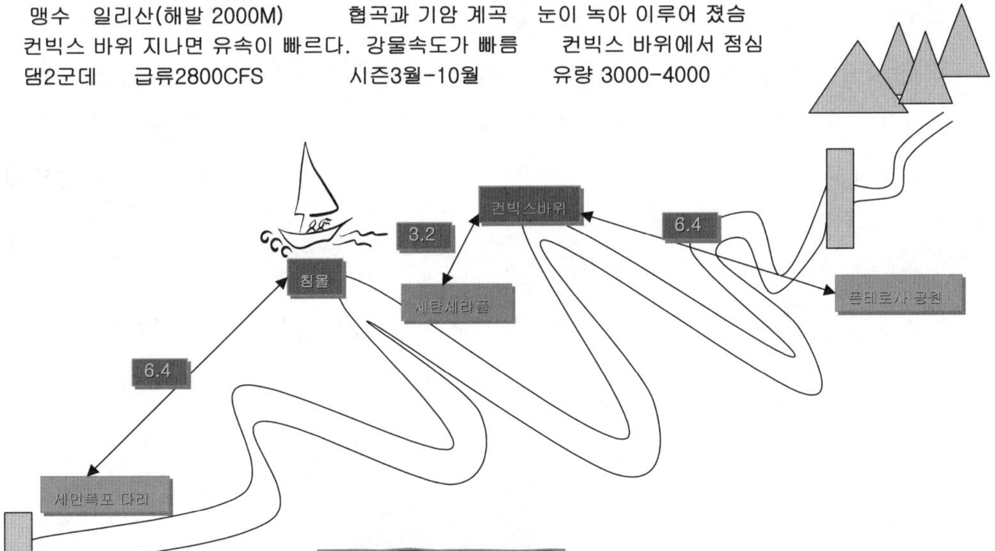

〈팀 활동〉

Team Building Simulation(Whitewater)1

4월 30일 월요일, 오전 10시. 따뜻하고 맑은 날이다(18℃).

당신과 동료 7명 그리고 개 한 마리가 남아메리카강의 남쪽 강둑에 있는 폰테로사 공원에 모였다.

당신은 지금 세문폭포 다리까지 강을 따라 하루 종일 급류를 타기 위하여 5m의 카누보트를 내리고 있는 중이다.

"참 멋진 보트군요, 어서 타고 싶은데요."

"꼭 잡아요. 먼저 안전 규칙을 반복하겠습니다. 구명자켓을 입고 꼭 조이세요. 만일 뒤집히게 되면, 먼저 사람을 구하고 (개 포함) 그 다음에 물건들을 챙깁니다. 만일 물속에 빠지면 나의 노 젓는 명령에 따라 움직여야 합니다. 자 노를 붙잡으세요. 떠납니다."

"만일 옷이 젖게 되면 어떻게 하지요?"

"걱정할 것 없습니다. 그 정도 가지고 체온저하를 걱정할 필요가 없어요."

12시 40분 따뜻하고 맑음(18℃)

당신들은 6.4km 가량 나아갔고 매우 빨리 달리고 있습니다.

"와! 멋져요!"

"약간은 떨리지만 재미는 있네요."

"당신이 좋아할 거라고 내가 말했죠."

"앞쪽 노는 세게! 뒤쪽 노는 오른쪽으로 돌리고! 정지! 모든 걸 정지하고 내 말을 들어요."

"예, 예 선장님."

13시 40분 맑음(17℃)

점심을 먹기 위해 컨밈스 바위에 멈추었다.

"꿈만 같아요. 매우 재미있고 상쾌한데요."

“굉장하다고 말했잖아요. 그러나 죠지(Gorge)에 닿을 때 까지는 기다려야 해요. 강이 흐르는 대부분의 장소는 기암절벽을 이루고, 또 급류가 있습니다. 시간은 오래 걸리지는 않지만 대단한 스릴을 맛볼 수 있을 겁니다.”

“이 강에서 몇 번이나 보트를 타보셨어요?”

“우리들은 여기에 8번째입니다. 지난여름에 같이 카누보트 타기를 시작했습니다. 이번이 내 새로운 카누보트의 처녀항해입니다.”

“급류는 정말 대단한데요. 아마도 눈이 녹아 내렸기 때문이겠지요.”

“예. 적어도 2800cfs로 흐르고 있는 것 같습니다. 이런 이유로 이 강물은 정말 도전할만합니다. 바로 그것이 봄철 카누보트 타기의 진수라고 생각합니다.”

“그래서 다른 보트가 서 너개만 보이는군요?”

“그래요. 주말에는 좀 많을 겁니다. 하지만 그때에도, 그리 많지는 않지요.

우리는 일주일동안 머무를 예정이기 때문에 금요일이나 토요일에 다시 타러 올 겁니다.”

14시 20분 흐림(15℃)

점심을 끝내고, 여행의 마지막 목적지를 향하여 출발하려고 준비 중이다.

비록 마지막 3.2km가 지도상에는 비교적 잔잔한 수면으로 표시된다 하더라도, 강의 굴곡은 점점 심해져 가고 있었다.

“해가 나오면 좋겠는데 점점 추워지는군요.”

“예, 나도 추워요. 젖은 옷이라도 입어야겠어요.”

“누가 기상예보를 알아보셨어요?”

“예, 장마전선이 오늘 움직인다고 했는데 여기는 예상보다 빨리 온 것 같습니다. 폭풍이 오기 전에 카누보트를 띄워 빨리 출발하는 것이 좋겠습니다. 이런 상황이 3~4일은 계속 될 것 같습니다.”

15시 이슬비(14℃)

죠지(Gorge)에 도달하고 있다.

“이런, 점점 험악해지고 있군.”

“날씨나 강에 대해 말하는 건가요?”

"네, 저 소리를 들어봐요. 아주 심각한 상황입니다. 구명자켓을 꼭 조이고 명령에 따라 노를 저으세요." "이런 상황은 전에 본적이 없어요."

"앞으로 힘차게! 오른쪽으로 회전! 더 오른쪽으로! 앞으로 더욱 힘차게! 더 세게!"

"어머! 하마터면 보트가 뒤집힐 뻔 했어요. 정말 무슨 일이 일어날 것 같아요."

"정신 차리세요."

"나는 이런 경험이 처음이에요. 당신들을 전문가들이라고 생각했는데...."

"전문가요? 흥! 나도 이번이 두 번째 해본 것이고, 물속에서 이같이 고생해 본적은 없어요."

15시 30분. 비옴(13℃)

카발리 해이에 도착중이다.

"오 하나님! 이 파도가 우리를 삼키려 해요."

"왼쪽으로 돌려! 더 왼쪽으로! 더 세게 뒤로! 멈춰!"

"아휴! 카누보트에 물이 찼어요!"

"물 퍼내는 양동이로 물을 퍼내세요. 물이 가득하면 움직일 수가 없어요."

15시 40분.

계속 비가 쏟아지고 있다. 새탄풀에 도착.

"앞으로 힘차게! 뒤로! 더 세게 뒤로! 왼쪽으로 더 세게 앞으로! 더 힘차게!"

15시 50분

강 속에 카누보트가 뒤집히고 모두들 물속으로 빠져 버렸다.

"노를 잡아요!"

"할 수 없어요... 물살이 너무 세요."

"도와주세요, 여기에요!"

"카누보트를 꽉 잡아요."

16시. 12℃

얼마 후 당신과 7명 전원이(개 포함) 새탄풀에서 300m 떨어진 강의 남쪽 둑에 모였다. 비는 계속해서 내리고 있다.

당신의 주위에는 마른 가지가 조금 있고 협곡 벽 아래에는 잡초들이 자라고 있다.

"모두들 무사 합니까?"

"내 발목을 다쳤어요. 위에서 미끄러져서 부딪쳤어요."

"어디 봅시다. 움직일 수 있나요?"

"예, 그런데 정말 아프네요. 만지지 말아요!"

"뼈가 다치지 않았어야 할 텐데... 이제 좀 쉬어 봅시다."

"기진맥진하고 떨리는 것이 멈추지 않아요. 우리 불 좀 피울 수 있나요? 전에 이렇게 추워 본적이 없어요."

"입술이 파랗군요. 곧 당신을 어떻게 조치해야 되겠는데."

"최소한 아직 보트가 무사해서 다행이군요."

"그런데 나는 카누보트를 다시 탈 자신이 없어요."

"저 좀 도와주세요. 여기 이 끝을 받치세요. 그리고 저쪽을 꽉 잡으세요."

"이렇게 해 놓으니까 약간 더 낫군요. 어쨌든 비를 맞지 않게 되서 다행이군요."

"무서워요!"

"나도요, 하지만 진정하고 우리에게 남아 있는 것들을 정리해 봅시다."

"여기 아이스박스가 있어요. 누구 맥주 드릴까요?"

"허튼 소리 하지 마. 사태가 심각한데..."

"남은 음식이 많지 않아요. 우리가 얼어 죽거나 굶어 죽지는 않을까요?"

"우리가 머리를 맞대고 연구하면 그럴 리가 없지요."

"이 강물이 오염된 것인가요?"

"모르겠는데, 왜 그래요?"

"물을 많이 마셨어요. 그래서 아픈지도 모르겠어요."

"누가 알아요? 잘 들으세요. 우리는 계획을 세울 필요가 있어요. 우리는 세문폭포 다리에서 6.4km가량 떨어진 곳에 있는 것 같습니다. 내가 아는 한 우리는 오늘 마지막 보트그룹이었어요. 해도 몇 시간 밖에 안 남았고, 점점 추워지고 있어요. 좋은 의견 있으세요?"

〈팀워크 훈련 팀 의견 차이점〉

그룹 팀워크 훈련

차이점	팀의 의견	전문가의견	행동 대안들	팀의 의견	차이점
			한두 사람을 구조요청을 위해 파견		
			구조 되기를 기다림		
			카누보트를 버려두고 함께 걸어간다		
			사람들이 몸이 마를때까지 기다린 후 어두어 지기전에 카누보트여행을 마침		
			폭풍이 지나 갈때까지 기다리다 그후 카누보트 여행을 마침		
			지금 카누보트로 돌아가서 여행을 마침		

〈팀별 채점방법〉

카노보트 여행 현재의 위기상황에서 최선의 방법으로 6가지 행동 대안들 중에 우선순위를 정한다. 다음 순서는 우선순위로 정한 항목은 삭제 후 5가지 대안 중에 하나를 선택하여 기입한다.

이러한 방법으로 마지막 1개의 대안이 나올 때 까지 팀과의 의사결정과정을 통해서 결정한다. 그리고 전문가 의견의 숫자와 나의 팀의 점수를 차감을 하여서 6개 행동대안 합계에서 제일 적게 나온 팀이 우승을 하는 게임이다.

3. 성격의 유형33)

성격의 유형은 4가지가 있는데 표출형과 우호형, 주도형, 분석형이 있다.

1) 표출형

표출형(Promoting)은 매사에 대해 적극적이며 긍정적이다. 자신은 물론 남도 잘 부추긴다. 사교적으로 이야기하기를 좋아하고 늘 주변에 활발한 분위기를 조성해 나간다. 주변인들과 커뮤니케이션을 꾀하면서 일을 추진해 나가지만 주도권을 잡는데도 관심을 기울여 창조적인 것을 찾아 위험을 무릅쓰고 문제해결에 도전하는 특징이 있다.

표출형의 특성은: 외향적, 정열적, 설득적, 사교적, 자발적이다.

❖ 성격

표	우
주	본

표출형 :적극적이며 활발한 분위기조성, 외향적,정열적,설득적,사교적,자발적

강 점	단 점
1.행동이 적극적이다	1.본제에서 벗어난다
2.매사에 열중한다	2.시간 관념이 희박하다
3.활기가 넘친다	3.감정에 자우 된다
4.대인관계에 능숙하다	4.기분이 변하기 쉽다
5.상대방을 몰두하게 한다.	5.정리 정돈이 서툴다
6.영감을 중요시 한다.	6.차근차근 책 읽기를 싫어한다
7.비약에 목표를 둔다	7.매사를 논리적으로 생각하기를 싫어한다
8.민감하게 반응한다	
9.미래 지향적이다	
10.개방적,쾌락적인 일을 좋아한다	

이 사람의 행동은 칭찬욕구에 의거한다

33) 성격의 유형에서 Step 개인 활동 표 및 그림은 진로그룹(1996). “그룹관리자 의사결정과정” 과정코드: 12101에서 인용하고 재구성하였다.

2) 우호형

우호형(Facilitating)은 무엇보다 개인적인 연관을 중요시 한다. 차분한 가운데 부드럽고 성실하며 소극적이나, 따뜻한 감정에 가까이 하기 쉬운 사람이다. 팀웍을 매우 중시하며, 철저한 협력 아래 일을 추진해 가는 것을 좋아하지만, 모험은 별로 하려 들지 않는다. 무엇보다도 책임을 다 같이 분배해서 지고 싶어 한다. 인간관계를 쌓는데 관심이 있으며 결단력을 보일 때면 주위사람들에게 지원을 요청한다.

우호형의 특징은: 지지적, 협력적, 사교적, 인내심, 충실하다.

❖ 성격

표	우
주	본

강 점	단 점
1.협력적이다 2.가까이 하기 쉽고 친하기 쉽다 3.대인관계에 능숙하다 4.코치나 상담에 능숙하다 5.온화하다 6.개인적인 정보에 강하다 7.소집단 활동을 즐긴다 8.긴장을 풀어준다 9.분위기 조성을 잘한다 10.상대방의 기분을 이해한다	1.결단이 느리다 2.자기주장이 적다 3.일에 대한 관심이 희박하다 4.남의 일에 너무 신경 쓴다 5.비약이나 모험을 노리지 못한다 6.신속하지 못하다 7.주저하기 쉽다.

이 사람의 행동은 용납욕구에 의거한다

3) 주도형

주도형(Controlling)은 일에 강한 관심을 가지고 솔선수범하며 결과나 성과를 중요시하는데 높은 가치를 둔다. 주도권을 가지고 새로운 과제에 도전하고 목표달성을 위해서 최대한의 노력을 기울인다. 행동은 신속하고 기회를 잘 이용하여 남을 밀어 제치고서라도 자기의 의지를 관철시킨다. 혼자서 일을 하는 것을 좋아하며, 남을 리드하여 일을 하는 것을 좋아한다. 경쟁심도 강하다.

주도형의 특징은: 자립성, 솔직성, 과단성, 실리주의, 능률 등이 있다.

❖ 성격

표	우
주	분

강 점	단 점
1.효율적 능률적이다	1.남에 대한 배려가 부족하다
2.열심히 일한다	2.억지를 부린다
3.행동이 민첩 신속하다	3.말투가 억세다
4.책임감이 강하다	4.지나치게 자기중심적이다
5.늘 성과를 중요시 한다	5.안색,목소리,표정이 빈약하다
6.도중에 포기 하지 않는다	6.무리한 목표라도 도전한다
7.시간에 정확하다	7.냉담하다
8.간결하고 낭비가 적다	
9.열정적이다	
10.스스로 움직인다	

이 사람의 행동은 성취욕구에 의거한다

4) 분석형

분석형(Analytical)은 목표를 향해 추진해 나가는 것을 좋아한다. 행동은 언제나 냉정하며 침착하고 차분하며 소극적인데다가 규칙적인 반면, 독립성은 매우 강하다. 일을 할 시는 체계적이고 사실과 논리에 입각한 접근을 중시하고 정보나 데이타를 수집분석하기를 좋아하며 모험은 최소한으로 하는 것을 철저히 검토한다.

대인관계에서는 비즈니스맨답게 감정을 드러내지 않고 결단을 내릴 때는 확률이나 확신을 염두에 두고 실행한다.

분석형의 특징은: 논리적, 완벽주의, 사실중시, 신중함 등이 있다.

❖ 성격

표	우
주	분

강 점	단 점
1.근면하다 2.매사를 면밀히 추진한다 3.논리적이고 체계적이다 4.질을 중시한다 5.문제발견에 흥미를 느낀다 6.사실을 중시 한다 7.지식 정보를 수집한다 8.일을 제대로 처리한다 9.자기관리를 할 수 있다 10.분석력이 뛰어 나다	1.유연성이 결여되어 있다 2.결단을 내리는데 시간이 걸린다 3.박력이 부족하다 4.혼자 일을한다 5.표정이 부족하다 6.보수적이다 7.사교성이 결여되어 있다

이 사람의 행동은 안전욕구에 의거한다

4. 경호원의 올바른 성격

경호원의 바람직한 성격이란, 지금까지의 이론과 정의를 종합적 정리하면 성격의 유사한 용어로는 인격(character), 인간성(humanity), 개성(individual), 기질(temperament) 등이 있으며, 성격은 지속성, 독자성, 항상성, 특징적, 개성적, 조직적, 구조적, 통합적인 개념으로 나타내고 있다.

성격의 유형은 4가지가 있는데 표출형의 특성은 외향적, 정열적, 설득적, 사교적, 자발적이고, 우호형의 특징은 협력적, 사교적, 인내심, 충실하다. 주도형의 특징은 자립성, 솔직성, 과단성, 실리주의, 능률 등이 있고, 분석형의 특징은 논리적, 완벽주의, 사실중시, 신중함 등이 있다 즉, 이러한 성격의 내용을 종합해볼 때 성격에 대해 공통적으로 내릴 수 있는 정의는 환경에 대한 개인의 적응을 특징짓는 비교적 일관성 있고 독특한 행동양식과 사고양식이라 할 수 있다.

Step 4-3. 개인활동: 경호원의 올바른 성격

이러한 바람직한 경호원의 성격을 탐색하고자 학습자들과 경호원의 올바른 성격의 항목 제시와 실제 사례를 통한 현실감 있는 경호원의 성격을 분석하고자 한다.

1) 경호원의 올바른 성격의 항목 제시는 학습자 개별 의견을 5가지로 제시한다.
2) 많은 학습자 자료를 공통적 성격 항목이 많은 우선순위부터 제시하고, 설정한다.
3) 최종적으로 학습자 의견일치 하에 10개의 경호원의 올바른 성격 항목을 최종 결정한다.

경호원의 올바른 성격 항목	체크

제5장 리더십과 팔로워십

- 1. 리더십의 개념
- 2. 리더십과 팔로워십
- 3. 경호원의 리더십 목표수행지침

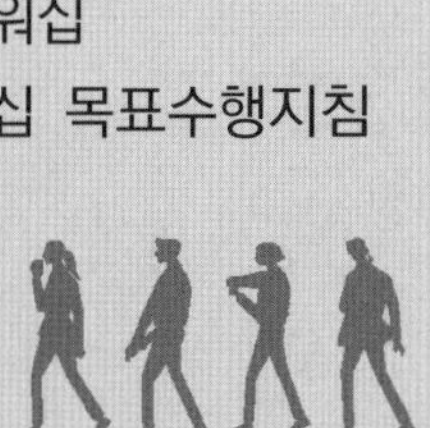

제5장 리더십과 팔로워십

1. 리더십의 개념

리더십이란, 영도자 또는 지도자라는 뜻으로도 사용되며, 리더자와 조직원간의 상호과정에서 리더자의 권한 및 잠재능력을 활용하여 조직원이 수용 가능하도록 영향력을 행사하는 과정이다. 또한, 같은 의미의 지도자란 조직이나 집단을 이끌어 가고, 통솔하는 사람을 의미하며, 자신들이 이끄는 조직이나 집단이 추구하는 목적을 달성하기 위하여 조직 구성원들에게 노력을 하게끔 영향력을 행사한다.

조직의 목표달성을 위해서는 조직 구성원들에게 조직의 목표전달, 목표를 전달하겠다는 의지를 불러일으켜 주고, 조직 구성원으로서의 자리지킴 등 의사소통에 의하여 상호작용을 하고, 하나의 목표를 가진 조직 구성원이라는 동질감을 주는 것 또한, 지도자들의 책무이자 리더자의 역량이 리더십이라 할 수 있다.[34)]

리더십에 대한 연구는 여러 학문분야 중에서도 그 역사가 가장 오래된 연구 분야 중의 하나이다. 지난 수십 년간 많은 학자들의 연구의 견해에 의해 그 중요성을 인정받아 왔던 주제임에도 불구하고, 리더십 이론에 대한 명확한 수렴이 이루어지지 않고 있는 현 실정이다.

지금까지 연구된 리더십이론이나 문헌들을 살펴보면 리더십 내용이 상황에 따라 그리고 사용하는 주체에 따라 각양각색으로 정의되고 있음을 알 수 있다. Jago(1982)[35)]는 리더십은 리더가 비 강압적인 영향력을 행사하여 조직구성원들에

34) 민경호(2010). 리더십 이론과 개발. 서울 : 무역경영사. p. 199.
35) L. Jago(1982). Leadership Perspectives in Theory and Research. Management Science. 28, p. 315.

게 집단의 목적을 달성하는 방향으로 제시하고, 활동을 조율하는 것이라고 하였다. 즉, 리더십은 공동의 목적에 따라 진정한 변동을 일으키려 하는 리더와 조직구성원 사이의 관계이며, 의미 있는 변동을 원하는 사람들 사이에 일어나는 현상이다.

리더자와 조직구성원이 요구하는 변화는 그들의 목적을 반영하는 것이며, 리더십은 사람들이 부응하고, 서로 적용하도록 하여 목표설정을 완수시키는 것이다. 그러므로 조직 내에서 일상적으로 이루어지는 상급자의 지시에 하급자가 기계적으로 따르는 현상, 자신들이 공유하고 있는 목적이 반영된 실질적인 변화를 이끌어내려는 의도를 가지고 이루어지는 리더와 조직구성원들 간의 영향력 행사관계라고 볼 수 있다.

민경호(2005)[36]는 조직구성원으로 하여금 조직의 목적을 달성하기 위하여 자발적으로 행동하도록 영향을 주는 조직 관리자의 기술이나 과정이며, Bass(1990)[37]는 리더십이 비젼을 창출하고, 선포하여 부하를 변화시키고, 부하들이 목표를 달성하도록 하는 활동이라고 정의하면서 여러 학자들의 리더십에 대한 관점을 행동으로서의 리더십을 비롯하여, 순응을 유도하는 기법, 여러 요소의 종합, 역할의 차별화, 상호작용의 결과, 집단과정의 초점, 설득요령으로서의 리더십으로 개념을 정리하고 있다. Stogdill(1974)[38]은 리더십이란 목표 설정과 목표 달성을 지향하도록 집단행동에 영향력을 행사하는 과정으로 정의했다.

박내희(1983)[39]는 리더십이란, 특정한 집단이나 조직의 목표 또는 목적을 달성하기 위해서 리더가 조직구성원에게 영향력을 지시 및 행사하는 과정이라고 정의하기도 하였다 또한, 정종진, 이덕로(1998)[40]도 리더십을 조직 활동에 있어서 조직의 조직구성원과 그들의 행동을 지도하는 것이며, 혹은 조직 내의 사람들을 조직의 목적에 협력시키는 것이라고 정의하였다,

안황권(2009)[41]에 따르면 리더십이란 조직이 설정한 목적을 달성하기 위하여

---

36) 민경호(2010). 조직행동론. 서울 : 대영문화사. p. 230.
37) Bass. B, M & Avolio. B. J(1990). Transformational Leadership Development : Manual for the Multifactor Leadership Questionnaire." Palo Alto : Consulting Psychologists Press.
38) Stogdill, R. M(1974). Definition of Leadership. 〃 Handbook of Leadership. New York.
39) 박내희(2007). 조직행동론. 서울 : 박영사. p. 182.
40) 정종진, 이덕로(1998). 인적 자원관. 서울 : 법문사.

조직구성원 개인 및 집단에게 동기부여를 하고 지시 및 영향력을 미치게 하고 조직의 성장발전을 촉진시키는 것이라고 정의하였고, 조직구성원 관계를 위한 협의의 개념을 확장하여, 조직 전체의 발전을 좌우할 수 있는 요인이라고 하였다. 민진(2006)[42]은 리더와 조직구성원간의 상호협력 과정에서 리더자의 공식적 권한 및 잠재능력을 활용하여 추종자가 수용가능 하도록 영향력을 지시하는 과정이라고 정의하고 있다.

그러므로 리더십에 관한 정의는 두 가지의 중요한 측면으로 구분할 수 있다. 첫째, 리더십은 조직구성원의 자발적인 행동이나 영향력의 수용을 바탕으로 다른 사람들에게 영향력을 지시 행사하는 것이고, 둘째, 리더십은 어떤 목적을 달성하기 위해 리더와 조직구성원은 상호작용을 필요로 하는 공동목적을 가지고 목표달성을 추구한다는 것이라고 할 수 있다.

2. 리더십과 팔로워십

리더십과 팔로워십은 서로 상호보완적인 관계에 있으므로 그 둘을 각각 떼어놓고 보기 힘든 상태이다. 팔로워십은 조직의 목표를 달성하는데 기여하는 팔로워의 효과적인 자질이나 역할을 말하는데 Heller과 Van Til(1982)[43]은 리더십의 이해를 위해서는 팔로워십에 대한 이해가 필수적이며, 리더십과 팔로워십이 서로에 대한 이해 없이는 파악될 수 없는 관련된 사실임이 입증되어 왔다고 하였다.

Kelly(1988)[44]는 팔로워십은 리더십과 동반하는 파트너십이고, 협력자 관계라고 하였고, 팔로워들의 역할을 토대로 하여 바람직한 팔로워는 나무와 숲을 동시에 보는 통찰력과 타인과 잘 융합할 수 있는 사회적 역량을 지니고 있고, 영웅적인

41) 안황권(2009). 민간경비학. 인천 : 진영사. pp. 161-163.
42) 민진(2006).조직관리론. 서울 : 대영문화사. p. 214.
43) T. Heller, & J. VanTil(1982). Leadership and Followership : Some summary Propositions, Journal of Applied Behavior Science, 18, pp. 405-414.
44) Kelley, R. E(1988). "In praise of follower" Harvard Business Review. November-December. 142-148.

리더가 없는 상황에서도 자신을 격려하면서 일을 할 수 있으며, 어떤 목적을 달성하기 위하여 적극적으로 참여하고 노력하려는 의지를 보유하고 있는 자'라고 정의하였다. Hollander(1992)[45]는 리더와 리더십이 서로 독립적으로 존재하고 있으나 리더십은 팔로워십이 있으므로 그 가치를 인정받는 것이라고 하였다. 즉, 리더십은 팔로워십을 구성적으로 보완하기 위한 도구이며, 이들의 관계는 조직을 구성하는 절대적 가치이자 독립적으로 구분할 수 없는 대등한 존재로서 인식되어야 한다고 하였다.

또한, 리더십과 팔로워십에 대하여 윤여선(2006)[46]은 상사의 변혁적 리더십은 종업원들의 팔로워십 활동과정에 긍정적 영향을 준다고 하였고, 단순히 리더자에게 의존하지 않고 구성원들 스스로가 능동적으로 참여하고, 팀을 중요시 여기며, 회사의 목적과 자신의 목표를 일치시키기 위해서는 상사의 확고한 리더십이 필요함을 확인하였다. Bass(1985)[47]는 변혁적 리더십의 하위차원으로는 카리스마, 비젼, 개별배려, 지적자극의 네 가지가 있으며. 4가지 하위개념이 변혁적 리더십에 중요한 요소라고 하였다.

박경수(2001)[48]도 교장의 변혁적 리더십과 교사의 팔로워십의 관계분석에서 교장이 변혁적 리더십을 발휘할수록 교사는 조직에 현실적이며, 팔로워십이 높아진다고 하였다. 즉, 다양하고, 적극적이며, 체계적인 교육과정 연수를 통해 변혁적 리더십을 가진 교장을 양성하려는 교육당국의 노력이 필요하다고 발표하였으며, Hughes et al(1999)[49]은 리더십을 이해하는 데 있어 고려되는 중요한 요소로 팔로워 없이 리더만으로 하는 일(thing)은 없으며, 훌륭한 리더십의 많은 특성들이 효과적인 팔로워 속에서 찾을 수 있다고 했다.

45) E. P. Hollander(1992). Leadership, Followership, Self and Orhers, New York: Doubleday Dell.
46) 윤여선(2006). 직장상사의 변혁적 리더십과 종업원 팔로워십 특성에 따른 종업원 만족이 고객인지 서비스 품질에 미치는 영향. 서강대학교 대학원 석사학위논문. p. 59.
47) Bass, B. M(1985). Leadership and performance Beyond Exception, NY, The Free Press.
48) 박경수(2001). 학교장의 변혁적 리더십과 교사의 팔로워십, 임파워먼트와의 관계연구. 한양대학교 대학원 석사학위논문. p. 63.
49) Hughes, R. L., R. C. Ginnett, and G. J. Murphy(1999). Leadership: Enhancing the Lessons of Experience, 3rd ed. NY: McGraw-Hill.

강경수(2007)[50]의 연구에서도 변혁적 리더십이 팔로워십에 긍정적 영향을 미치는 것으로 나타났다. 그러나 반면에 서번트 리더십은 조직 구성원들과의 인간관계 및 상호작용에 중요성을 두고 그를 통해 섬기고 필요를 채워주어야 한다고 나타났다. 따라서 팔로워와의 상호작용이 매우 중요하고 팔로워의 현 상태를 잘 파악해야하기 때문에 팔로워십의 종류에 따라 서번트 리더십의 효과가 달라질 것으로 예상된다고 하였다.

위의 내용을 종합적 해석을 해 보면 리더십은 특정상황에서 조직의 목표달성을 위해 구성원에게 영향을 주는 과정이라고 하며, 특히, 팔로워십에 영향을 주는 요인으로 변혁적 서번트 리더십이 효과적임을 확인할 수 있었다. 그러나, 서번트 리더십과 팔로워십의 관계에 관한 선행연구가 미약하여 관련 리더십의 선행연구를 중심으로 확인해 보니 리더십의 영향이 팔로워십에 긍정적인 영향과 반대로 팔로워십의 종류에 따라 리더십의 효과도 높일 수 있을 것이란 것을 알 수 있다.

팔로워는 지위에 의해 정의될 수 있다. 상대적으로 권력, 권한, 영향력이 상급자에 비해 적은 하급자이다.
팔로워는 또 행동에 의해 정의될 수 있다. 다른 사람들이 원하거나 의도하는 것에 따라주는 것이다.

50) 강경수(2007). 학교장의 변혁적 리더십, 교사 임파워먼트, 팔로워십 및 학교장신뢰가 학교조직 효과성에 미치는 영향. 인하대학교 대학원 박사학위논문. p. 94.

Step 5-1. 개인활동: “코끼리를 쏘다”[51] 사례토론

“코끼리를 쏘다”

설명해 주고(책을 읽어) 조별 토론.

항 목	체크
1. 리더와 팔로워에 생각나는 단어는? 2. 코끼리를 쏘다에서 누가 리더이고 누가 팔로워인가?	

51) 바버라 켈러먼(2011). 팔로워십. 하버드대학교 케네디스쿨 교수로서 리더십 전문가다. 예일대학교에서 정치학으로 박사학위를 받았고, 미국 포드햄, 터프츠, 조지워싱턴 대학교에서 관련분야의 경력을 쌓았고, 국제 리더십협회 설립에 참여했다. 지은 책으로는 나쁜 리더십, 리더십, 여성과 리더 등이 있다.

내용: 1930년대 버마에 파견된 영국경찰의 이야기이다. 어느 날 경찰관 오웰에게 전화 한 통이 왔다. 동네 시장 중앙에서 평상시 순하던 코끼리 한 마리가 갑자기 난폭해져서 시장을 부수고 사람 1명을 죽인 상태라는 것이다. 동네주민들은 경찰이 곧 출동해서 어떻게든 상황을 빨리 정리 해주기를 기대했다. 오웰경찰이 시장 현장에 나타나자 지역주민이 벌떼 같이 몰려들어 그가 가지고 있는 총으로 코끼리를 쏴 죽여 볼거리를 제공할 줄 알고 흥분해 있었다. 하지만 그는 소총을 쏠 생각이 전혀 없었다. 빠르게 몰려드는 주민들과 함께 코끼리를 발견했을 시는 코끼리는 본래의 모습처럼 평온한 상태에서 풀 더미를 먹고 무릎으로 두들겨 가며, 풀을 맛있게 먹고 있었다. 경찰오웰은 그 순간 코끼리를 죽여서는 안 된다는 생각을 했다. 소보다 더 온순해 보이는 동물을 죽이고 싶은 생각이 전혀 들지 않았기 때문이다. 그의 생각은 코끼리가 말썽부리지 않고 차분해지는 걸 확인한 후 경찰서로 돌아가는 것이었다.

그러나 경찰관 오웰의 뒤에는 열광적인 주민 1,000여명이 있었다. 모두가 이 재미난 사건에 흥분된 상태이고, 그들은 당연하게 코끼리가 사살되어야 하고 또 그렇게 될 것이라고 믿고 있었다. 사살자가 되어야 하고, 그것은 경찰관 오웰이라고 믿고 있었다. 그 순간 오웰에게는 상황이 바뀐 것처럼 보였다. 이제는 선택의 여지가 없었고, 코끼리를 바로 죽여야만 했다. 비록 경찰관이라는 신분과 법을 집행해야 되는 위치지만 경찰오웰은 자신이 무기력해졌으며 저항할 수 없는 주민의 힘에 의해 결국 경찰오웰은 방아쇠를 코끼리를 향해 당겼다. 그는 비참한 죽음을 코끼리를 확실히 죽이기 위해서 몇 방을 더 쏴야 했다. 탕~ 탕~탕~

경찰오웰은 더 이상 참을 수 없어 그 자리를 떠났다(바버라 켈러먼, 이동욱, 김충선, 이상호(2011). 리더십. 코끼리를 쏘다에서 요약인용. pp. 6-8. 더난출판).

Step 5-2. 개인활동: 리더와 팔로워의 역할

리더와 팔로워의 역할

리더와 팔로워의 역할을 10가지 적으십시오.

항 목	체크

위 항목에서 귀하가 가장 중요하다고 생각하는 5개를 고르십시오.

Step 5-3. 개인활동: 섬김의 리더십

섬김의 리더십

섬김의 리더십에서 나타나는 유형을 10가지 적으십시오.

항 목	체크

위 항목에서 귀하가 가장 중요하다고 생각하는 5개를 고르십시오.

Step 5-4. 개인활동: 도미노 게임미션

경호원의 리더십

상황

도미노 게임입니다.
플라스틱을 세운 후에 넘어뜨려서 경호글씨가 나타난 조가 우승합니다.

-시간은 60분 입니다.

행동

당신의 조는 이러한 게임인 경우에 어떤 행동을 취하겠습니까 ?

팀 의견		
개인의견		

섬김의 리더십

(사진 5-1) 경호학과 학생들의 리더십 도미노 게임

리더십 평가자

준비물

-조별 개인에게 숫자부여(축구게임 시 번호부착 족기)
-비디오 촬영(조교 또는 진행자)

비디오 촬영 시 개별행동과 조별행동을 촬영한다-비디오분석

평가

1. 우승하기 위한 조별 전략은?
2. 도미노를 실수로 쓸어 뜨린 조원을 팀원은 어떤 행동을 취할까?

팀 의견		
개인의견		

(사진 5-2) 경호학과 학생들의 리더십 경호표시 도미노게임.

3. 경호원의 리더십 목표수행지침[52)]

경호원의 리더자는 조직원들로 하여금 존재 가치와 성취목표를 깨닫게 하고 조직운영에 있어서 자신의 가치관과 공동체에 대한 긍정적 요소를 중요시 하므로 조직 구성원에게 신뢰와 존중을 부여 받음으로써 리더십의 역량을 극대화시킬 수 있도록 적극적 지원을 해주어야 한다. 또한, 경호조직은 어떠한 조직보다도 수직적이며, 명령체계의 엄격성과 피드백이 강조되며, 조직 구성원간의 신뢰성이 조직자원으로 준비되어야 한다는 복잡한 특성을 지니고 있다. 그러므로 이러한 조직의 특성을 분석하여 효과적으로 적용될 수 있는 리더십유형 개발 및 리더십 목표수행지침을 아래와 같이 적용해야 할 필요성이 있다.

경호리더자의 목표수행지침으로는 첫째, 리더자와 목표수행 담당자와의 기대치를 명확히 해야 한다. 둘째, 목표수행의 기대치는 공정하고 객관적인 평가의 근거가 제공되어야 하고, 셋째, 리더십 행동에 명확한 효과가 나타나야 한다. 넷째, 조직원들이 목표설정에 대한 자긍심과 즐거움이 있어야 한다. 다섯째, 리더자와 조직원 간의 원활한 커뮤니케이션이 이루어져야 한다. 여섯째, 리더자는 경호 팀원들 간의 원활한 단합을 이루어 낼 수 있어야 한다.

경호리더 목표 수행지침

효과:
* 리더와 목표 수행 담당자와의 기대치의 명확화
* 공정하고 객관적인 평가의 근거 제공
* 리더쉽 행동의 효과 증가
* 목표달성 즐거움 증가
* 원활한 커뮤니케이션
* 경호팀원의 단합

52) 목표수행지침 Step 리더십의 평가는 진로그룹(1996). “그룹관리자 의사결정과정” 과정코드: 12101에서 인용하고 재구성하였다.

Step 5-5. 개인활동: 리더십의 평가

리더십의 평가

리더십의 효과는 무엇에 의해 평가 되어질 수 있습니까?

성 공	실 패

제6장 의사결정

제6장 의사결정

1. 의사결정의 개념

어떠한 문제를 해결하기 위해 여러 안건 중 가장 적합한 대안을 선택하는 것을 의사결정이라고 한다, 의사 결정을 실행하기 위해서는 먼저 해결해야 할 문제가 무엇인지 확인을 해야 하고, 다음으로 문제와 관련된 사실적 정보를 수집하여 가치, 갈등내역을 분석한 후 가능한 대안을 결정해야 한다. 대안을 판단할 수 있는 기준을 세우고 각 대안의 긍정적 측면과 부정적 측면을 분석하여, 가장 적합한 대안을 선정하고, 선정된 대안을 실행에 옮길 행동 계획을 수립한다.

의사결정 과정에서 주의할 점은 모든 대안을 신중하게 검토해야 하고, 일단 대안을 선택하고 나면 다른 대안들은 포기해야 하며, 또한, 의사 결정 과정에는 찬성과 반대뿐만 아니라 타협의 과정도 있다는 것을 생각해야 한다(천재 학습백과, 2019).

사람의 의사결정은 합리성이라는 한 가지 기준으로는 도저히 설명할 수 없을 만큼 매우 복잡하고, 다양하다. 뇌의 각 영역은 서로 다른 관점과 기준으로 상황을 파악하고, 순식간에 상호작용을 일으킴으로써 최종 의사결정을 선택한다. 사람의 의사 결정을 이해하기 위해서는 이 복잡한 대뇌 활동을 면밀히 살펴야 하고, 이를 위해서는 사람이 무엇인가를 선택하는 과정을 정밀하게 기록해야 한다.

이러한 의사결정 과정 중에서 주의집중, 학습과 기억, 인과관계나 공감 같은 내적인 요인뿐만 아니라 외부 요인들도 고려해야 한다. 사전에 어떤 상황을 겪을 때 사람들의 의사 결정이 바뀌는지, 내적 요인들과 외적 요인이 어떻게 인간의 최종 의사 결정에 영향을 미치는지 두루 고려해야 한다.

즉, 의사결정이란 어떤 문제를 해결하기 위해 여러 안건 중 가장 적합한 대안을 선택하는 과정이라고 할 수 있다.

의사 결정은 적절한 시기에 빠르게 실행에 옮기는 일이다. 잘못됐다고 판단되면 즉시, 실행을 중지하는 결정도 매우 필요하다. 성공한 사람일수록 평생 동안 빠른 의사결정과 실행의 사례가 이어지는 현상을 볼 수 있다. 그러기 위해서는 올바른 정보를 분석하고 활용해야 한다. 윤길자(1995)[53]는 "의사결정은 윤리나 도덕의 문제가 내포된 상황에서 두 가지 그 이상의 중요하고 상호 배타인 가치들이 이용되는 갈등의 상태에서 만족할만한 해결이나 방안이 아닌데도 그들 하나의 선택을 결정해야 하는 경우"라고 하고, 의사결정 방법에는 결의론적 모형(Causistic model)과 분석적 모형(Analytic model)의 방법이 있다고 하였다. 결의론적 모형은 개개의 행위에 대한 시비를 일반인 도덕 혹은, 윤리 원리에 의해 결정하는 일이나 양심의 문제나 행의 선악, 사회도덕의 표준으로 규정지으려는 학설이다. 사례 중심적이고 원칙에 입각하지 않으며, 추론이나 연역법에 입각하지 않는다. 분석적 모형은 윤리이론과 규칙의 연역 응용에 의존하며, 연역적 모형이라 일반인 도덕 원리는 윤리로 해야 할 것을 결정하는데 도움을 주는 규범이다.

〈표 6-1〉 O'Brien(1991)[54]의 정보의 질적 수준 결정

차 원	요 인	내 용
시간 차원	적시성	정보는 필요할 때 적시에 제공되어야 한다.
	현재성	제공되는 정보는 최신 정보이어야 한다.
	신뢰성	정보는 필요할 때마다 제공되어야 한다.
	기간성	정보는 과거, 현재, 미래 기간에 관해서 제공되어야 한다.
내용 차원	정확성	정보는 오류가 없어야 한다.
	관련성	정보는 특정상황에서 특정인의 정보요구와 관련되어야 한다.
	완전성	필요한 모든 정보가 제공되어야 한다.
	간결성	요구되는 정보만 제공되어야 한다.
	범위성	정보는 광의 또는 협의, 내적 또는 외적 집점을 가지고 있다.
	업적성	수행활동, 진전 상태에 따라 축적된 자료를 측정하여 성과로 나타낸다.

53) 윤길자(1995). 임상간호사의 윤리 가치와 윤리 갈등에 한 연구. 경희학교 행정학원 석사학위 논문.

54) O'Brien, J. A(1991). Introduction to Information System in Business M anagement, 6 thed., RichardIrwin, Inc., p. 286.

차 원	요 인	내 용
형태 차원	명확성	정보는 이해하기 쉬운 형태로 제공되어야 한다.
	구체성	정보는 요약 또는 자세하게 제공되어야 한다.
	질서성	정보는 사전에 결정된 순서에 따라 정돈되어야 한다.
	표현성	정보는 서술적 또는 기타 형태로 나타낼 수 있다.
	매체성	정보는 문서 및 기타 여러 매체를 통하여 제공될 수 있다.

이러한 것들은 연역적 모형에서의 의사결정 도구이고, 모든 윤리 원리와 규칙들이 이 원리에서 유래된 것이다(Fowler, 1989).[55] 그러므로 윤리적 의사결정에 있어서 가장 우선시 되는 원리로 간주되어야 할 것이다.

의사결정유형이란 특정한 의사결정에 접근하고 결정하는 의사결정자가 순간순간의 상황 속에서 정보를 어떻게 처리하고, 결과에 대해 어떻게 도달할 것인가를 이해하고 결정하기 위한 개념적 틀이라고 정의할 수 있다.

Harren(1979)[56]은 의사결정 유형을 개인이 어떤 결정을 내릴 때 선호하는 접근 방식으로 합리적 유형과 직관적 유형 그리고 의존적 유형 등으로 분류된다고 하였다. 합리적 유형(reasonabletype)은 자신과 상황에 대하여 다양한 정보를 수집하고, 신중하고, 논리적으로 의사결정을 수행해나가며, 의사결정의 책임은 본인이 책임진다. 직관적 유형(intuitivetype)은 의사결정에 대한 책임을 받아들이지만 미래는 별로 고려하지 않고, 정보탐색에 많은 시간을 보내지 않으며, 의사결정의 기초로서 상상과 정서적 지각을 사용한다. 의존적 유형(dependenttype)은 의사결정과정에서 타인의 영향을 많이 받으며, 수동적이고 순종적이며, 의사결정에 대한 개인적 책임을 부정하는 것이다.

또한, 자율성(Autonomy)의 원칙은 개인이 선택한 계획에 따라 행동과정을 결정하는 자유의 한 형태이다. 개인의 독립성, 자립성, 결정에서의 자주성 등을 의미하고, 자율성에는 두 가지가 있다.

첫째, 자신이 원하는 행동은 무엇이든지 관계없이 다 할 수 있는 자율이며, 결정

55) Fowler, D. M. (1989). Ethical decision making in clinical practice. Nursing Clinics of North America. Vol.24, No. 4, 956-957.

56) Harren, V. A., Kass, R., Tinsley, H., and Moreland, J(1979). Influence of Gender. Sex Role Attitudes. and Cognitive Complexity on Gender dominant Career Choices. Journal of Counseling Psychology, 26. pp. 227-234.

하여 선택하는 행동은 장애가 없이 독자적이어야 한다. 둘째, 선택하여 행한 행동이 존중되어야 함을 의미한다. 권리는 이러한 원칙에서 나오며 긍정적 권리는 무엇인가 해야 할 의무를 가졌다는 것이고, 부정인 권리는 무엇을 하는데 있어서는 억제하는 의무를 말한다(한성숙, 1992).[57]

그리고 악행금지(Nonmaleficence)의 원칙은 고의적으로 해를 가하는 것을 피하거나 해가 될 위험을 피하는 것이다. 그러나 의도적인 가해를 주는 것과 해의 위기가 가해지는 것을 구별하는 것은 중요하다. 상해의 위험이 있는 경우에는 법에 따라 보호의 표준이 정해진다. 이 표준은 합리적으로 인간을 생각해서 상해의 가능성, 위험성 정당화된 만큼 심각할 때 사용되어져야 한다. 선행(Beneficence)의 원칙은 악행금지 원칙을 넘어서 해악의 예방과 제거 및 적극적인 선의 실행을 요구한다. 선을 행하고 악을 방지해야만 할 우선인 조건의무를 가질 경우에만 악을 뺀 선의 총량을 극화할 조건부 의무를 갖게 되며, 이를 선행의 원칙이라 부른다. 그리고 정의(Justice)의 원칙은 분배적 원칙으로 인간의 권리들이 그 발달정도에 따라 각기 달리 분배될 수 있다는 것이다. 한 인간은 자신이 해야 할 의무와 할 것에 해 그것이 주어졌을 때 곧바로 실천하는 것이다. 이를 합법적 의무와 권리라고 말할 수 있다(김상득, 2000).[58]

2. 의사결정 정보처리[59]

정보처리는 수집된 정보들의 중요성 및 우선순위를 파악하는 과정을 의미한다. 만일 손에 잡히지 않고 계량 수치화 할 수 없는 요인들이 존재한다면 창의적인 의사결정이 자주 그렇지만 불확실성의 대응을 어떻게 할 것인지를 생각해보아야 합니다. 다음 미션은 서로 다른 대안들의 장단점을 평가하는데 많은 도움을 줄 것입

57) 한성숙(1992). 간호사들이 임상에서 경험하는 윤리 딜레마의 실상과 의사결정에 한 연구. 서울 학교 박사학논문.
58) 김상득(2000). 생명의료 윤리학. 서울: 철학과 실사.
59) 제6장 의사결정 전 과정과 Step부분은 진로그룹(1996). “그룹관리자 의사결정과정” 과정 코드: 12101에서 인용하고 재구성하였다.

니다. 또한, 상세한 평가를 할시 필요한 것은 아닙니다. 사안에 따라서는 비교적 단순한 접근이 효과적 일 때가 있습니다. 그것에 대한 판단 역시 의사결정 과정입니다.

1. 의사결정의 정보처리는 수집된 정보들의 중요성 및 우선순위를 파악하는 과정을 말합니다.
2. 만일 손에 잡히지 않고 계량화도 할 수 없는 요인들이 존재한다면 창의적인 의사결정이 자주 그러하지만 불확실성에 대응을 어떻게 할 것인가도 생각해 보아야 합니다.
3. 다음 페이지의 도표는 서로 다른 대안들이 장단점을 평가하는데 많은 도움이 될 것입니다.
4. 상세한 평가가 항상 필요한 것은 아닙니다. 사안에 따라서는 비교적 단순한 접근이 더욱 효과적일 때가 있습니다.

Step 6-1. 개인활동: 자동차 구입

지금까지 도표를 사용하는 방법을 예시되어 있습니다. 이 사례에서 의사결정의 목적은 차를 구입하는 것입니다. 이 사례에 제시된 내용에 대해 토론하고 의사결정 하십시오?

1. 모든 칸은 3개로 다시 나뉘어져 있습니다.
2. 각 기준의 상대적 중요성을 다음과 같이 평가합니다. 1=중요하지 않다. 5=매우 중요하다. 왼쪽 하단에 스코어를 기입한다.
3. 각 대안들을 평가한다. 이 대안들이 기준에 부합하는지의 여부를 1에서 5까지 사용하여 평가한다. 왼쪽 하단에 스코어를 기입한다.
4. 위의 2가지 스코어를 곱하여 오른쪽에 기입한다(만일 정보를 가지고 있지 않거나 기준을 평가할 수 없으면 UC라고 표시한다).
5. 같은 방법으로 제약조건과 비용에 대해서도 스코어를 기입한다(비용에 대해서 5는 그 선택안이 가장 비용이 많이 든다는 것을 의미한다).
6. 각 대안에 대해서 기준의 스코어를 합산한 후 제약조건에 대해서도 같은 방법으로 합산한다.
7. 기준과 제약조건의 2가지의 스코어를 합산한다. 가장 높은 점수를 가지고 있는 대안이 가장 최선의 대안이다.
8. 비용에 대한 점수를 합산한다. 가장 높은 점수가 가장 비용이 많이 든다는 것을 의미한다.
9. 6의 스코어에서 7의 스코어를 뺀다. 이는 더욱 객관적인 지표를 제공하여 준다.
10. UC가 얼마나 많은지에 유념할 필요가 있다.

구분	기준					제약조건					비용					비고
대안	A	B	C	D	E	A	B	C	D	E	A	B	C	D	E	
1																
2																
3																
4																
5																

평가					
기준	제약조건	소계	비용	총계	불확실성

3. 의사결정 과정

의사결정과정에서는 대안의 인식을 명확히 해야 합니다. 그리고 의사결정 단계에 의하여 가장 적합한 대안을 선택하여 최상의 결정을 내리는 과정입니다.

1) 형태: 어떤 특정한 종류의 정보를 선호하는 경향이 있나! 혹시 다른 정보를 소홀히 하지 않습니까?
2) 양과 질: 각자의 대안의 필요한 데이터를 수집하고 그 중요한 점들을 인식하였습니까?
3) 정보수집방법: 정보를 수집하는 어느 한방법이 다른 방법보다 편리합니까?
4) 사실해석: 수집한 사실들을 해석하는 방법은 다양합니까? 어떤 다른 해석들이 가능한가요?
5) 연계성: 수집된 사실들을 서로간의 연결성을 가지고 있습니까? 그렇지 않다면 학습자의 가설을 재검토해야 합니다.

6) 인간: 어떤 특정한 결정에 관해서 당신과 반대 입장이 있습니까? 그렇다면 당신은 그들의 의견을 더욱 면밀히 검토해야 합니다.
7) 결과: 선택 대안이 학습자에게 개인적으로 위험부담을 초래하고 있습니까? 그렇다면 이와 관련하여 충분한 정보가 검토 분석되어야 합니다.

Step 6-2. 개인활동: 의사결정 과정

학습자의 어제 하루의 일과를 생각해 보신 후에 어제 하루 동안 학습자께서 내리신 여러 가지 형태의 의사결정에 대해서 생각나는 대로 적어보시기 바랍니다.
1.
2.
3.
4.
5.
6.
7.
8.
9.
10.

일상적 경험에 의한 의사결정 행동의 장점은 무엇인지요?
1.
2.
3.
4.
5.
6.
7.
8.
9.
10.

일상적 경험에 의한 의사결정 행동의 단점은 무엇인지요?
1.
2.
3.
4.
5.
6.
7.
8.
9.
10.

4. 창의적인 의사결정60)

의사결정이란 학습자들이 수행하고 경험하는 여러 가지 일들 중에 하나일 뿐이고, 의사결정의 순간은 매우 짧지만 중요하면서도 구체적인 일입니다. 그러므로 효과적인 의사결정은 인생을 살아가기 위한 본질적인 사항입니다.

우리는 결정이라는 굴레 속에 살고 있습니다. 한정된 자원을 이용하여 일상생활이나 사회생활 속에서 그 결과에 영향을 주는 어떠한 의사결정을 내리는 것은 우리들의 과제임에는 분명합니다.

그러나 효과적인 의사결정은 창의적인 발상과 체계적인 결정단계를 지니고 있는 사람이 내리게 됩니다.

정확하고 유능한 사람은 정의된 여러 가지 요인들이 체계적으로 연결되어 과정과 단계에 의존하며, 의사결정을 내리기위해 노력하지만 불행하게도 어떠한 과정과 단계가 가장 체계적인가에 대해서도 의견이 분분합니다.

유능한 사람은 중요하다고 필요한 사항에 대해서만 의사결정을 합니다. 개별적인 문제해결보다는 전략적이고 포괄적인 시각에서 사안에 접근하려고 노력합니다. 또한 매우 개념적이고 수준 높은 의사결정만을 내리려고 합니다. 그들은 어떠한

60) 제6장 창의적인 의사결정 과정과 Step부분은 진로그룹(1996). "그룹관리자 의사결정과정" 과정 코드: 12101에서 인용하고 재구성하였다.

상황 속에서 근본적이며 내재적인 제약조건들을 발견하고자 합니다. 그러므로 그들은 신속하고 단순적인 결정을 요하는 사안에는 직접적 관심이 없습니다. 오직, 그들은 수많은 단편적인 생각들을 조직하고 통합하는 기법에 관심을 기울입니다. 그것은 무엇에 대한 의사결정인지를 알고자 하며, 그 의사결정이 만족스러운 것이 되도록 하는 요인이 무엇인지를 알기 원합니다. 그들은 테크닉 보다는 영향력에 관심이 많으며 재치있는 것 보다는 건전한 것을 선호하고 좋아합니다.

Step 6-3. 개인활동: 전우치

의사결정과정(Decision Making Process)

문제 : 전우치

당신은 지금까지 당신과 아주 성공적으로 업무를 수행하고 부하직원과의 사이에 어떠한 문제가 발생하리라고는 예기치 못했다고 가정합시다.

그러나 다음 전우치의 경우에는 당신에게 몇 가지 사실에 대해 의미 있는 시사를 던져주고 있습니다.

문제가 그 자신의 업무와 직접 관련 있는 것이 아닙니다. 전우치는 의심할 여지없이 우수한 직원이며, 아주 높은 성취동기를 부여받고 있습니다. 또한, 자신의 일이나 부서전체의 업무실적에 매우 관심이 많습니다.

많은 경우에 있어서 그의 제안은 아주 훌륭하여 비용을 절감하는 효과를 가져왔고 공급자 또는 고객과의 관계개선에도 많은 기여를 해왔습니다.

전우치가 상대하는 고객들도 그를 무척 좋아하였고, 다른 직원보다 전우치를 상대하기를 원했습니다.

이상한 것은 그 자신의 업무수행에 대한 전우치의 태도입니다.

그는 회사의 규칙을 확실하게 어기는 것은 아니면서도 그것을 교묘하게 왜곡시키는 경향이 있습니다.

그는 보통 근무시작 1시간 전쯤 일을 시작해서 오후에는 30분쯤 일찍 어디로 사라지곤 합니다. 그의 책상 위에는 항상 서류가 어지럽게 흩어져 널려 있곤 합니다. 정장을 하는 대신 간편한 나들이 복장으로 하고 지난주에는 지시한 업무도 제 기일에 해놓지도 않았습니다. 회사에 대해 부정적인 견해와 불평이 많습니다.

또한 그는 항시 동료들과의 대화 시 사주와의 인척관계를 자랑스럽게 이야기 합니다.

당신은 전우치와 그에 대한 회사의 기대, 개인적 권리, 그리고 관리의 필요성에 대해 이야기 했습니다.

그는 회사에서 다른 관리자의 주목을 끌어 왔으나 그들 대부분의 코멘트는 비호적인 것이었습니다. 특히, 당신의 상사는 전우치를 불가사의한 친구로 생각하고 있으며 당신의 충고도 그에게 별 효과를 주지 못했습니다.

이런 경우 당신이 관리자라면 전우치에게 어떻게 하시겠습니까?

전우치 의사결정 단계

전우치에 대한 의사결정을 내릴 때 당신이 어떻게 결정에 도달했는가를 단계적이고 체계적으로 기술하세요?

1.

2.

3.

4.

5.

6.

7.

8.

9.

10.

* 당신의 최종결정은:

전우치 평가

❖ 전우치에 대한 어떠한 문제점
예 아니오

❖ 문제해결을 위해 가능한 모든 방법을 해 보았는가
예 아니오

❖ 학습자간 서로 다른 의견에 대해 취할 만한 장점을 발견하여 서로 비교하면서 평가하였나
예 아니오

❖ 당신의 의사결정을 할 시 최선의 해결책을 선택하였는가
예 아니오

Step 6-4. 팀 활동: 의사결정과정 팀의 의견

당신은 의사결정과정에서 팀원들 사이에 서로 비슷한 의견이 있나 생각해 보십시오? 대부분의 결정들에서 공통으로 보여 질 수 있는 요인들을 크게 나누어 볼 수 있습니다. 당신의 그룹의사결정 모델을 다음 요소를 고려하여 개발하도록 하세요?

1) 의사결정의 주요 국면 단계
2) 각 단계의 기능은
3) 각 단계에서 나타나는 주요양상 및 과제는
4) 각 단계에서 창의력의 역할 및 각 단계가 창의력에 미치는 효과는

단 계	기 능	과 제	창의력 역할

5. 경호원의 의사결정 4단계

경호원의 의사결정은 경호수행 전 경호안전을 위하여 회의를 진행할 시 매우 필요한 부분이다. 경호수행의 목적에 의해 본인의 의사결정과 팀의 의사결정을 정보 확인에 의해 이루어져야 하고, 이러한 결정이 잘못되었을 시는 경호 안전부문과 경호수행 시 실패라는 잘못된 결과가 나타나므로 매우 신중하고 중요하므로 다음과 같은 의사결정 4단계를 탐색하여 신중히 결정해야 한다.

1) 확인단계

무엇에 대해 의사결정이 이루어져야 할 것인가? 그 대상을 확실히 정하는 단계입니다. 회의에서 문제가 간단하다면 이 과정도 간단하겠지만 문제가 크고 복잡하다면 문제를 진단하고 정보를 입수하는 과정입니다.

2) 탐색단계

탐색단계는 의사결정이 필요한 상황에 대한 가능한 해결방안들을 개발하는 과정입니다. 해결방법을 찾는데 별다른 노력이 필요하지 않은 경우도 있겠지만 그렇지 못한 경우에는 효과적인 해결방안을 찾기 위해 상당한 정신적 에너지가 투입해야 됩니다.

3) 평가단계

평가는 가능한 해결 방안들의 효과를 비교분석하는 과정입니다. 옳고 틀림을 따지기 위해 정보를 입수하고 그 정보를 분석 평가하는 작업들이 포함되어 집니다.

4) 선택단계

선택단계에서는 여러 가지 방안들 중에서 하나를 골라 실행하기 위한 선택으로서 결정된 의사결정을 실시하는 것도 포함됩니다. 최종선택이 이루어지지 않거나 의사결정의 실제성이 고려되지 않기 때문에 좋은 의사결정이 결정되지 않는 경우도 종종 있습니다.

제 7 장 창의적 문제해결

- 1. 문제해결의 개념
- 2. 경호원의 창의적 문제해결 방법
- 3. 창의적 문제해결 정보처리
- 4. 문제해결 가치관의 판단

제 7 장 창의적 문제해결61)

1. 문제해결의 개념

문제해결은 학습자들이 수행하고 경험하는 여러 가지 일들 중에 하나일 뿐이고, 효과적인 대안은 삶의 인생을 살아가기 위한 본질적인 사항들이다.

우리는 결정이라는 현상적 굴레 속에 살고 있다. 한정된 자원을 이용하여 일상생활이나 사회생활 속에서 그 결과에 영향을 주는 어떠한 문제의 결정을 내리는 것은 우리들의 과제임에는 분명하다.

그러나 효과적인 문제해결은 창의적인 발상과 체계적인 결정단계를 교육받은 사람이 내리게 된다.

정확하고, 유능한 사람은 정의된 여러 가지 요인들이 체계적으로 연결되어 과정과 단계에 의존하며, 대안 및 방안 결정을 내리기 위해 노력하지만 불행하게도 어떠한 과정과 단계가 가장 체계적인가에 대해서도 의견이 분분하다. 사회학자인 Krulik과 Rudnick(1987)62)은 문제해결이란 하나의 과정이고, 그것은 한 개인이 낯선 문제 상황이 요구하고 있는 것을 만족시키기 위하여 이에 획득한 지식, 기능 그리고 이해를 이용하기 한 수단이라고 정의하였다.

그러므로 문제해결 능력이 우수한 사람은 개별적인 문제해결보다는 전략적이고 포괄적인 시각에서 그 사안에 접근하려고 노력한다. 또한, 매우 개념적이고 본질적인 수준 높은 문제결정만을 내리려고 하며, 그들은 어떠한 상황 속에서 근본적이

61) 제7장 창의적 문제해결 과정 내용과 Step부분은 진로그룹(1996). “그룹관리자 의사결정과정” 과정코드: 12101에서 인용하고 재구성하였다.

62) Krunlik, S. & Rudnick, J. A(1987). Problem solving: A handbook for teacher. Boston: Allynand Bacon.

며 내재적인 제약조건들을 발견하고자 한다.

문제해결 능력이 우수한 사람은 신속하고, 단순적인 결정을 요하는 사안에는 직접적 관심이 없으며, 오직, 그들은 수많은 단편적인 생각들을 조직하고, 통합하는 기법에 관심을 기울인다. 그것은 무엇에 대한 문제인지를 알고자 하며, 그러한 문제의 대안이 만족스러운 것이 되도록 하는 요인이 무엇인지를 알기 원하고 있다.

최광호(2002)[63]는 문제해결능력이란 문제의 해결과정에서 작용하는 문제 이해능력, 연산능력, 일반화 능력 등 수학의 기초 개념 원리, 법칙을 발견하는 능력과 얻어진 개념과 원리를 활용하여 창의적으로 응용문제를 해결하는 능력이라고 정의하였다.

그러므로 문제해결 능력이 유능한 사람들은 문제해결의 결정이 어떠한 원칙에 의해 내려져야 하며, 언제 어떠한 가치에 의거하여 결정해야 하는지를 잘 알고 있다. 그들은 옳음과 틀린 것 사이에서 어떠한 타협에 의한 결정은 바람직하지 못하다는 진실을 잘 알고 있으며, 그것들을 구별하고 판단할 줄 아는 사람들이다. 또한, 그들은 문제해결에서 가장 긴 시간을 요하는 것은 결정을 내리는 그자체가 아니라 어떻게 그것을 효과적이고, 명확하게 집행하느냐에 있다는 사실도 잘 알고 있다. 결정이 실질적으로 집행되지 않으면 그것은 결정이 아니라 좋은 의도에 불과할 뿐이며, 이것은 효과적인 문제해결 능력이란 최고수준의 개념적 분석에 기초한 반면 그것을 실행에 옮기는 것은 단순하고 담당자들이 충분히 이해를 돕는 것을 의미한다.

창의적 문제해결의 나에게 던지는 질문은 이 문제는 보통상황인가? 아니면 예외적인 상황인가? 이 문제는 자주 있었던 사안인가? 또는, 이 문제는 별도의 취급을 요하는 특수한 것인가? 등이다. 일상적인 문제는 원칙이나 규칙에 의해 방안을 찾을 수 있지만 예외적인 것은 그 사안에 따라 특수하게 취급되어져야 한다.

좀 더 정확히 4가지 문제 상황을 생각해볼 수 있다. 첫째, 보편적으로 늘 일어나는 문제를 생각할 수 있으며, 둘째로는 어떠한 사람에게는 이문제가 예외이지만 실제 일어날 수 있는 보통문제일 수 있다. 셋째로 특별하고 예외적이며, 독특한 상

63) 최광호(2002). 문제해결 전략의 학습방법 차이가 문제 해결력에 미치는 영향연구-초등학교 4학년 중심으로, 석사학논문. 서울: 서울교육대학교 교육대학원.

황의 문제를 생각할 수 있으며, 어떠한 경우이든지 우리는 문제의 상황이 진정 예외적인지, 아니면 전혀 새로운 상황의 초기적 징후인지를 잘 생각해 봐야 할 것이다. 즉, 어떠한 징후에 의한 새로운 보통 상항의 문제 조기증상인지 아닌지를 알아야 하는 것이 바로 문제해결 과정에서 생각할 수 있는 네 번째의 경우이다.[64)]

과거의 성공 방식이 현재에도 미래에도 성공할 것이라는 생각은 특히, 요즈음처럼 변화의 속도가 빠를 때에는 매우 위험한 발상이다. 시대에 따라 상황에 따라 유연하게 적응할 수 있는 능력을 창의력(Creative Ability)이라고 하며, 이러한 모습과 자세를 갖추고 있으면 창의성(Creativity)을 지니고 있다고 한다.

아무리 좋은 목표를 가지고 있다고 하더라도 상황에 적합한 창의적이지 못하면 그 도전은 무모하게 될 것이다.

창의적이고 유연한 문제해결은 불확실한 시대를 확실하게 만들고, 도전에 따른 위험을 감소 시켜준다. 몸이 유연하고 부드러운 운동선수가 좋은 경기력을 보여줄 수 있듯이 창의력 역시 좋은 결과로 나타난다.

지금은 물길 따라 흐르고, 바람을 가르며, 산과 고개도 넘으면서 올라가고, 내려가는 롤러코스터와도 같은 삶의 현장인 그곳으로 나아가야 한다.

그곳이 당신의 삶과 같은 일터이며, 사회이다. 확고한 도전이 섰으면 이제는 창의적으로 생각하고, 창의적으로 분석하고, 생각하고 분석하고, 결단하며 결단하고, 출발하고, 출발하고, 부드럽고 유연하게~~ 도전 활동을 취해 가는 것이다. 오늘 당신이 불가능하다고 보이는 것이 내일 가능해진다면 당신에게 어떠한 영향을 미치겠습니까?

---

64) Harper & row(1985). Peter drucer. The effective executuive.

Step 7-1. 개인활동: 창의적인 문제해결 과정

패러다임 연구(당신은 패러다임 주도자입니다)

1. 패러다임이 지니고 있는 긍정적인 효과는 무엇인가?

2. 패러다임이 지니고 있는 부정적인 효과는 무엇인가?

3. 당신에게 주어진 새로운 기회를 당신의 패러다임 때문에 놓쳐버린 경험이 있으십니까?

4. 당신에게 과거 불가능했던 것이 현재 가능해진 패러다임 변화의 산물들을 예를 들어보세요?

5. 새로운 변화에 능동적으로 대처하려면 미래를 개척하기 위하여 당신에게 필요한 요소는 어떠한 것이 있을 수 있을까요?

2. 경호원의 창의적 문제해결 방법

경호원들에게 문제를 던져주고, 그것을 창의적으로 해결해 나가는 과정을 통해서 학습이 이루어지는 방법이다.

그러한 과정을 통하여 사고과정을 중시하고, 문제발견 능력을 함양하며, 안전문제를 분석하여, 정보자료 수집 등을 분석하고 판단하는 능력을 배양하여 현장에서의 성공적인 경호수행을 위한 창의적 문제해결 교육프로그램이다.

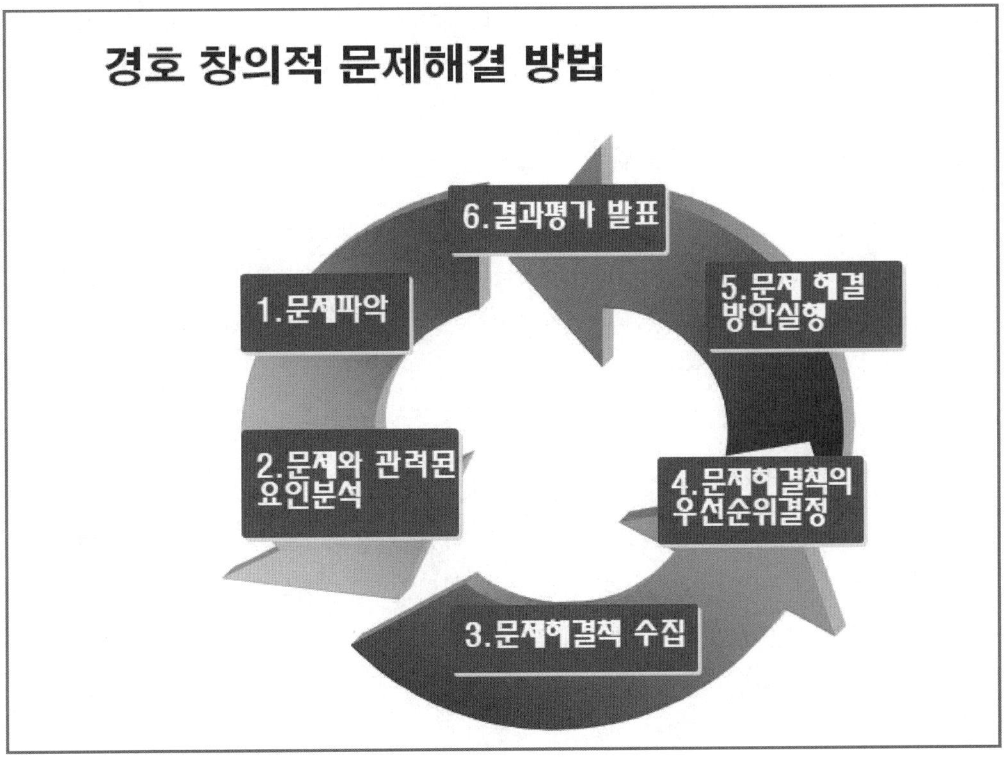

1) 문제파악

경호원들의 문제파악은 경호수행 시 환경적 지리적 모든 요소를 파악하여 경호상의 문제 등이 예견될 시 나타나는 현상 등을 설정한다. 문제의 주요점은 정확히 예견하여 구체적으로 제시되어야 한다.

2) 문제와 관련된 요인분석

경호수행 시 문제파악이 명확히 설정되면 그 다음단계로 문제와 관련된 여러 요인들을 제시 한다. 그것은 VIP의 신변에 관한 안전이 최우선이 되어야 하며, 지리적, 환경적 요인까지도 폭넓게 제시되어야 한다.

3) 문제해결책 수집

경호수행 문제와 관련된 요인들이 제시되면 문제해결을 위해 최선을 다해야 한다. 즉, 전문기관 의견협조 및 타 부서와의 협조사항, 타 기관의 공조사항 등에 의해 문제해결에 대한 정보수집 과정이다.

4) 문제해결책의 우선순위

경호수행 시 문제요인을 전문가 의견 협의와 팀의 의사결정에 의해서 우선순위로 결정하여야한다. 그 과정에서는 경호수행 시 일어날 수 있는 사안을 중심으로 분석하여 모든 요인을 우선순위로 결정한다. 팀의 의사결정 시는 경호원의 전원 의견이 일치되는 것을 원칙으로 해야 한다.

5) 문제 해결방안 실행

경호수행 시 문제요인의 우선순위가 결정되면 최상위 요인부터 적극적 방안 제시를 하여야 한다. 방안 제시는 정확하고 면밀하고 세심해야 하므로 협조사항부터 공조사항, 팀의 목표, 경호원 개인의 목표사항들이 정해져서 최상의 경호수행수립 방안을 설정해야 한다.

6) 결과평가 발표

마지막단계로 이러한 사항 등을 사전연습 및 사전훈련을 통해 평가하고 보강하는 실전적인 결과 평가단계이다.

Step 7-2. 개인 및 팀 활동: 창의적 문제해결

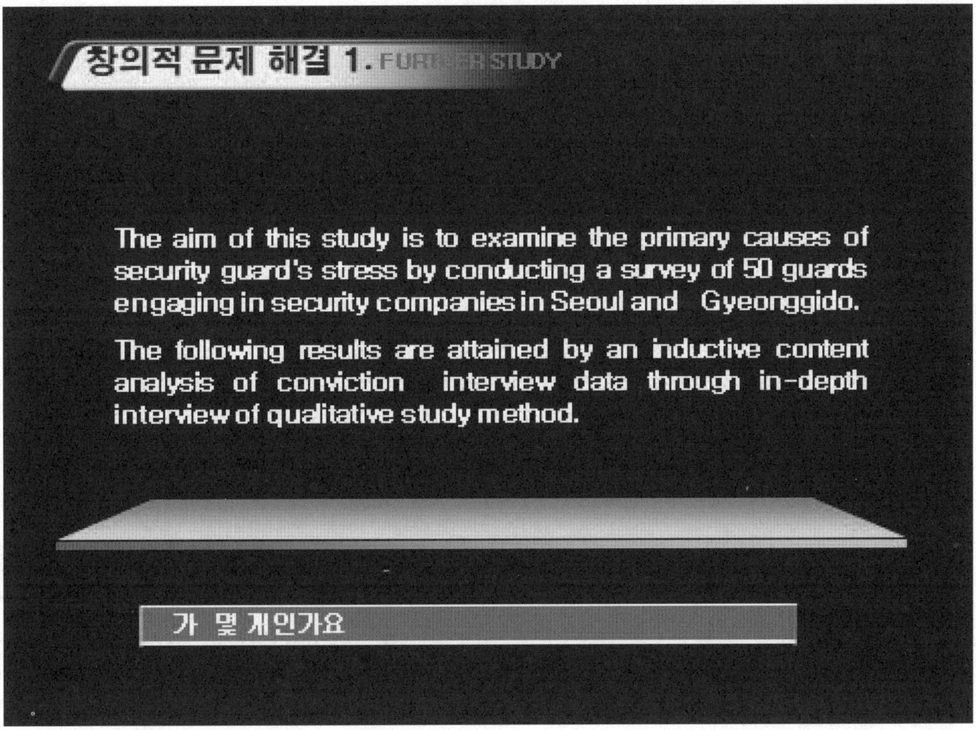

본 화면에서 알파벳 티가 몇 개인가요?

우선 10분의 시간을 주고 개인 학습자 활동 후 바로 팀별활동으로 15분의 시간을 부여한 후, 팀별 발표를 시작한다. 팀별 발표에서는 알파벳 티가 여러 개의 숫자로 나타나므로, 그것에 대한 근거를 발표하고, 최종적으로 화면상 알파벳 티를 체크하여 정답을 제시해준다. 이 학습의 목적은 어떠한 조건의 문제에 직면하면, 속도보다도 방향으로 결정하는 것이 중요하다는 것이다. 보이는데도 판단하지 말고, 뒤집어도 보고, 측면에서도 보고, 위에서도 보고 그리고 생각하고 분석하여 결정을 한다면 학습자의 문제해결 능력을 함양시킬 수 있다.

3. 창의적 문제해결 정보처리

창의적 문제해결 정보처리란 수집된 정보들의 중요성 및 우선순위를 파악하는 과정단계를 의미한다. 만약 손에 잡히지도 않고, 분석할 수 없는 요인들이 존재 한다면 창의적 문제해결이 자주 그러하지만 불확실성에 대안을 어떻게 처리할 것인가도 생각해보아야 한다.

아래의 사례들은 서로 다른 대안들이 장, 단점을 분석 비교하는데 많은 도움을 줄 것이다. 상세한 분석이 항시 필요한 것은 아니고, 사안에 따라서는 비교적 간단하고 단순한 접근이 더욱 효과적일수도 있다.

Step 7-3. 개인 및 팀 활동: 정보수집 연습

문제: 어떤 상인이 가게의 문을 막 닫고 전등을 껐을 때 한 남자가 나타나 돈을 요구하였다.

가게주인은 금고를 열어주었다. 금고의 내용물은 밖으로 꺼내졌으며 그 남자는 재빨리 사라졌다. 가게주인은 바로 경찰에 연락하였다.

다음 항목의 내용이 사실이면 맞다, 사실이 아니면 틀리다, 답이 사실인지 아닌지 모른다면 모르겠다에 표시하세요?

내 용	맞다	틀리다	모름
1. 한 사람이 가게주인이 소등한 후에 나타났다.			
2. 가게주인이 돈을 움켜쥐었다.			
3. 남자는 돈을 요구하지 않았다.			
4. 돈을 요구한 남자가 금고의 내용물을 꺼내어가지고 달아났다.			
5. 어떤 사람이 금고를 열었다.			
6. 강도는 남자이다.			
7. 강도는 가게주인의 돈을 요구 하였다.			
8. 금고 속에 현금이 있었지만 얼마가 들어 있는지를 구체적으로 알려주지 않고 있다.			
9. 세 사람이 등장하는데 가게주인, 돈을 요구했던 사람, 경찰이 언급되었다.			
10. 강도는 재빨리 사라졌다			

정 답: 개인 /10 팀 /10

4. 문제해결 가치관의 판단

유명한 사람 훌륭한 사람? 당신은 어떤 사람이 되겠습니까?

훌륭한 사람

인도의 민족운동 지도자이자
인도 건국의 아버지이다.
남아프리카에서의 인종차별에 대한
투쟁으로 유명해졌다.
제1차 세계대전 이후 영국에 대해
반영·비협력 운동 등의 비폭력 저항을 전개하였다.

유고슬라비아의 알바니아계 가정에서 태어나
1928년 로레토 수녀원에 들어갔다.
인도 콜카타에서 평생을 가난하고 병든 사람을 위해
봉사했다. '사랑의 선교 수녀회' 등을 설립했으며
1979년 노벨 평화상을 받았다.

애매한 사람

유명한 사람

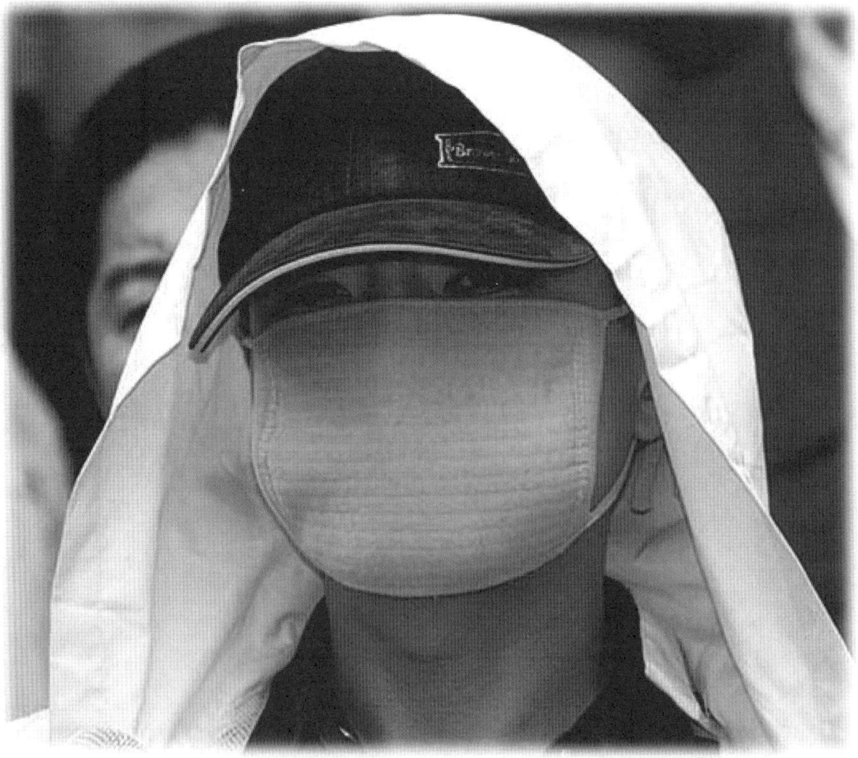

유명한 사람

우리사회는 성공한 사람과 실패한 사람 보통사람으로 나누는 계급사회에 살고 있다.

누구나 성공한 삶을 누리고 싶어서 많은 부분에 투자를 하고 노력을 하고 있는 실정이다. 물론, 운도 있어야 하고, 부모를 잘 선택하고 태어나서 금수저가 되어 성공한 인생을 누리는 사람들도 많이 있다.

그러나 성공하더라도 나 자신이 행복하지 않으면 불행할 수 있듯이 권세와 명예, 돈도 중요하지만 나 자신이 행복한가? 불행 하느냐에 따라 달라질 수 있을 것이다.

이러한 부분을 인간의 관점의 차이라고 하며, 심리학에서는 가치관의 차이라고 말하고 있다.

학습자들에게 질문을 해보자!

당신은 유명한 사람이 되고 싶습니까? 훌륭한 사람이 되고 싶습니까?

유명한 사람이라면 어떠한 부분이 생각이 납니까? 돈, 명예(인기), 연예인, 이름, 팬, 성공 등 이러한 단어가 생각이 날 것이고, 훌륭한 사람이라면 명예, 이름, 고생, 봉사, 노력, 헌신 등 이러한 단어들을 말할 것이다. 그러면 보통사람은 생계, 직장, 장사, 바쁘다, 욕구 등 이러한 부분을 생각하고 있을 것이다.

우리는 이러한 부분을 어떠한 관점을 가지고 해석하느냐에 따라 행복지수가 나타날 것이며, 나에 대한 만족과 행복감을 느낄 것이다. 그러면 당신은 어느 부분에

속해 있는지~

사진에서의 훌륭한 사람은 간디와 테레사 수녀로 구분해 보았다. 그러나 간디는 인도에서는 영국으로부터 해방을 이끌어낸 지도자이며, 영웅이지만 점령국 영국에서는 테러분자로 지명되었을 것이다. 프랑스의 나폴레옹과 몽고의 징기스칸 역시 마찬가지이며, 국가와 국가 간에서 보는 관점의 차이는 이렇게 크게 나타나고 있다. 유명한 사람역시 자기분야에서 노력해서 유명인이 되는 사람과 나쁜 행위를 해서 유명해 지는 것 역시 많은 차이가 있듯이 우리는 생각하는 관점, 눈에 보이는 시각적 시점에 따라 많은 부분을 착각 속에 살고 있을지 모른다는 생각이 든다.

이러한 속임 수에 의한 착각에 의하여 많은 부분을 놓치며, 결정적 순간에 선택의 실수를 하여 실패의 쓴 맛을 보기도 한다. 그러므로 이러한 속임수와 착각에서 정확히 보고 판단할 수 있는 능력으로는 문제해결 능력을 향상시키는 프로그램을 학습해야 할 것이다.

지금까지 우리는 문제해결 능력이라는 개념적 정리와 게임 미션을 통해 문제해결을 어떻게 풀어 나가는지를 학습해 보았다. 특히, 신변을 보호하는 경호원에게서는 경호수행 시 안전을 최우선으로 해야 하는 업무이므로, 경호원의 문제해결 능력은 매우 중요한 영역으로 볼 수 있다.

어떠한 조건의 문제에 직면하면, 속도보다도 방향으로 결정하는 것이 중요하다. 보이는데도 판단하지 말고, 뒤집어도 보고, 측면에서도 보고, 위에서도 보고 그리고 생각하고 분석하여 결정을 한다면 당신은 문제해결에서 성공할 것이다.

인식을 명확히 한다

1. 형태(종류): 어떤 특정한 종류의 정보를 선호하는 경향이 있습니까? 다른 정보를 소홀히 하지 아니 하였습니까?
2. 양과 질: 각각의 대안에 필요한 데이터를 수집하고 그 중요점 들을 인식하였습니까?
3. 정보수집 방법: 정보를 수집하는 한 방법이 다른 방법들보다 편합니까?
4. 사실해석: 수집한 사실들을 해석하는 방법은 다양합니까? 어떠한 다른 해석들이 가능합니까?
5. 연계성: 수집된 사실들은 서로간의 연결성을 가지고 있습니까? 그렇지 않다면 당신의 가설을 재검토 해야 합니다.
6. 사람: 어떠한 특정한 결정에 관하여 당신과 반대 입장에 있는 사람이나 그룹이 있습니까? 그렇다면 당신은 그들의 의견을 더욱 적극적으로 검토하여야 합니다.
7. 결과: 어떠한 선택 대안이 당신에게 개인적으로 위험부담을 초래하고 있습니까? 만일 그렇다면 이와 관련하여 충분한 정보가 검토되어야 합니다.

제8장 시간에너지 관리

1. 시간에너지의 개념
2. 시간사용 유형
3. 시간과 에너지
4. 경호원의 시간에너지 관리전략

제8장 시간에너지 관리

1. 시간에너지의 개념

시간의 개념은 철학적이고, 실체가 없는 것을 다루다 보니 언어학적인 연관성을 얘기하는데, 독일어와 라틴어 등 서양 언어에 한정되어 있다.

시간의 개념은 "흐르다"라는 개념에 바탕을 두고, 이 단어를 항상 "기간"의 의미로 사용했다. 시간이란? 즉, 크로노스는 다양한 형태로 의인화 되었고, 상징화 되었는데 흘러가는 시간 즉, 해가 뜨고 지는 것처럼 누구나 똑같이 경험하는 세상의 시간이다. 반면, 카이로스는 내 존재의 의미를 느끼는 결정적인 시간을 뜻하므로 나에게 필요한 일에만 몰입하는 특별한 시간이라는 해석이다.

라틴어에서 시간의 복수형인 크로니카(Chronica)가 시도니우스 아폴리나리스(Sidonius Apollinaris)가 사용한 것처럼 "지속적"이라는 의미와 동시에 시간의 묘사 혹은 시계와 같은 의미로 쓰였다는 것을 발견했다.[65)]

박성택(2006)은 시간에 대한 개념 발달을 다음과 같이 설명하고 있다. 시간에 대한 개념은 처음에는 감각을 통한 지각에 기초를 둔 직관적인 판단을 하나 나중에 가서는 논리적인 사고에 의존하게 된다. Piaget는 처음 단계를 직관적 시간(Intuitive time)이라 하고 나중 것을 조작적 시간(operational time)이라고 불렀다. 심리학적으로 시간 개념은 연속 또는 순서(succession or order)의 관계와 지속 기간(duration)을 관련시켜 생각할 줄 알아야 한다. 시간 개념의 발달은 취학전 일상생활 용어로 사용되면서부터 서서히 시작되나 시간 지식에 개인 적 활동성

65) 알렉산더 데만트(2018). 시간의 탄생. 이덕임 옮김. 북 라이프.

및 구체적 경험과 관련된 급속한 진보로 보이는 시기는 8~9세로 보았고, 11세가 되어야 과거와 계속적인 역사적 시간의 이해가 가능하다고 하였다.[66]

시간은 모든 사람에게 공통적인 자원이며, 지속적으로 주어진다는 점에서 우리에게 많은 가능성을 제공하고 있다. 모든 사람에게 매일 일정 양이 새롭게 주어진다는 시간은 구성원들이 자원으로서 인식하고 관리해야 하는 필요성을 느낄 수 있다.

또한, 시간은 4가지 특성을 지니고 있는데 첫째, 유한성이다. 시간은 인간에게 하루 24시간씩 주어진다. 시간은 선택하지 않아도 매일 새롭게 공급받을 수 있으므로 시간을 적극적으로 사용하지 않을 수도 있다. 그러나 주어지는 시간의 양을 조절할 수 없으며, 본인에게 주어진 시간 이외에는 사용할 수 없다는 점에서 유한성을 갖는다. 둘째로, 저장불가능성이다. 대부분의 시간은 저장할 수 없다는 한계를 가진다. 즉, 시간은 미래를 위해서 현재의 사용을 연기하거나 저장할 수 없으며, 지나간 시간을 되돌려 사용할 수 없다는 것이다. 셋째, 연속성이다. 시간은 사람의 의지와 관계없이 일정한 속도로 흐르는데, 24시간이 하루가 되며, 일주일, 한 달, 석날, 일년 등으로 연속석으로 신행뇐다. 이러한 연속성 속에서 과거, 현재, 미래의 시간들은 일정한 속도로 과거의 시간으로 흡수한다. 시간의 흐름 역시 통제할 수 없으며, 시간 사용을 계획하고, 분배하는 활동을 통해서만 조절가능하다. 넷째, 결합성이다. 시간은 자체로서 의미를 가지는 자원이나 다른 자원을 사용할 때 반드시 시간이 동시에 사용된다. 시간은 우리가 가지고 있는 돈, 경험, 에너지 등의 자원이 사용될 때 항상 동시에 관련된다는 의미에서 시간자원을 중심적 자원으로 이해해야 할 것이다.

이와 같이 시간은 인간에게 좋은 자원으로서 여러 가지 한계점을 지니고 있다. 또한, 결합성과 같이 독특한 특성을 가진 만큼 그 특징을 활용하여 나에게 주어진 시간을 활동에 조절하고, 배분하여, 주어진 시간에 무엇을 하는가에 따라 개인의 목표성취 정도가 달라지고 생활의 삶의 질이 향상될 수 있다.[67]

시간에서는 60진법을 사용하는데 김성숙(2005)[68]은 메소포타미아 60진법[69]의

---

66) 박성택(2006). 수학학습심리와 교수 학습 전략. 서울: 경문사.
67) https://500bag.tistory.com/15 [500bag의 블로그].
68) 김성숙(2005). 역사적 관점으로 본 메소포타미아 수학, 한국수학사학회지 제18권 제4호, pp. 39-48.

유래를 다음과 같이 설명 하고 있다. 일반적인 수 체계는 10진법을 사용하고 있다. 그러나 시간에는 '1시간 =60분', '1분=60초' 등과 같은 단위환산에 60진법을 사용한다. 60진법은 생활의 필요에 의해 발달된 메소포타미아 수학에서 유래를 찾아 볼 수 있다.

인간생활에서 에너지의 개념은 "물체가 다른 물체에 대하여 일을 할 수 있는 능력"이라고 사전적 용어로 설명되고 있다.

에너지의 종류는 역학적 에너지, 열 에너지, 전기 에너지, 화학 에너지, 원자 에너지, 소리 에너지, 빛 에너지 등이 있다.

또한, 화학 에너지는 화학 변화에 의해 발생하는 에너지를 말한다, 위치 에너지는 댐에서 떨어져 내리는 물이 지닌 것과 같은 에너지이다. 운동 에너지는 흐르는 물이 지닌 것과 같은 에너지이며, 전기 에너지는 전등 따위에서는 빛 에너지가 되고 축전지를 충전시킬 때는 화학 에너지가 된다.

모든 사람이 감지하는 소리 등은 그 파동을 통해 울림을 창조 해낸다. 그것은 일종의 진동파장으로 에너지라고 할 수 있다. 그것은 공간의 제약으로 인해 그 파장 범위가 한정되어지고 전기파장이라는 전자기적 에너지로 변하여 라디오나 TV등 수신기구들을 통해 전 세계로 퍼질 수 있게 된다. 즉, 에너지는 일을 할 수 있는 힘이나 능력을 말하며, 시간은 과거, 현재, 미래로 이어져 머무름이 없이 일정한 빠르기로 무한히 연속되는 흐름이라고 할 수 있다.

---

69) 기원전 약 3000년 경, 수메르인들은 점토판 위에서 토큰의 이미지를 그렸다. 다른 물품은 다른 기호로 표시되었고, 많은 양은 반복에 의해 표현하였다. 곡물의 4더미는 곡물기호 4개, 4병의 기름기름 기호 4개에 의해 보여주게 되었다. 물품이 많아지고 거래량이 많아짐에 따라 새로운 제도가 개발되기 시작하였으며, 초기에는 다른 한 종류의 단위가 년, 월, 일을 표시하기 위 해 또 다른 하나의 단위가 있었다. 이때는 수 측정이 추상적인 개념이 아니고, 물건에 의존하는 형태였다. 계수를 계속하는 가운데, 특정한 물건의 개수와 수 자체의 개념을 분리하는 수의 추상화가 발전하게 되었고, 이렇게 산술로부터 대수가 발전하였다. 이러한 독특한 수 체계 중 하나는 훗날 60진법으로 발전하였다. 수를 세고 측정하는 체계는 고위 관료들의 요구에 따라 정리되어 60을 기초로 둔 수체계로 이끌었다. 이 60진법으로부터 시간, 분, 초를 세는 현대의 시스템이 얻어졌다(김성숙, 2005).

2. 시간사용 유형[70)]

시간과 인간과의 관계는 매우 밀접하고도 개인적이다. 우리가 시간을 어떻게 활용할 것인가 하는 결정은 환경적 요소인 사건이나 환경속의 다른 사람들뿐만 아니라 개인적 시간 사용욕구에 따라 결정된다. 시간사용 유형에는 지각, 행동, 동기부여, 시간정향 등 4가지 요소의 결합체로서 다음과 같다.

지　　각: 우리는 시간을 어떻게 느끼는가?
　　　　　우리 주위에서 일어나는 일들을 어떻게 느끼고 있는가?

행　　동: 우리의 행동에 표현된 근본적인 욕구들
　　　　　우리와 시간과의 관계에 있어서 근본적 성향

동기부여: 우리가 하고 있는 일에 대한 만족도의 강도
　　　　　취미, 좋아하는 것, 싫어하는 것들의 영역들

시간정향: 시간의 틀에 관련된 행동경향
　　　　　의사결정 환경조사 과거경험 미래계획 등

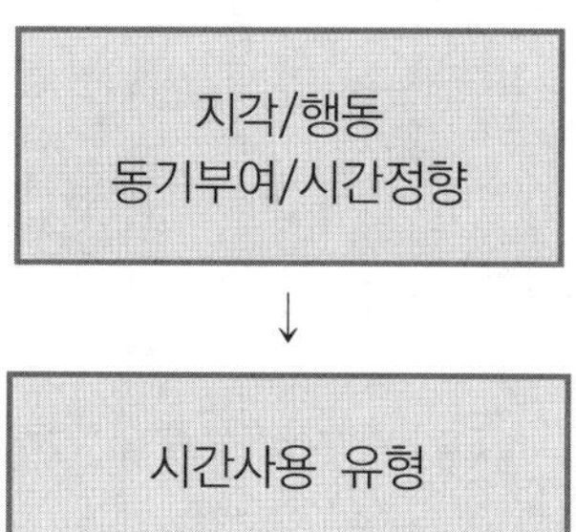

[그림 8-1] 시간 사용에 영향을 주는 4가지 요소

70) 제8장 시간에너지 관리 내용과 Step부분은 진로그룹(1996). "그룹관리자 의사결정과정" 과정코드: 12101에서 인용하고 재구성하였다.

Step 8-1. 개인 및 팀 활동: 시간

당신은 시간이 흐르는 모습을 보고 그 소리를 듣고 있는가?

두 사람의 나뭇꾼이 장작 패는 일을 하루 종일 하고 있었다. A라는 사람은 하루 종일 도끼질을 하며 가끔 쉬려고 조차 하지 않았다. 저녁 때가 되었을 때 그의 것은 큰 장작더미를 이루었다. B는 조용하고 꾸준히 일을 했다. 날이 저물어 갈 무렵 그는 A보다 훨씬 더 많은 장작더미를 쌓았다. "아니 이게 어찌된 일인가?" 나는 쉬지도 않고 일했는데 A는 놀라서 B에게 물어보았다. 그때 B는 이렇게 대답했다. "그건 그럴 수 밖에. 나는 쉬고 있을 때 도끼 날을 갈았다네!" 누구에게나 시간은 똑같이 24시간이다. 이 시간을 어떻게 사용하느냐에 따라서 결과는 엄청난 차이를 가져다 준다.

위의 두 사람의 나뭇꾼 이야기가 의미하는 바는 무엇이겠습니까?

Step 8-2. 개인활동: 일상생활 진단서

일상생활 진단서

학습자는 자신의 구체적인 진로계획을 설정했습니까?

그러나 진로계획은 당신이 지금까지 살아온 경험이나 생활자체를 떠나서는 생각할 수 없는 것입니다.

스스로 설정한 진로계획을 의욕적으로 달성하기 위해서는 자신의 일상생활에서 반복 시 되는 일이나, 행동 또는 사고 등(학교에서의 일과 개인적인 일을 포함) 무엇이든 10개를 적어 보십시오.

1.

2.

3.

4.

5.

6.

7.

8.

9.

10.

Step 8-3. 개인활동: 활동상황 지표

활동상황 지표

학습자는 아래 매트릭스에 활동상황을 표시하는데 그 기준은 당신이 진로계획을 가지고 있는가 하는 여부와 관련하여 그 활동이 얼마나 즐거운가 하는 상황입니다.

여기서 분명 목표가 있는 활동이라면 그 활동의 목표를 당신이 간단하면서도 정확하게 표현할 수 있는 활동을 의미합니다.

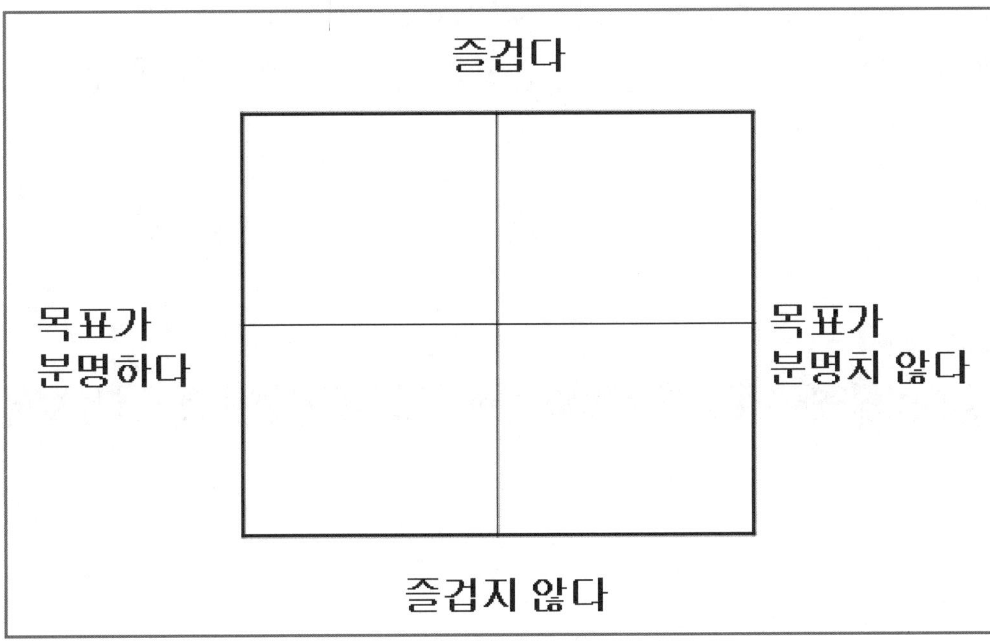

Step 8-4. 개인활동: 진로목표와 일상생활

진로목표와 일상생활의 연계

당신은 미래의 삶을 위해서 본인 스스로 설정한 진로목표와 일상생활의 내용들을 연관시켜보십시오. 당신이 설정한 진로 목표 중에서 가장 중요한 3개를 아래 빈칸에 적으시고 일상 활동의 내용이 인생목표와 적합 하는지를 분류 하십시오.

어느 곳에도 해당되지 않으면 잠시 보류하세요.

목표 1:	비고

목표 2:	비고

목표 3:	비고

Step 8-5. 개인활동: 나는 시간을 이렇게 느끼고 있다.

나는 시간을 이렇게 느낀다

시간이 빠르게 지나간다

시간을 주도한다

시간에 끌려간다

시간이 천천히 지나 간다

개인 노트정리:

나는 시간을 이렇게 느낀다

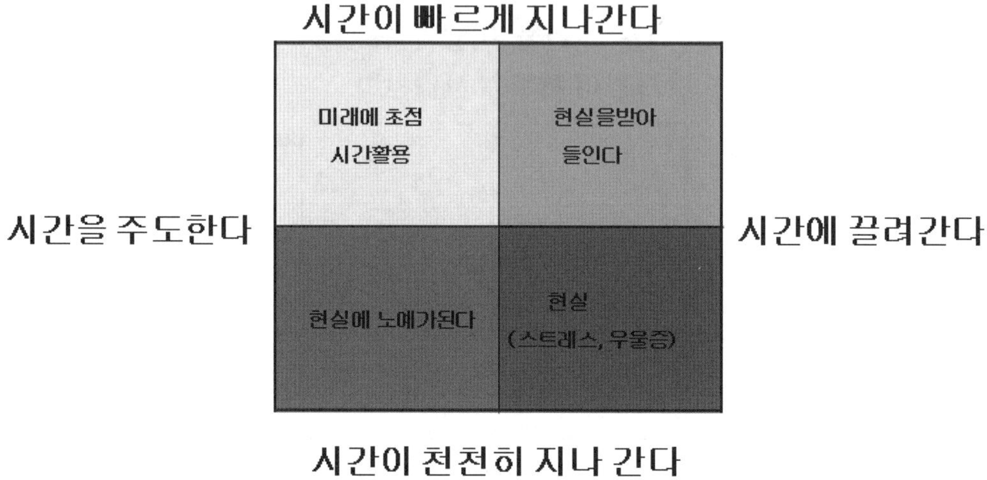

Step 8-6. 개인활동: 시간의 틀

시간의 틀

아래 단어들을 알맞은 시간 틀에 넣으시오. 이들 중 몇 가지는 당신의 해석 여하에 따라서 1개 이상의 틀에 관련될 수 있습니다.

듣고 있는	맛을 보는	회고하는	밀어붙이는
기억하는	경험하고 있는	희망하는	상상하는
보고 있는	원하고 있는	관찰하는	일깨우는
계획하는	후회하는	즐기는	분석하는
예측하는	기대하는	계획하는	지각
경험	선견력	후견력	공상하는
행동	몰두		

과 거	현 재	미 래

3. 시간과 에너지[71)]

시간은 매우 어려운 개념이라서 정의 내리기가 쉽지 않다. 우리들은 시간 속에 살면서 시간을 잘 안다고 하지만, 시간이 무엇이냐는 질문에는 명쾌히 정의를 내리지는 못한다.

그럼에도 시간은 여기에 있고, 지금도 흐르고 있다.

에너지라는 것도 마찬가지다. 에너지는 본질적으로 규정된 적도 없으며, 그럼에도 불구하고 에너지는 우리주변에 있다. 우리 환경을 보자! 흔히 물리학에서 말하는 에너지가 우리 주위에 둘러 싸여있다.

그런데 시간과 에너지를 측정할 수 있는지는 알 수 없다. 예를 들면, 시, 분, 초 연, 월, 일, 몇 볼트, 몇 칼로리, 와트 등이 있다. 그러나 정확히 말하면 이런 측정 지표들은 정확히 시간이나 에너지를 측정하지 못한다. 단지 그것은 시간과 에너지의 흐름이나 표면적 방출로 나타난 현상 등을 국한해서 측정하는 것뿐이다. 그러므로 시간과 에너지는 둘 모두 다 추상적인 개념이라는 것과 표면적으로는 방출된 현상에 의하여 양을 표시한다는 점에서 유사성이 매우 깊다. 이렇듯 시간과 에너지는 보여줄 수 있고, 손에 잡히게 되며 느낄 수 있는 대상이 되지만 단지 어떤 변화 끝에 얻어지는 결과에서만 가능하다.

그런데 변화를 만들어낼 방법으로는 인간의 행동이 있다. 그러나 인간의 행동은 오로지 시간과 에너지를 통해서만 실현 가능하며 인간행동이 추구하는 변화는 의사결정이라는 것을 통해서 이루어지게 된다.

따라서 우리는 명심해야 한다. 우리의 시간을 헛되이 하는 것은 당신의 에너지를 방전시키는 것과 다름이 없음을 분명히 명심해야 한다.

71) 제8장 시간과 에너지 내용과 Step부분은 진로그룹(1996). “그룹관리자 의사결정과정” 과정코드: 12101에서 인용하고 재구성하였다.

Step 8-7. 개인활동: 에너지 낭비요인

1. 사후관리 부족	2. 남을 도와주는 과도한 욕망
3. 탄력적인 시간 틀	4. 우선순위의 어려움
5. 지나친 정확성	6. 자기중심주의
7. 잦은 친구약속	8. 대인관계형성 노력
9. 시간을 과소평가	10. 목표수립의 어려움
11. 일방적 의사결정	12. 사전에 즉각 반응
13. 시간을 과대평가	14. 계획되지 않은 변화 회피
15. 자기훈련 부족	16. 갈등회피
17. 개방주의	18. 좌충우돌
19. 다른 사람의 시간을 강요	20. 거절불능
21. 절차를 밟을 것을 계속 주장	22. 완벽주의
23. 임기응변	24. 성급함
25. 산만	26. 불성실함

다음 제시된 에너지 낭비요인을 살펴본 후에 가장 범하기 쉬운 낭비요인들을 모아서 한곳에 표기하세요.

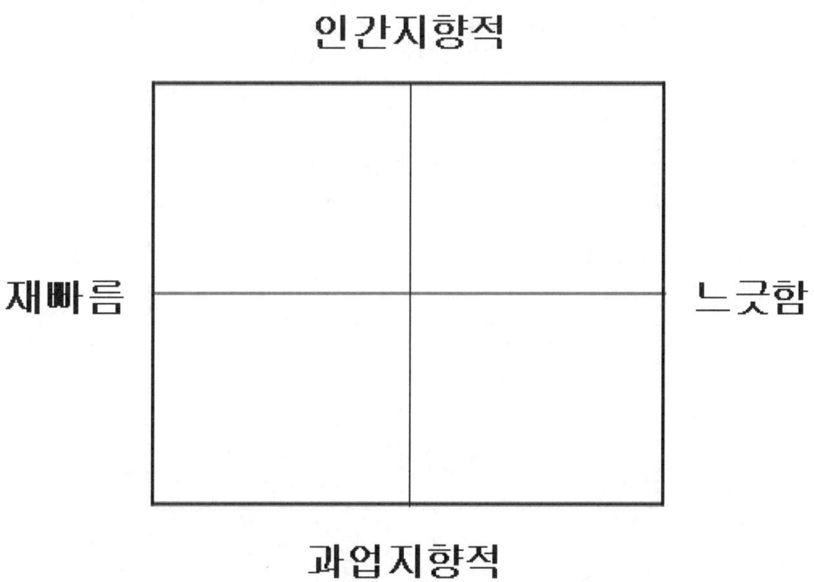

Step 8-8. 개인활동: 에너지 낭비요인 대응방안

사회적 유형요인들의 무의식중에 낭비되는 에너지를 줄이고 효과적인 에너지를 사용하기 위해서는 어떻게 해야 합니까? 맞는 것끼리 연결하세요.

1. 설명할 준비가 되어 있다.
2. 계획수립 시 세세한 부분까지 신경을 쓴다.
3. 단순화 한다.
4. 갑자기 부닥칠 것에 대비한다.
5. 느긋하게 여유를 갖는다.
6. 약속을 하고 사람을 만난다.
7. 정보를 공유한다.
8. 간단명료하게 대화하고 행동한다.
9. 계획에 준해서 활동한다.
10.다른 사람의 의견을 경청한다.
11. 다른 사람에게 책임 할당한다.
12. 일의 참여 숫자를 줄인다.

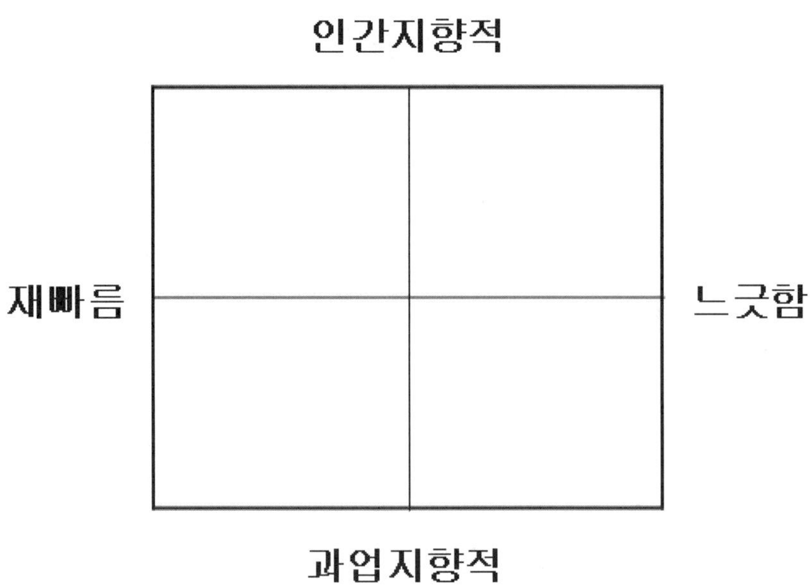

Step 8-9. 개인활동: 시간 에너지 관리방법

시간에너지는 여러 곳에서 형성되며, 또 여러 가지 형태를 띠고 있습니다. 아래에 학습자가 직접적으로 체험할 수 있는 시간에너지를 관리방법을 적어보세요.

개인활동 노트

1.

2.

3.

4.

5.

6.

7.

8.

9.

10.

4. 경호원의 시간에너지 관리전략

하루 24시간은 누구에게나 똑같습니다. 학습자 여러분의 시간관리 전략은?
24시간을 나누어서 생활해 봅시다. 그러면 당신은 달라질 겁니다.

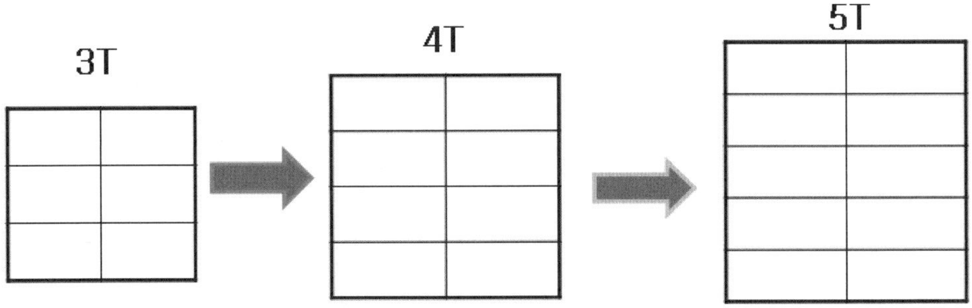

경호원이란 직업은 타 직업과 달리 정상근무를 하지 못한다. 정상근무라 함은 근로기준법에 의한 1일 8시간 근무를 하는 것인데 경호원의 직업은 업무특성상 정상근무를 하지 못하는 경우가 많다.

그러므로 경호원 개개인은 효율적인 시간에너지 관리를 실천하여 자기발전 및 건강관리에 유념해야 한다.

여기서 제시하는 시간에너지 관리는 미래의 성공적인 삶을 위하여 하루 24시간을 나누어 자기 개발을 하는 방법을 제시하고자 한다.

즉, 3T란 1일 24시간을 8시간으로 배분하고, 8시간은 수면시간, 8시간은 근무시간, 8시간은 기타시간으로 설정된 시간을 의미한다. 3T는 일반적인 사람들의 시간개념이고, 목표지향 없이 시간에 끌려가는 보통사람들의 일상시간을 의미한다.

4T란 1일 24시간을 8시간으로 배분하고, 8시간은 수면시간, 8시간은 근무시간, 그리고 기타 8시간을 4시간 4시간으로 배분하여 하루를 4등분하는 방법이다. 그러면 기타 8시간을 4시간씩 나누어 4시간은 평상시처럼 기타 시간으로 활용하고, 나머지 4시간을 본인을 위한 자기계발 시간으로 만드는 방법이다.

마지막 방법인 5T는 전문적인 시간에너지 관리 방법이므로 소수의 성공한 사람들의 시간 관리 방법이다.

1일 24시간을 8시간으로 배분하는 방법은 동일하나 직장생활 8시간을 제외하고서 2등분을 하여 자기계발에 1일 8시간을 시간투자 하는 방법이다. 이 방법은 하루 잠을 4시간 정도만 자야하는 방법으로서 매우 힘든 시간에너지 관리방법이기도 하다.

당신은 미래에 성공하고 싶으면 어떤 시간에너지 관리방법을 택할 것인가? 지금 당장은 힘들고 고생하지만 성공한 사람들에게는 분명, 본인들만의 시간관념이 일반인들하고 다르다는걸 명심해야 한다.

제9장 멘토링

- 1. 멘토링의 개념 및 유래
- 2. 멘토링 활동의 특징과 장점
- 3. 멘토링 프로그램
- 4. 멘토링 특강 및 활동 전시회
- 5. 경호원의 멘토링 효과

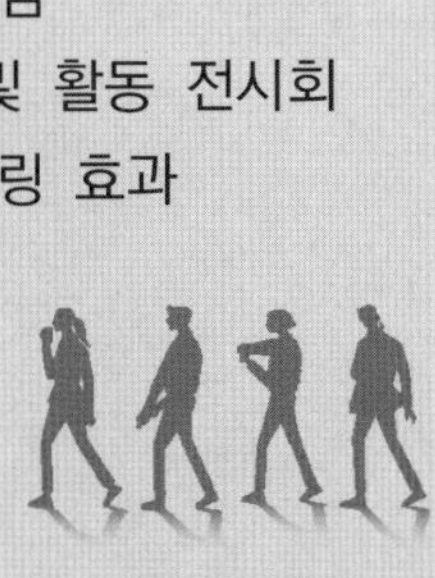

제9장 멘토링

1. 멘토링의 개념 및 유래

멘토(mentor)라는 단어는 그리스 신화에 나오는 오디세이(odyssey)의 충실한 조언자라는 이름에서 유래했다. 그리스 이타카(Ithaca) 왕국의 오디세우스왕의 아들인 "텔레마코스(Telemachus)"는 대단히 나약한 왕자였다. 오디세우스의 왕 유리시즈는 트로이왕국을 멸망시키기 위해 트로이(Troy)전쟁터에 출정하게 되었다.

왕자의 가정교사인 "멘토"는 이타카 일대에서 가장 지혜롭고, 현명한 사람으로 알려진 철학자이었다. 멘토는 왕이 가장 믿을 수 있는 친구였으며, 멘토 역시 왕이 트로이 전쟁터에 나가 있을 동안 부모 이상으로 교육을 잘 시켜서 용감하고 지혜로우며, 차기 왕의 자질을 갖춘 지혜롭고 현명한 사람으로 성장시켰다. 멘토의 교육방법을 살펴보면, 첫째, 멘토는 질문자이고 텔레마쿠스는 답하는 사람이었다. 둘째, 멘토는 텔레마쿠스를 스승과 제자가 아닌 동료처럼 대하였다. 셋째, 멘토는 텔레마쿠스가 답을 못할 시에는 가까운 사물을 예시로 들어 설명하였다. 넷째, 멘토는 텔레마쿠스의 상상력을 최대로 올리기 위해서 토론식 교육을 하였다. 다섯째, 멘토는 철학, 논리학, 수학에 평생을 기울여 집중했다. 여섯째, 텔레마쿠스가 불안하여도 아버지 같은 멘토의 이야기는 즐겁게 경청하였다.

프랑스의 페넬롱(Fenelon)은 1699년 텔레마코스의 모험이라는 책을 집필해서 알려졌던 인물로 멘토링의 사상을 최초로 전해준 학자이다. 그러므로 멘토는 지혜와 신뢰로운 교육방법으로 한 사람의 인생을 끌어주는 리더자의 동의어로 사용되는 계기가 되었다.

멘토링에 대한 초기 연구로는 Levinson, Darrow, Klein, Levinson과 Mckee

(1978)[72]의 성인의 발달기간 중, 초기 성인기에 멘토의 존재와 역할에 대한 중요성을 강조하면서, 어떤 새로운 세계에 진입하려고 할 때 그 세계에 오래 머무르고, 그 세계에 대해 경험이 풍부한 사람을 멘토라 정의했다. 또한, Noe(1988)[73] 역시 비슷한 맥락으로 경험이 풍부하고 유능한 연장자가 연하의 동료나 후배에게 조직생활에 필요한 지식과 지혜를 전수하고, 조직 규범에 적응하도록 하며, 일 관련 문제들을 해결할 수 있도록 도움을 주는 관계로 멘토링을 정의하였다.

멘토링에 대해서 많은 연구자들마다 다른 견해로 인하여 공통된 정의를 내리기는 어렵지만 다음과 같이 정의할 수 있다, 경험이 풍부한 멘토가 멘티에게 조직 내에서 직면하는 다양한 문제에 대하여 도움을 주는 공식적 비공식적으로 이루어지는 개인적인 관계라고 정의할 수 있다. 멘토링에는 멘토링 관계에서 그 주체가 되는 멘토 외에 멘토의 지도와 도움을 받는 피교육자인 객체가 있는데 그 대상을 멘제(menger), 멘토리(mentoree), 멘티(mentee), 프로테제(protege)라 부른다.[74]

한국에 멘토링이 도입된 지는 약 40여년 정도로 추정된다. 그 당시 미국 산업교육 협회에서 매년 정기적으로 멘토링에 대한 성과보고서가 있는데 이발표 자료를 국내교수 및 전문가들이 논문에 인용한 것이 계기가 되었고, 미국 유학자들의 멘토링 경험교육에 의해 국내에 소계하면서 멘토링을 연구하게 되었다. 멘토의 뜻은 지도교수, 코치, 스승 등을 의미하며, 사회에서는 상담자 또는, 조언자, 후견인 등으로 다양하게 사용되고 있다.[75]

이러한 개념적 정의를 종합해보면 멘티는 멘토와의 관계를 통하여 고민과 관심사, 지지, 격려를 받아 자신의 잠재력을 키우고 건강한 사회인으로 나가는 학생이며. 멘토는 조언자, 안내자, 조력자, 확신자, 역할모델, 교사, 후원자 상담자로서 멘티에게 도움을 주는 자를 말한다. 또한, 멘토링은 멘토가 멘티에게 일정한 관계형성을 통하여 주어진 시간을 통해서 격려하고 돌보고 교육하며, 아이디어를 공유하면서 멘티의 개인적인 영향을 주는 모든 과정을 의미한다.

---

72) Levinson, D. J., Darrow, C. N., Klein, E. B., Levinson, M. H., & McKee, B(1978). The seasons of a man's life. NY: Ballantine.

73) Noe, R. A. (1988). An investigation of the determinants of successful assigned mentoring relationships. Personnel Psychology. 41(3), 457-479.

74) 이윤화(2004). 멘토링 기능이 멘토링 효과에 미치는 영향. 자기효능감의 조절효과를 중심으로. 숙명여자대학교 경영학과 석사학위논문.

75) 하영복, 문혜옥(2005). 서라벌대학 멘토링 프로그램 개발연구. 서라벌대학.

2. 멘토링 활동의 특징과 장점

멘토링 활동의 특징적 범위는 학습자가 도움을 필요로 하는 다른 학습자에게 학업의 지식 습득에 도움을 주며, 동료 교수의 범위와 멘토링 활동 과정에서 발생할 수 있는 조언, 위로, 공감 등의 여러 측면까지 포괄한다.

이와 같은 멘토링 활동의 특징적 범위에서 멘토링 활동의 특징은 다음과 같다.

멘토링 활동은 동료 보조 학습의 하나인 동료 교수(Peer Tutoring)의 특징을 지닌다.

김선경(2013)[76]에 따르면, 멘토링 활동의 특징적 범위는 동료교수(Peer Tutoring)의 정서적 지지, 조언, 위로, 공감 등의 정의적인 측면을 합친 것이다. 그러므로 동료 교수활동이란 계획된 정해진 시간에 상대에게 맞는 학습 전략과 학습 도구를 이용하여 개인의 요구에 의해 학습 내용을 결정하고 활동하는 일종의 소규모 '파트너 활동'이라고 할 수 있다.

멘토링 활동은 멘토와 멘티 간의 일대일 파트너를 구성하여 학생들이 협동하고 교수 학습하는 과정에서 멘토와 멘티 모두의 인지 구조 속에 학습 내용이 더욱 정교화 된다는 것이다. 그러므로 동료 교수 활동은 멘토나 도움을 받는 멘티 모두에게 효과적인 방법이라고 하겠다.

멘토링 활동 과정에서 파트너가 된 멘토와 멘티는 김선경(2013)의 주장처럼 정서적지지, 조언, 위로, 공감 등과 같은 정의적 측면에서 서로 간에 영향을 주게 되는데, 멘토링 활동 중에서 발생되는 정의적 측면에서의 서로 교환은 피드백과 같이 학생의 학습 동기유발을 북돋아 주는 계기가 된다. Levinson(1986)[77]과 Ornstern(1989)에 의하면 멘토의 역할이야 말로 다양한 상황에서 한 개인이 나아가고자 하는 목표와 방향뿐만 아니라 멘티의 행동방법을 제시해 줄 수 있는 훌륭한 기능을 수행하는 것이라고 하였다. 이는 멘티가 멘토의 역할수행을 받음으로써 조직상황에 대한 만족뿐만 아니라 자신감이 형성된다고 볼 수 있을 것이다.

---

76) 김선경(2013). "중학교 과학 수업에서 상호동료 멘토링 활동의 상호작용 분석". 박사학위논문. 서울: 서울대학교

77) Levinson, D(1986). "Seasons of A Man's Life", New York : Knopf, 1986.

멘토링의 장점으로는 멘토는 학생과 만나서 학생의 당면한 고민이나 수업 등 모든 문제를 학생의 생활을 통해 이해한다. 그러므로 단순하고, 멘토링은 직접적이다. 학생의 수업진학 등의 문제를 멘토가 직접 도움을 줄 수 있는 관계형성도 갖는다. 멘토링은 인간적 애정이 있으며, 단순한 자원봉사자보다도 친밀한 인간관계를 갖는다. 멘토링은 정당한 행동이다. 학생의 삶에 직접적 관계가 없는 성인이 관계를 맺는 역할 등은 법이 승인한다. 그러므로 멘토링은 융통성이 있다. 공부처럼 경직된 것도 아니고 학생과 멘토가 서로 상의하고 조율한다. 그러므로 IT 시대에 걸맞게 인터넷상에서 이루어지는 사이버 멘토링 또는 e 멘토링도 확대되는 추세이다. 인재확보를 위한 치열한 경쟁이 계속되는 현대사회에서 멘토링이 인재육성 및 조직효율성 제고에 효과적인 전략으로 활성화되고 있으며, 여성의 사회 참여 증가에 따른 여성멘토링 프로그램에 대한 요구도 점차 확대되고 있다(신용주, 2005).[78]

이상의 내용을 종합해 보면, 멘토링 활동의 범위와 장점은 동료 교수의 범위에 정서적 지지, 조언, 위로, 공감 등의 정의적 측면을 포괄한다.

〈표 9-1〉 학교생활 로드맵에 의한 멘티활동

구분	활동
멘토와의 만남	- 학생카드 작성 - 대학생활 소개
자기이해 검사	- 학습방법검사 - 직업선호도검사
학업준비 및 성취	- 학사일정 확인 및 수강신청 - 학습방법결정 및 수행 - 성적관리
진로 및 직업결정	- 진로 및 직업정보 확인 - 진로로드맵 작성 - 전공기술 및 지식습득 - 관련자격증취득 단계적 수행
공동체활동 및 사회봉사	- 대학생활 공동체 활동 - 교수,학생,졸업생 사회봉사활동 - 전공능력5함양을 위한 스터디그룹활동

78) 신용주(2006). "미국기업의 멘토링 도입현황과 시사점". 임금연구. 경총 노동경제 연구원. 제14권 제1호 통권 제52호, pp. 22-35.

취업준비	- 취업특강실시 - 취업업체소계 및 연결 - 모의면접 및 취업박람회 참석

자료출처: 강혜원(2004). 서라벌대학 학사운영제도평가연구. 서라벌대학 2004년도 교육인적자원부 특성화사업 현장 밀착형 직업교육시스템구축 성과발표회 재구성. 서라벌대학.

3. 멘토링 프로그램

평생지도교수와 학생이 같이 하는 멘토링 활동을 통하여 학생들은 자신의 잠재된 능력과 적성을 재확인하고, 즐거운 학교생활을 영위하며, 진로단계를 수행하여, 교수 친구 선배와의 즐거운 공동체 활동을 하고, 졸업 후에도 애교심을 갖게 하는 것이 멘토링 프로그램의 주목적이다.

〈표 9-2〉 멘토링 활동진로 단계

멘토 지도교수	멘토와의 만남
	자기이해검사
	학업준비 및 성취
멘토 지도교수와 멘티 학생	진로 및 직업결정
	공동체생활
	사회봉사

자료출처: 하영복, 문혜옥(2005). 서라벌대학 멘토링 프로그램 개발연구. 서라벌대학 2004년도 교육인적자원부 특성화사업 현장 밀착형 직업교육시스템구축 성과발표회 재구성. 서라벌대학.

멘토링 프로그램의 구성요소로는 개인 멘토링 활동 시 1명으로 한정하며, 일반활동으로는 심리적문제 상담과 가족문제 및 사회 및 학교 적응의 어려움 등을 상담한다. 학습활동으로는 학업상담, 학생카드작성, 진로적성검사 및 학습방법 개인차 검사 등이 있다. 또한, 집단별 멘토링 활동 시 프로그램은 소그룹(4~10명), 대그룹(10명 이상)으로 나누며, 소그룹의 일반활동은 레크레이션 활동, 장애인봉사, 음악감상 및 개인선호 스포츠 활동, 자전거 하이킹 등이 있다. 학습활동으로는 영화연극관람, 전시회, 졸업선배와의 대화, 독서 후 토론 등이 있다. 또한, 대그룹활동으로는 단체 산행, 체육대회 캠페인 참여, 집단 문화 활동, 음악회감상, 박물관 견학, 지역봉사활동, 외부전문가 특강, 문화재 탐사, 현장견학 등 단체의 개념으로 다 같이 참여할 수 있는 활동을 하면 매우 좋다.

〈표 9-3〉 멘토링 프로그램

주차	활동명	내용	장소
1	오리엔티션	멘토, 멘티 소개 질의응답 및 멘토링 프로그램 설명	강의실
2	학습 습관 검사	학습 습관 검사 분석	강의실
3	개별상담	멘토 교수와의 상담: 사전 시간 설정하여 상담	연구실
4	초청특강	전문가 특강초청: 자유토론 및 친목도모	세미나실
5	장애인봉사활동	나눔의 행사실시 장애인센터를 방문하여 봉사정신 고취	장애인 센터
6	대학생활 여가선용	자전거로 돌아보는 지역 탐방	학교인근공원 및 유적지
7	현장견학	전공별 현장 견학	업체 및 현장
8	문화유적지 탐사	지역유적지 탐사	학교지역 인근
9	레크레이션교육	단체의 리더 여가선용 활용	실습실
10	선배대화	졸업한 선배를 초청하여 선, 후배간의 유대관계 및 직업의식 고취	강의실 및 세미나실
11	체육대회	학교운동장에서 체육대회를 통한 단합심을 조성	운동장
12	전공관련 봉사활동	경찰지구대에 방문하여, 야간순찰 실시	경찰지구대
13	외부명사특강	성공한 직업인이나 유명연예인 특강	세미나실
14	직업선호도검사	직업선호도검사 실시	강의실
15	진로 로드맵작성	전문 직업준비서 전문직 업준비 세부진행계획서	강의실
16	평가	개별평가	연구실
		단체평가	강의실

자료출처: 하영복, 문혜옥(2005). 서라벌대학 멘토링 프로그램 개발연구. 서라벌대학 2004년도 교육인적자원부 특성화사업 현장 밀착형 직업교육시스템구축 성과발표회 재구성. 서라벌대학.

4. 멘토링 특강 및 활동 전시회

국내최초 보안업체 여성 1호 경호원 ADT캡스 이용주 팀장 멘토링 특강

1) 멘토링 특강

멘토링 특강은 경호학과 학생들이 자발적 투표를 하여 멘토로 모시고 싶은 특강 강사를 직접 투표로 선출하는 과정이다. 이러한 방법은 학생들이 좋아하는 멘토를 만남으로써 멘토링의 효과가 좋은 결과로 나타나고 있다.

2019년도에는 현재 ADT캡스 경호팀 팀장인 이용주 씨를 특강 강사로 모셨다.

이용주(1980년생) 특강강사 소개 : 현재 ADT캡 경호팀 팀장으로 학력은 용인대학교 경호학과졸업, 동대학원 석, 박사를 졸업했다. 박사학위 논문으로는 민간경비조직구성원의 변혁적, 서번트 리더십이 팔로워십, 임파워먼트 및 조직유휴성에 미치는 영향으로 2011년 경호학 박사를 취득했다. 태권도 4단, 유도 3단, 총 9단의 유단자이며, 2017~2019 제 7회, 제 8회 세계장애인 선수권대회 국가대표 선수단 단장으로 활동하였다. 포상으로는 2019년 장애인유공자 문화체육부장관 표창장을 받았으며, 경호수행 경력으로는 박세리 골프선수, 미하일 고르바초프 전 소련대통령, 스티브 발머 마이크로소프트 회장, 톰 크루즈 영화배우, 히딩크 축구감독 등이 있다.

2) 멘토링 활동전시회 : 멘토 동문선배 명함 받아 오기

경호인성교육 1주차 첫 수업 시 팀별 멘토를 정하고, 10주차에 멘토 회사를 직접 방문하여 멘토와의 인터뷰 및 회사소개, 그리고 멘토의 회사에서의 직무 및 멘토의 기대치 등을 포스트로 발표한다. 물론 멘토가 멘티에게 바라는 당부의 말씀도 포함된다.

(사진 9-1) 경호학과 학생들의 멘토링 활동

5. 경호원의 멘토링 효과

경호원의 멘토링 프로그램에 미치는 효과로는 멘토나, 멘티의 개별적 특성요인과 관계적 요인 그리고 환경적 요인으로 나눌 수 있다.

첫째. 특성적 요인으로는 경호원 대상자의 개별적 특성이 멘토링 프로그램에 영향을 미치는데 그 특성은 자기 통제위치, 자존감, 감정상태, 성취욕구, 이타심, 자기확신, 의사소통능력 등이 있으며, 성, 연령, 사회적 경제적 배경 등이 영향을 미치는 요인으로 나타난다. 둘째, 관계적 요인으로는 멘토와 멘티간의 관계적 호감, 공감, 존경 매력 등이 있을 시 멘토링의 효과는 더욱 긍정적으로 나타난다고 하였다.

셋째, 환경적 요인으로는 멘토와 멘티간의 환경이나 배경, 그리고 조직의 분위기, 보상구조, 기관의 적절한 지원 및 보상 등이 언급되었다. 이상으로 살펴본 결과 경호원들의 멘토링에 영향을 미치는 요인은 멘토링 초기에 집중되어 있으며, 주로 멘토와 멘티와의 서로에 대한 호감 및 존경심 등의 관계유지가 계속적으로 유지되어야만 긍적적인 멘토링의 효과로 나타날 수 있다.

그러므로 경호원 직업을 준비하고 있는 경호학과 학생들의 멘토링의 효과로 첫째, 인성교육측면에서 새로운 인성 발달과 생각의 틀을 제시하고, 둘째, 진로지도 측면에서 학생들의 능력과 적성을 확인하여야 한다. 셋째, 동아리활동 측면에서는 알찬 학업과 학교생활을 영위하며, 넷째, 진로단계를 수행하여 관련자격증 취득과 취업을 하고 다섯째, 친구 및 선후배간의 즐거운 공동체 활동, 여섯째, 졸업 후에도 동문으로서 대학과의 유대관계형성 등이 멘토링의 주목적이다.

평생 책임교수와 함께하는 멘토링 활동 효과

1. 새로운 인성발달과 생각의 틀 제시
2. 학생들의 능력과 적성을 확인하고 (진로지도)
3. 알찬 학업과 학교생활 영위(동아리활동 등)
4. 진로단계를 수행하여 관련자격 취득과 취업
5. 친구 및 선후배간의 즐거운 공동체 활동
6. 졸업 후에도 동문으로서 대학과의 유대관계 유지

제10장 동기부여

제10장 동기부여

1. 동기부여 개념

동기부여 용어는 동기유발, 혹은 동기화라고도 하며, 개인이나 조직이 목표달성을 위해 자발적으로 일을 진행하게 만드는데 영향력을 행사하고, 이러한 행동을 촉진시키는 과정이라고 할 수 있다(이형룡 외, 2006).[79] 즉, 동기부여란 심리적, 정신적 요인으로서 외부적으로 표현되지는 않지만 조직 관리자는 경영자들의 입장에서 조직구성원을 이끌어가고, 더욱 높은 성과를 나타나게 하는데 있어 반드시 필요한 요인이다(박현일, 2010).[80]

동기부여와 관련된 최근의 연구에서 여러 정의를 살펴보면, 오석홍(2011: 655)[81]은 직무와 관련하여 행동을 유발시키고 형태, 강도, 방향, 지속정도를 결정하는 데 작용하는 내적, 정신적인 힘을 말하고 개인에게는 행동이 유지 되도록 하며, 행동의 형태 및 방향을 결정 하는데 영향을 주는 정신적 과정이라고 발표하였다. 이수도(2001)[82]도 어떤 목표 달성을 위하여 행동을 자극하고 방향을 결정하는 일련의 과정이라고 하며, 개인의 욕구를 만족 시켜주면 조직의 목표를 향해 높은 수준의 노력을 경주하려는 의지로 정의한다. 즉, 동기부여는 행동성, 지향성, 지속성을 가지고 있으며, 어떻게 행동이 시작되고, 유지하고 방향을 정하는가에 관련된 일련의 과정이라고 하였다.

---

79) 이형룡, 김민선, 이원옥(2006). 호텔조직문화와 개인의 가치가 고객지향성과 동기부여에 미치는 영향. 「관광레저 · 연구」. 18(2): 151-170.
80) 박현일(2010). 교육훈련과 보상시스템이 동기부여를 통해 기업성과에 미치는 영향. 은행 A사를 중심으로 「한국국제회계학회 추계 학술발표회」. 11-488.
81) 오석홍(2011). 행정학. 서울: 박영사.
82) 이수도(2001). 조직행동론. 서울: 형설출판사.

동기부여를 증진시키는 요인으로는 내재적 동기 요인과 외재적 동기 요인으로 나눌 수 있는데 내재적 동기 요인에는 도전의식, 자신감, 자아실현, 책임감 등으로 직무수행자가 스스로 느끼는 것을 말하며, 외재적 동기 요인에는 급여, 보너스, 휴가, 승진 등 외부적인 조직으로부터 직접 받는 것을 말한다.

김택, 유종해(2011: 45)[83]는 조직과 구성원 사이의 관계는 조직의 효율적 운영이나 개인적 성장이란 점에서 볼 때 상당한 중요성을 가지고 있다. 그 이유는 조직원은 직무활동을 통해서 스스로의 목적을 달성하게 되고, 조직은 구성원들의 자발적 노력에 의해서 목표성취를 할 수 있기 때문이다. 그러므로, 구성원의 자발적이고 헌신적인 노력을 유발하기 위해서는 개인에 대한 동기부여가 중요한 부분이고 이러한 분야를 연구하는 것이 동기부여 이론이라고 한다.

Gibson(1991: 99)[84]는 인간으로 하여금 행동을 시작하게 하고, 방향성을 정하도록 지시하는 힘(forces)을 기술하는 개념이라고 하였으며, 박동서(2001)[85]는 어떤 인간을 자극하는 행동을 불러일으키거나 바람직하게 행동할 수 있도록 이끄는 힘이라고 징의하였다. 또한, 동기부여와 관련된 연구는 경영학분야 이외에도 조직행동, 산업심리분야에서도 활발한 연구가 진행되어 왔다.

강성철 외(2016:415)[86]도 조직의 효율성 제고를 하기 위해 구성원들의 자발적 노력을 제고하는 조건을 만들거나 부여한다는 의미에서 동기부여는 관리자 입장에서의 개념이라 할 수 있다. 구성원 스스로의 입장에서 동기를 부과한다는 표현은 적절하지 못하며, 관리자의 시각에서 조직관리 차원의 표현이라고 할 수 있다. 즉, 동기부여는 사람에게 행동을 하게 하는 유인책이 되는 것이며, 그 행동에 대하여 방향, 강도, 지속성, 노력의 정도에 영향을 미치는 일련의 과정이다(오석홍, 2005).[87]

이러한 많은 연구에서 도출된 동기부여의 종합적 개념을 검토해 보면, 조직원의 목적, 목표, 욕구 등의 구성요인을 통해 조직의 목표성과에 부합하는 어떤 바람직한 행동을 유발하는 자발적인 내면의 의지로 정의가 가능할 것이다. 즉, 동기부여

---

83) 김택, 유종해(2011). 행정조직론. 경기 파주시: 한국학술정보(주).
84) Gibson J. L. (1991). Organization theory and Nature of man: 99.
85) 박동서(2001). 한국행정론, 서울: 법문사.
86) 강성철, 김판석, 이종수, 진재구, 최근열(2016). 새 인사행정론. 서울: 대영문화사.
87) 오석홍(2005). 조직이론. 서울: 박영사.

란 선택과 행동에 대한 느낌의 집합체 또는 사람들 생각과 행동을 설명하는 개념, 특별한 행동을 하기 위한 유인 및 자극, 목표달성을 위한, 지속적인 행동 및 의지를 의미한다. 이 같은 면들을 고려하여 본 과정에서는 경호원이라는 특정한 조직원을 대상으로 경호원의 성공적인 경호수행 성공 목적을 위하여 동기부여를 탐색 연구하는 것이 타당성이 있다고 할 수 있다.

2. 동기부여 과정

조직원에 대한 조직목표와 관련된 직무에 관하여 적극적 행동으로 유도하는 동기부여의 과정을 포괄적이고도 간략하게 설명할 수 있도록 간단한 순환모형을 제시하고자 한다(김택, 유종해, 2011: 50-52). 다음의 (그림10-1)에서 보는 바와 같이 조직에 속한 인간의 행동은 내적인 불균형 상태로부터 균형 상태라는 목표를 추구하기 위하여 순환과정이라고 설명할 수 있다.

[그림 10-1] 동기부여 과정 모형(김택, 유종해, 2011: 50-52)

조직원의 동기부여 과정에 대한 이해는 동기부여에 여러 가지 이론을 이해하는데 많은 도움이 될 것이다. 조직은 구성원들과의 상호작용에 의해서 조직의 목표달성을 해 나가는 것이며, 또한, 구성원은 자신이 속한 조직을 통해서 자기 스스로의 목표도 실현하는 구조를 통해 상호작용 체계를 이루고 있는 것이다. 동기부여의 과정모형도 이러한 상호작용의 갈등, 조화와 화합의 흐름 속에 있다고 할 수 있다. 즉, 동기부여는 개인이 목표달성을 위해 열심히 노력하도록 해주는 과정이며,

이러한 요인에 의해 형성된 내적 심리 상태로서의 동기유발을 실제의 목표지향 행동으로 실천하도록 하는 과정이라고 한다(임지영, 2006).[88]

조직구성원의 행동이 적절히 이루지게 되면, 조직이 바라는 목표달성이 이루어지게 됨으로 인해 점점 내적인 안정 상태를 이루게 된다. 이러한 상태는 시간이 지나게 되면 내적 욕구나 기대, 혹은 외적인 환경에 의해서 불균형성이 나타나게 되는데. 이처럼 내적 균형상태가 불균형으로 이동하면서, 다시 불균형에서 균형으로 이동하는 반복되는 과정이 동기부여 과정으로 각 단계별로 설명하면 다음과 같다.

첫째, 목표 지향적으로 행동이 일어나면 목표를 완성하기 전까지는 이런 행동이 지속하게 되는데, 목표달성과 관련된다고 생각되는 일정한 행동을 하게 된다. 이러한 행동이 목표달성이 되면서 불균형 상태였던 내적인 심리 상태가 균형을 이루게 된다. 즉, 인간 행위는 의도와 가치에 의해 결정된다는 것으로 개인의 내적인 심리에 성립된 가치가 욕망을 부르고 이 욕망이 목표를 찾고 목표가 행동을 유발한다는 것으로 보았다. 즉, 박신자(2000)[89]는 특정 목표달성을 하기 위한 내적인 충동과 의욕 또는 행동의 활기를 북돋아주고 목표방향을 제시해주는 개인 내에 존재하는 힘이라고 주장하였다.

둘째, 설정된 목표가 잘못되었거나 혹은 목표를 달성하지 못했을 때에는 새로운 목표의 내용을 수정하게 된다. 새로운 목표나 새로운 목표 달성이 시작되고, 동기부여 과정이 변화하게 된다. 이러한 목표를 달성하기 위해서 정해진 행동에 대해 각 개인이 성공과 실패의 원인에 대해 분석하게 되고, 이러한 분석에 따른 결과는 개인의 내적인 상태가 달라지며, 그 다음의 행동에도 영향을 미치게 된다. 또한, 목표를 달성하고자 하는 조직원에게 좀 더 어려운 목표를 제시하면 이를 달성하고자 더욱더 노력을 하게 되는 동기유발 효과가 있다는 것이다. Locke(1990)[90]은 목표설정이론(goal setting theory)에서 단순히 욕구만으로는 조직원의 직무동기 유발에 한계가 있으며 도전적이고 구체화 된목표가 쉽고 애매한 목표 또는 목표가

88) 임지영(2006). 병원의 내부마케팅 활동이 간호사의 동기부여에 미치는 영향: Herzberg의 동기위생요인 이론을 기반으로. 「간호행정학회지」. 12(2): 204-21.

89) 박신자(2000). 심리학의 이해, 서울: 형설출판사.

90) Locke, E. A. & Latham, P(1990). A Theory of Goal Setting and Task Performance. Englewood: Prentice Hall.

전혀 없는 것보다 더 높은 단계로 직무성과를 향상시킬 수 있다고 주장하였다.

셋째, 개인의 욕구는 기대가 서로 차이가 나게 되는데 이러한 요인들이 상호 작용하게 되면 내적인 불균형상태가 조성되고, 사람은 불균형 상태를 감소시키려고 노력하게 된다.

넷째, 욕구 또는 기대는 일정한 행동을 통해서 불균형 상태를 감소시킬 수 있을 것이라는 예측과 결합되어 있다. 일정한 행동을 하면 불균형이 다시 회복 되리라는 예상을 개인마다 갖게 되는데 이것이 바로 일정한 행동을 선택적으로 추구하게 되는 목표 지향적인 측면이다(김택, 유종해, 2011: 50-52). 즉, 목표가 달성하기에 용이하거나 애매한 불명확한 목표보다 구체적이며 어느 정도 달성하기 곤란한 목표가 직무성과를 향상시킬 수 있다고 보았다(조계표, 2013:199).[91]

3. 동기부여와 습관

학습자들에게 동기부여에 의한 좋은 습관을 만들기 위해서는 아래와 같은 미션을 제공한다, 첫째, 마법의 문장을 만들어라! 가정에는 가훈이 있듯이 자기 자신을 위한 마법의 문장을 만들 필요성이 있다, 본 필자 역시 고교시절 우연히 보게 된 더글러스 맬록의[92] "무엇이 되든 최고가 되어라"는 시 한편에 감동을 받아 마법의

91) 조계표(2013). 행정학입문. 서울: 박영사.

92) Douglas Malloch(1877-1938). Be the Best of Whatever You Are

If you can't be a pine on the top of the hill
Be a scrub in the valley but be
The best little scrub by the side of the rill;
Be a bush if you can't be a tree.
If you can't be a bush be a bit of the grass
And some highway happier make
We can't all be captains, we've got to be crew
There's something for all of us here.
If you can't be a highway then just be a trail,
If you can't be the sun, be a star;
It isn't by size that you win on you fail
Be the best of whatever you are!

문장을 항상 숙지하고 실천하고자 노력하였다. 그것은 "나는 무엇이 되든 최선을 다 한다"이다 이 내용은 결과에 치중하지 말고 과정을 중요시하므로 결과가 좋지 않아도 내 자신에게 너는 최선을 다해 열심히 했다는 메세지를 줌으로써 더 좋은 결과를 얻을 수 있다는 목적이 있다.

둘째, 미션은 50개의 소원 목록표를 만들자! 물론 실현 가능한 소원도 있지만 허구에 가까운 소원도 나타날 것이다, 그러나 꿈을 꾸어야 소원이 이루어지듯이 50개의 소원을 적은 후에 단기, 중기, 장기로 나누고 실현가능한 소원을 재정리하면 본인 인생의 목표설정이 제시 되게 된다.

그리고 곧바로 자신이 5년 안에 실현가능한 목표설정을 정하고 본인에게 편지를 쓰는 동기부여 프로그램을 진행한다.

무엇이 되든 최고가 되어라 / 더글러스 맬록
언덕 위의 소나무가 될 수 없다면
골짜기의 관목이 되어라 그러나
시냇가의 제일 좋은 관목이 되어라.
나무가 될 수 없다면 덤불이 되어라.
덤불이 될 수 없다면 풀 한포기가 되어라.
그래서 어떤 고속도로를 더욱 즐겁게 만들어라
모두가 다 선장이 될 수 없고 선원도 있어야 한다.
누구에게나 여기서 할 일은 있다
고속도로가 될 수 없다면 오솔길이 되어라.
태양이 될 수 없다면 별이 되어라.
네가 이기고 지는 것은 크기에 달려있지 않다. 무엇이 되든 최고가 되어라!

Step 10-1. 개인활동: 꿈을 이루는 비밀

꿈을 이루는 비밀	
1	마법의 문장을 만들어라
2	50개 소원 목록표를 만들어라
3	자기자신에게 편지를 써라

개인활동: 마법의 문장과 20개 소원 목록표

4. 동기부여 방법

우리 경호학과 학생들의 진로면담 시 제일 많이 듣는 질문으로 "교수님! 공부를 잘하려면 어떻게 해야 되나요? 물론 대학교에서의 공부법은 고등학교와 전혀 다르기 때문에 1학년 학생들이 1학기가 지나고 나서 성적을 받아 볼 시 노력에 비해 실망스럽고, 당황하기 때문에 나오는 질문일 것이다. 어떻게 하면 공부 잘하는 비법이 있을까? 그러한 비법을 터득하면 편하게 공부하면서도 성적 장학금을 받아볼 수 있는데, 빠르게 가는 비법을 가르쳐 달라고 하는데 다들 알고 있듯이 공부에는 비법이 있을 수 없고, 오로지 방법만 있을 뿐이다. 그것은 나의 주관적 판단일 수도 있지만 이런 방법을 말하고 싶다. 첫째, 학부학생은 열공하라! 즉. 잔꾀부리지 말고, 오로지 열심히 공부하라는 뜻이다. 책상에서 좋아하는 책을 보면서 오래토록 집중하는 것도 좋은 습관이며, 오로지 열공해야지만 그다음 단계로 올라 갈수 있다. 그러므로 학부학생들과의 카톡방이나 메일에서의 대화 끝에는 오늘도 열공!!! 이라는 표어를 꼭 붙인다. 두 번째, 석사원생들에게는 공부에 미쳐라! 는 말을 한다. 석사과정에서 공부하는 원생들은 목표가 교수가 되고자하는 원생이므로 이시기에 공부에 미쳐봐야 후회 안한다는 것이다. 어느 정도 미치게 집중한다고 표현하면 눈에서 피눈물이 나올 정도로 미쳐봐야 한다. 물론 눈에서 피눈물이 나오지는 않겠지만 너무 많이 잠도 안자면서 책을 봐서 눈이 핏물이 들 정도로 충혈 되어 흰 가제 손수건으로 눈물을 닦을시 정말 붉은색 눈물이 나오는 착각이랄까? 아니면 밥을 먹을 때도, 화장실에 가서도 책의 내용이 너무나 궁금해서 책에서 눈을 뗄 수 없는 현상을 우리는 공부에 미쳤다고 표현을 할 것이다. 공부에 미쳐보지 않은 원생들은 1번 정도는 미쳐보자!!!

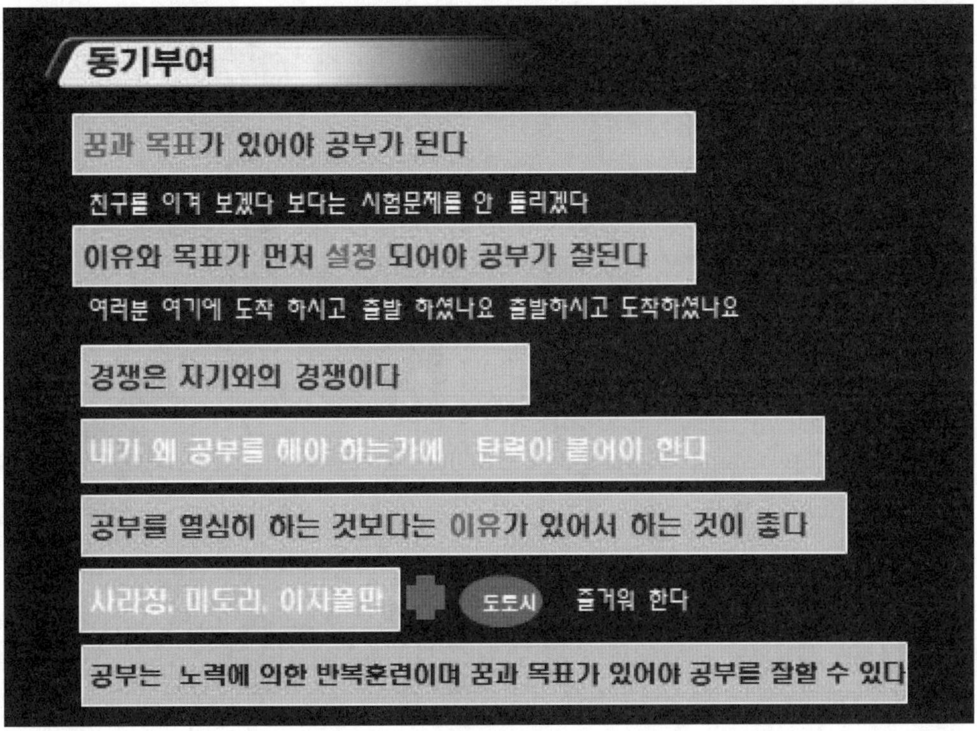

마지막으로 박사과정 원생들은 어느 정도의 전공분야에서 전문가이므로 공부라는 표현보다는 연구라는 단어가 맞을 것이다. 연구에 집중 시에는 즐기면서 해야 최고의 경지에 오를 수 있다고 생각 든다. 전공연구에 대한 연구자의 생각을 분석하고, 관찰하면서 나의 생각과의 분석적 틀에서 나타내면, 좋은 결과를 도출할 수 있다. 즉, 올림픽에서 금메달리스트의 소감 중에 대부분이 즐기면서 시합을 했다고 한다. 그것은 게임에서 최선을 다해 노력하는 선수보다 즐기면서 하는 선수를 이길 수 없다는 표현일 것이다.

그래서 나는 공부하는 학생들에게 학부생들은 열공, 노력하라, 석사원생은 미쳐라! 박사원생은 공부를 즐기자~~ 라고 말하고 있다.

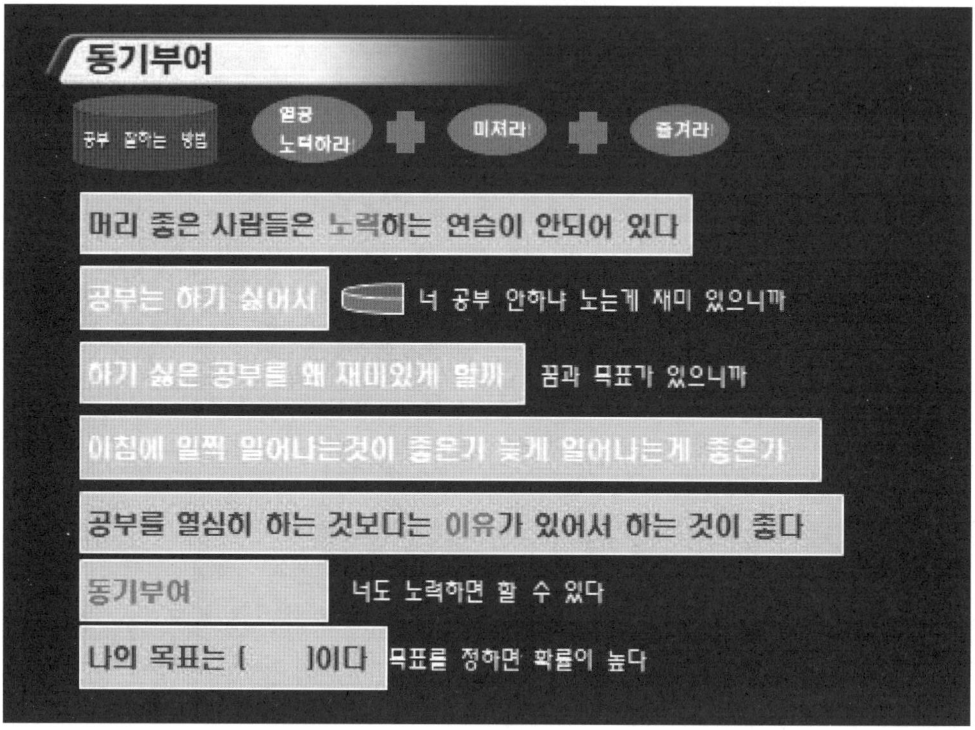
동기부여
공부 잘하는 방법
열공
노력하라!
미쳐라!
즐겨라!
머리 좋은 사람들은 노력하는 연습이 안되어 있다
공부는 하기 싫어서
너 공부 안하냐 노는게 재미 있으니까
하기 싫은 공부를 왜 재미있게 할까
꿈과 목표가 있으니까
아침에 일찍 일어나는것이 좋은가 늦게 일어나는게 좋은가
공부를 열심히 하는 것보다는 이유가 있어서 하는 것이 좋다
동기부여
너도 노력하면 할 수 있다
나의 목표는 (   )이다
목표를 정하면 확률이 높다

Step 10-2. 개인활동: 용인농장 이야기[93)]

용인농장 이야기

옛날 옛적 용인농장의 동물들은 신세계를 맞이함에 있어서 뭔가 준비를 해야겠다고 결심했다. 동물들은 연수과목을 달리기, 오르기, 헤엄치기, 날기 등 활동적인 내용으로 꾸몄다.
오리는 수영종목에서는 뛰어나 교수님보다 우수하였으나, 날기는 가까스로 평균점 정도였고, 달리기는 평균점 이하였다. 오리는 달리기 실력이 뒤떨어져, 별도로 남아 연습을 해야 했고, 달리기를 연습하느라 수영을 중단해야만 했다. 또한 물갈퀴가 달린 발로 뛰기 연습을 하다 보니 지쳐버려서 수영 실력마저 평균점 정도로 떨어져 버렸다.
그러나 연수원에서는 평균점이면 그런대로 좋은 성적인 편으로, 어느 누구도 그 점에 대해 뭐라고 말하는 동물은 없었다. 토끼는 달리기 성적이 반에서 1등이었으나, 수영이 서툴러 반복적으로 연습을 해야 했다. 그러나 수영은 너무 복잡한 동작을 요하는 탓으로 신경쇠약증에 걸리고 말았다.
다람쥐는 뛰어내리기 과목에서는 몇 단이고 뛰어내릴 수 있어 매우 우수했다. 그래서 교수님이 나무꼭대기에서 뛰어내리는 대신, 땅에서 뛰어오르는 연습을 시킨 결과 다람쥐는 (근육통)에 걸려 뛰어내리기는 평균성적에 머무르고 뛰어오르기에서는 평균점 이하를 받는 결과를 초래했다. 독수리는 문제아로서 교수님으로부터 매우 엄격한 훈련을 받았다. 나무타기 과목에서는 다른 연수생을 앞질러 제일 먼저 나무 꼭대기에 올라 자기 생각대로 자신의 나무타기가 가장 뛰어나다고 자랑했다. 그 해 말경 수영실력이 출중하고, 달리기, 나무타기에도 다소 소질이 있는 고양이가 다른 연수생보다 좋은 성적을 받아 전체 졸업생의 대표가 되었다.
개들은 연수원에 나가지 않은 채, 회사에서 연수원 교과과정에 땅 파는 일을 집어넣기 않았기 때문에 소집에 응할 수 없다고 버티었다. 개들은 자기 새끼들을 오소리에게 연수하러 보낼 뿐만 아니라, 자기들 멋대로 연수원보다도 훌륭한 사립학원을 세우기 위해 두더지나 쥐와 손을 잡기로 했다.

---

93) Step 용인농장 이야기 부분은 진로그룹(1996). “그룹관리자 의사결정과정” 과정코드: 12101에서 인용하고 재구성하였다.

STEP. 개인활동

용인농장이야기가 의미하는 바는 무엇이겠습니까?

이야기에 등장하는 동물 중에 자신의 현 모습을 비유할 수 있는 동물을 골라 그 이유를 자세히 적으세요!

5. 동기부여와 목표설정

목표용어는 현대산업이나 운동학습 또는 스포츠 현장에서 많이 이용되고 있는데 이것은 자기 동기화의 중요한 변인이다. 무엇인가 끊임없이 추구하는 삶을 살아가는 인간에게 있어 목표는 삶을 지탱하는 힘이 됨은 물론 다양한 영역에서 인간의 삶에 영향을 미친다. 이는 성취 지향적이고, 목표 지향적 존재인 인간에게 목표는 매우 중요하다고 할 수 있다(김윤래, 석혁기, 1999).[94] 목표설정은 수행자의 동기, 자기효능감과 수행에 영향을 미치는 요인으로서(Locke, 1994)[95] 인지구조(cognitive mechanism)와 동기구조(motivation mechanism)를 통하여 신뢰성 있는 동기유발기법(Gould, 1992; Mcclements & Botterill, 1984; Pemberton & McSwegin, 1989)[96]으로, 학습자의 수행을 돕는 동기적 힘을 작용하여 업무수행과 성취에 대한 자기효능감을 높여준다(Burton, 1989; Weinberg, Burton, Yukelson, & Weigand, 1993).[97]

목표는 근접성(proximity), 특이성(specificity), 난이도(difficulty)와 같은 특성을 지니고 있으며(Bandura, 1986; Locke & Latham, 1990),[98] 구체적인 목표는 목표를 주지 않는 경우와 "최선을 다하라"와 같은 막연한 목표는 어려운 목표(hard goal)보다, 그리고 개인적 목표(personal goal)는 할당된 목표(assigned goal)보다 자기효능감과 업무수행에 긍정적인 영향을 미친다(Lerner & Locke, 1995; Locke, 1991; Smith, Hauemstein, & Buchanan, 1996).[99] 목표란, 목

---

94) 김윤래, 석혁기(1999). 목표설정: 운동수행에 미치는 영향에 대한 이론적 기저와 연구동향. 문제점 및 과제. 강원대학교 부설 체육과학연구소 논문집. 23권, pp. 117-139.

95) Locke, E. A(1994). Comments on Weinberg and Weigand. Journal of Exercise & Sport Psychology. 16, 212-215.

96) Gould, D(1992). Goal setting for peak performance, In J. M. William (Ed.). Applied Sport Psychology: Personal growth to peak performance(2nd ed., 158-169). Mountain View, CA: Mayfield.

97) Burton, D(1989a). The impact of goal specificity and task complexity on basketball skill development. The Sport Psychologist. 3, 34-47.

98) Bandura, A(1986). Social foundations of thought and action: A social cognitive theory. Englewood Cliffs. NJ: Prentice-Hall.

99) Lerner, B. S., & Locke, E. A(1995). The effects of goal setting, self-efficacy,

적(purpose)이나 의도(intent)와 유사한 의미를 가진 용어로서 두 가지 측면에서 고려될 수 있다. 첫째, 목표란, 장차 얻고자 해서 바라고 있는 상태 즉, 개인이나 조직이 장래의 어떤 시점에서 도달하려고 하는 상태이다. 둘째, 목표는 과거나 현재의 의사결정과 행동개입의 결과로 얻어지는 것으로서 현재나 미래의 행동에 가해지는 여러 가지 제약이라고 볼 수 있다(성창훈, 1985).[100]

신체활동과 조직심리 분야에서 그 동안 이루어진 목표설정에 관한 연구는 긍정적인 결과를 낳은 연구(Burton, 1989; Hall & Byrne, 1988; Hall, Weinberg, Jackson, 1987)와 부정적인 결과를 보인 연구(Weinberg, Bruya, & Jackson, 1985, 1990; Weinberg, Bruya, Jackson, & Garland, 1987)가 있어 연구 결과에 대한 일관성을 찾기가 어려운 실정이다. 또한, 심리학 분야에서 이루어진 목표설정에 관한 연구 결과(Kyllo & Landers, 1995; Locke, 1991; Locke & Latham, 1990; Polzer & Neale, 1995; Schunk, 1990; Smith, Hauenstein & Buchanann, 1996; Weinberg & Weigand, 1993)[101]에서도 산업, 조직, 경영 분야의 목표설정 효과에 대한 연구에 비해 일관성을 보이지 못하고 있는 실정이다.

한편, Locke(1991)[102]는 목표설정에 대해 방법론적인 문제점을 지적하였다. 즉, 목표를 주지 않거나, "최선을 다하라"와 같은 막연한 목표를 준 조직 구성원일지라도 개인 스스로가 잠재된 목표를 설정할 수 있다는 것이다. 조직집단 구성원은 개인적 목표에 비중을 두어 할당된 목표를 잠재적으로 거부하는 경향이 있다는 것이며, 조직에서의 목표설정이 명확하지 못하고 모호하다는 것이다. 그리고 기간에 따라 단기 목표와 장기 목표로 구분되어진다. 이것은 서로 밀접한 관련성이 있으며, 단기목표는 장기목표를 달성하기 위한 개별적인 전술로써 팀의 우승이라는 장기목표를 설정하고 구체적으로 어떤 전략을 구사하여, 언제까지 달성할 것인지

---

competition and personal traits on the performance of an endurance task. Journal of Sport & Exercise Psychology. 17, 138-152.

100) 성창훈(1985). 목표설정 수준이 운동수행과 동기에 미치는 영향, 석사학위 논문. 서울대학교 대학원.

101) Kyllo, L. B., & Landers, D. M(1995). Goal setting in sport and exercise: A research synthesis to resolve the controversy. Journal of Sport & Exercise Psychology, 17, 117-137.

102) Locke, E. A(1991). Problems with goal-setting research in sports and their solution. Journal of Sport & Exercise Psychology. 83, 311-316.

에 대한 세부적 목표를 의미한다. 이러한 장기목표와 단기목표의 설정에 의해 바람직한 수행 향상을 기대할 수 있다.

1) 동기부여 및 목표설정 사례

동기유발과 목표설정

매일 아침마다 15번씩 외친다.
나는 미국을 대표하는 시사만화작가다. 나는 세계최고 시사만화 작가다.
(공장 노동자)
핵심-인생-운명이 달라진다.
(와이프가 메모한다. 그리고 아침마다 외친다. 2020년 177동 60평 아파트로 이사간다.)

학습자들이 소원 목록표 작성 후 실현가능한 목표설정 1개를 선택하고, 난 후 바로 실행에 들어가야 한다. 예시로 “청와대 경호원이 되겠다”라고 하면 본인이 경호원 복장을 하고, 사진촬영 후 그 사진을 본인의 핸드폰 바탕하면에 저장하고, 목표설정에 대한 의지를 보여야 한다. 그리고 아침에 기상과 함께 큰소리로 “나는 1년 후 대통령 경호원이 될거다”라고 크게 10번씩 외쳐야 한다.

이것은 동기부여에 의한 목표설정인 자기다짐의 방법이다. 미국의 시사만화 작가인 스콧 애덤스[103]도 젊은 시절에는 공장에서 일하는 노동자였으나 “나는 미국을 대표하는 시사 만화작가”라고 기상과 함께 10번씩 외쳐서 결국은 세계 최고의 시사 만화작가가 되었다. 이러한 방법은 목표설정을 정해 놓고도 대부분의 학습자들이 금세 포기하므로 자기 자신을 초심으로 돌려놓기 위한 핸드폰 바탕화면과 목

103) 스콧 레이먼드 애덤스(Scott Raymond Adams, 1957년생)는 미국의 만화 작가이다. 연재 만화 《딜버트》의 저자이며, 기업 경영과 사회 풍자, 기업 비즈니스에 관한 많은 책들을 저술하였다.

표설정을 매일 기상 시 10번씩 외치도록 하는 동기부여 프로그램이다.

목표설정은 단기, 중기, 장기로 나누어 설정해야 한다. 우선 당장 실현가능한 목표부터 정하고 1년 후, 중기 3년 후, 5년 후 장기목표를 설정하는 것이 매우 바람직하다. 목표설정을 결정할 시는 전문가나 멘토의 도움도 매우 필요하다. 즉, "나는 전교 1등하는 학생이 되겠다"라고 1차 목표를 정하고 목표가 실현되면, 그 다음은 "전 과목 1등하는 학생이 되겠다"라는 상위 목표가 설정되어야 한다. 목표설정은 1회성이 아니라 상위개념의 연계성으로 목표설정을 변화 시켜주어야 동기부여에 의한 꿈이 이루어질 수 있다.

동기유발과 목표설정

꼴찌 하던 학생 이야기

1학년 전체 꼴등, 2학년 전체 꼴등, 3학년 시 유종의 미를 거두자-어머니에게 태클이 들어왔다-대학을 가라(공부 안하면 밥 안준다)
최후통첩 실시-아침 굶고 점심 굶고 이래선 안 되겠다 대학을 가야 되겠다-친구들에게 물어본다-어느 대학이 명문대냐 각 도시명을 딴 대학이 좋은 대학이다-서울대(낙성대), 부산대(해운대), 용인대 등-40개 대학 이름을 적어놓고 성적이 오를 때마다 하나씩 지워간다.
결국 3개 대학만 남게 되었다.
꼴찌의 장점 1. 위로 올라갈 가능성이 있다. 2. 공부를 조금씩 해도 등수가 오른다. 3. 밑으로 내려갈 게 없다.
나는 전교 1등 하는 아이가 되겠다-학생이 15번씩 외친다.
나는 전과목 1등 하는 아이가 되겠다-그 아이가 목표를 세웠다.
나는 한국 최고의 의과대학에 가겠다-나는 세계 최고 하버드 대학의과대학 교수가 되겠다 -나는 뇌세포를 연구해서 노벨의학상을 받겠다.
결국 꿈을 현실로 이루어지는 마법의 문장-숙명적인 한 단어를 찾아라. 그러면 설레임이 있다.

이소룡[104]의 편지 이야기는 동기유발에서 매우 중요한 사례이다. 홍콩 무술인이며, 영화배우인 이소룡은 미국 헐리우드에 영화계에 진출하기 위해 이력서를 수

104) 이소룡(李小龍, 리샤오룽, 1940년 11월 27일~1973년 7월 20일). 영어명 브루스 리(영어: Bruce Lee)는 미국 샌프란시스코에서 태어나 활동한 중국계 미국인 무술 배우이자 철학가, 무술가이며, 절권도의 창시자이자 20세기를 통틀어 가장 큰 영향력을 가졌던 무술가이자 문화적 아이콘으로 평가된다. 그는 영화배우인 브랜든 리와 섀넌 리의 아버지이기도 하다. 그의 본명은 이진번(李振藩)으로 생전 체격은 173cm, 62kg이고 샌프란시스코에서 출생하였으며 홍콩에서 성장하였다. 그가 홍콩과 할리우드에서 제작한 영화는 기존 홍콩의 무술 영화를 새로운 수준으로 끌어올렸다. 그가 제작한 영화의 특성과 분위기는 이후 홍콩뿐 아니라 세계의 무술계와 무술 영화에 커다란 영향을 미치게 되었다. 이소룡은 특히 그가 제작한 영화에서 나타나는 중국의 자존심과 민족주의로 인해 홍콩 내에서 우상적인 존재가 되었다(위키백과, 2019).

없이 제출하였으나 번번이 탈락과 미국영화계에서 거부하는 문제로 인하여 자포자기 하고 있을 시 이소룡은 어느 식당에서 마지막이라는 심정으로 자기 자신에게 편지를 쓰고 있었다. 그 내용은 "지금부터 10년 후에 동양인 1명이 미국영화계를 휩쓸고 갈 것이다. 그 주인공은 바로 너 이소룡이다." 그리고 바로 등기우편으로 본인이 임시로 머물고 있는 집으로 우편물을 보냈다. 그리고 그 우편물을 수령한 후에 하루 15번씩 그 내용을 외쳤다는 내용이다.

동기유발과 목표설정

어느 미국 식당에 붙어져 있는 내용

지금부터 10년 후에 동양인 1명이 헐리우드 미국영화계를 휩쓸고 갈 것이다.
그 주인공은 바로 너 이소룡이다.
그리고 본인이 등기우편을 본인에게 부친다. 그리고 하루 15번씩 등기를 읽는다.

그리고 미국 육상의 대 영웅인 찰리페덕[105]과 제시 오언스,[106] 그리고 허리슨

105) 찰리패덕(1900~1943). 찰리패덕은 최고의 육상선수가 되겠다는 목표를 가지고 있었고, 그가 세운 기록들은 1936년 제시오언스에 의해 갱신되기 전까지 유지되었다. 찰리패덕이 자신처럼 최고의 육상선수가 되길 꿈꾸는 제시오언스에게 자신이 가진 육상기술을 전수 하였다. 찰리페덕은 1920년 벨지움 올림픽에서 육상 금메달 2개와 은메달을 수상했다. 그 후 2차 세계대전에 해병대로 참전하여 알래스카에서 비행기추락으로 사망했다(위키백과, 2019, 고두현, 2005, 재미있는 육상이야기).

106) 제시 오언스(1913~1980). 트랙 및 필드 경기에서 활약했으며, 멀리뛰기 종목에서 25년간 깨지지 않은 기록을 세웠다. 1933년 클리블랜드 고등학교 시절 시카고에서 열렸던 전국 학생선수권대회에 출전해 3종목에서 우승하였다. 그 후 빅텐 경기연맹 주최 오하이오 주립대학

겔라드[107]는 맨토와 멘티 관계이다. 미국은 올림픽에서 특히, 육상종목 단거리 부분은 무조건 미국이 금메달을 가져와야 한다는 명분하에 지금도 올림픽에서 단거리 육상종목 최강 국가로 군림하고 있다.

그 당시도 1920년 벨지움 올림픽 금메달리스트 찰리페덕의 고향 스텐포드 지역 고등학교 초청 연설 시 찰리페덕은 "여러분들도 누구나 저처럼 열심히 하면 올림픽에서 금메달 챔피언이 될 수 있습니다." 궁금하신 점이 있으면 질문을 받겠습니다. 그때 학생들 맨 끝줄에 있던 키도 작고, 보잘 것 없는 체격의 학생 1명이 손을 들더니 "선생님 아저씨 저도 금메달을 딸 수 있나요?" 그 순간 모든 학생들이 비웃듯이 웅성거리며 웃고 있었다. 그때 찰리패덕은 그 학생을 연단에 올라오라고 하고 바로 안으면서 크게 외쳤다. "너는 지금의 용기라면 내가 단언하는데 미국 육상계의 영웅이 되고 올림픽에서 금메달을 딸 것이라"고 하였다. 그 후 16년 후 베를린 올림픽에서 세계 육상계 사상 처음으로 올림픽 육상 4관왕이 탄생했다. 그가 바로 16년 전 보잘 것 없던 체격의 소유자인 제시 오웬스였다. 제시 오웬스 역시 지역 고등학교 초청강연에서 헤리슨 겔라드에게 동기부여에 의한 용기를 수었고, 그 역시 런던올림픽에서 금메달 챔피언이 되었다.

이러한 사례는 동기부여가 학생들에게 꿈을 심어주고 목표설정을 제시한다는 점을 시사하고 있다.

교와의 육상 대항전에 출전해 100M허들에서 9초 40으로 세계 타이기록을 세웠고, 220야드에서 22초 60, 멀리뛰기에서 8.13m로 세계신기록을 세웠다. 1936년 베를린 올림픽 대회에 참가해 100m 달리기, 200m 달리기, 멀리뛰기, 440m 계주에서 4개의 금메달을 획득했다(위키백과, 2019, 고두현, 2005, 재미있는 육상이야기).

107) 윌리엄 해리슨 겔라드(1923년~). 미국의 육상 선수로 지금까지 단거리 달리기와 허들 양 종목에서 올림픽 메달을 우승한 단 한명의 남성 선수이다. 오하이오 주 클리블랜드에서 태어나 이스턴 고등학교에서 수학하였다. 1946년 대학에서 같은 클리블랜드 출신의 제시 오언스의 코칭을 받아 다시 육상을 시작하였다. 그는 헬싱키 올림픽에서 110M 허들 종목 출전에 우승하였다. 400m 릴레이의 2연승은 그의 4번째 올림픽 메달을 가져왔다(위키백과, 2019, 고두현, 2005, 재미있는 육상이야기).

동기유발과 목표설정

1920	벨지움 올림픽	찰리패독
1936	베를린올림픽 육상4관왕	제시 오언스
1948	런던올림픽	헤리슨 겔라드

Step 10-3. **개인활동: 미래이력서**

(　　　　　　)의 미래이력서

- 꿈은 이루어진다.
- 하루 3번 거울을 보고 꿈을 외친다.

년도	연령	목 표 설 정
2020		용인대 학생

미래의 이력서는 학습자들이 자신의 미래 직업준비를 위해서 단기, 중기, 장기

목표를 설정하는 동기부여에 의한 목표설정 과정이다. 이러한 과정의 학습이 이루어지면 마지막 단계로 목표설정이 정해지며, 이 과정에서는 진로상담 전문가 및 멘토의 역할이 매우 중요하다.

미래의 이력서가 작성 되었으면, 본인의 주소로 등기우편을 발송한다. 그리고 등기우편으로 미래의 이력서를 받은 후에는 즉시 등기 날인 되어 있는 우편 봉지부분과 미래의 이력서를 같이 겹쳐서 코팅하여 책상 앞부분에 붙여 놓고 하루 3번 기상과 함께 단기목표 먼저 외친다. 이와 같은 방법은 이소룡의 편지이야기를 인용하여 학생들에게 동기유발에 의한 목표설정을 설정하고 실천하기 위한 프로그램이다.

제11장 경호원의 기본예절 및 스피치

제11장 경호원의 기본예절 및 스피치

1. 기본예절의 종류

예절은 자신이 속해 있는 사회의 구성원들이 약속해 놓은 일정한 생활 방식이며, 예의와 범절은 인간이 지켜야 할 행동규범으로 사람이 사람답게 살아가기 하여 필요한 도리이고 질서이다.

기본예절은 그 기준에 따라 다양하게 개념적 정의를 하고 있다. 생활교과서에서는 예절의 분류를 개인생활예절, 가정생활예절, 학교생활예절, 사회생활예절, 국가생활예절의 4가지로 나누었고, 예절의 기능은 크게 두 가지로 나뉜다. 하나는 자기 자신을 다스리는 것이고, 다른 하나는 다른 사람과의 관계에서 비롯되는 것이다. 각 영역에 관련된 기본적이고 공통적으로 필요한 생활 습관과 예절과 가치 및 규범들을 설정하였다. 전자의 것은 사람다운 행동을 하기 위해 부단히 모든 면(말, 표정, 행동)을 바르게 닦고 관리하는 것을 말하며, 이는 곧 자기수양을 의미한다. 후자의 것은 타인과 바른 인간관계를 갖기 위해 자기에게 적용하던 예절을 밖으로 표현하여 타인에게 활용하는 것이다. 김혜정(2006)[108]은 예절이란 나 아닌 다른 사람에게 이해와 존중, 사랑과 공경을 행동으로 나타내는 표현으로써, 이를 일상생활에 접목시켜서 다른 사람과 사회관계를 맺으며 더불어 살아가는 인간관계를 해 필요하다고 하였다.

위의 예절영역 중에서 학생들의 가장 실생활과 밀접한 것은 개인생활 영역이므로 몸의 태도와 인사예절, 그리고 바른 언어와 관련된 예절은 학생들에게 중점적

108) 김혜정(2006). 전통예절활동이 유아의 기본생활습관에 미치는 영향. 석사학위 논문, 대구학교 교육대학원.

으로 지도해야 할 내용으로 독자적 영역으로 구성하여 가르쳐야 한다. 또한, 학교생활예절과 사회생활예절은 학교와 사회생활예절로 통합되었고, 국가생활예절은 독립된 영역으로 구분하지 않고, 교과시간과 의식행사의 교육을 겸하여 실시하고 있다.

여러 영역에서 중복하여 지도할 수 있는 내용의 경우는 이웃 간의 인사예절과 가정과 학교에서의 식사예절 등은 엄격하게 예절영역을 구분하기 보다는 합리적으로 지도하고 있다.

개인생활예절은 바른 마음가짐과 몸가짐을 그 자체를 익히는 것에 만족하기 위한 것이 아니라, 몸에 익히게 하는 이유는 바른 품성을 갖출 수 있는 기본을 마련해 주기 때문이다.

바른 마음가짐은 예절의 기본이 되는 정신자세를 말하는 것이므로 공경하는 마음, 너그러운 마음, 분수를 지키는 마음, 부끄러움을 아는 마음, 감사하는 마음, 반성하고 잘못을 고치려는 마음, 바른 예절을 실천하려는 마음 등이 있다.

즉, 부끄러움을 아는 것은 인간이 동물과 가장 크게 다르다는 점이라고 한다.

인간은 얼굴을 붉히는 유일한 동물로서 타인의 눈에 비친 나를 의식하고 수치심을 느끼는 윤리적 존재라고 말하고 있다.[109)]

그러므로 바른 몸가짐은 바른 마음을 표현하는 첫 번째 관문으로 몸을 깨끗이 하는 법, 몸의 각 부분을 정결하게 두는 법, 앉고 서고 누울 때의 바른 자세, 걷거나 출입할 시의 바른 예절, 그리고 올바른 옷 입기 등이 있다.

언어예절은 언어는 대화의 매개체이면서 개인성격의 대표적 상징이다. 현재, 인터넷의 보급과 다양한 언론매체의 등장으로 인해 즉시적으로 만들어지는 말들과 유머스러운 말들이 넘쳐나고 있다. 그러므로 우리 경호원들에게 바른 말씨와 태도의 중요성과 가정과 사회에서의 대화예절, 상황에 따른 대화 등을 가르칠 필요가 있다. 신기철, 신용철(1993)[110)]은 '예의에 관한 범절' 즉, 일상생활에서의 모든 예의와 절차를 의미하는 것으로 예의란 인간 상호간의 사귐에 있어 서로 상방에게 예를 나타내는 언어나, 몸가짐, 행동의 총체이고, 범절은 법도에 맞는 모든 질서나 절차'로 풀이하고 있다.

---

109) 심현남(2019. 11. 12). 부아칼럼. 용인대학신문.
110) 신기철, 신용철(1983). 새 우리말 큰 사전. 서울: 삼성출판사.

인사예절은 상대방에게 존중, 공경의 뜻을 나타내는 예의범절이라고 할 수 있다. 인사는 상대방을 대하는 자신의 정중한 태도와 인격을 나타내는 예의범절이므로. 인사의 기본자세로는 최 경례, 경례, 목례 등의 인사예절과 경호원들의 일상생활에서 각 상황에 맞는 인사말 등을 지도해야 한다.

2. 경호원의 용모

1) 경호원 제복

일반적으로 제복이라고 하면 유니폼 혹은 복장으로 불리며, 동일기준이라는 의미를 갖고 있다.

제복은 경호의뢰인에 대하여 계급 및 직급을 명시함과 동시에 경호원의 조직적인 면과 체계적인 면을 제복을 착용함으로써 격조를 한층 높게 하는 것이다.

또한 제복을 입고 수행하는 경호원의 경우 제복은 경호원의 소속감과 직업의 자긍심을 높이고, 규정에 충실한 역량을 고객 의뢰인에게 베풀 수 있도록 하는 것이다.

① 경호원은 근무시간 중 경호상황에 의해 구분되어 있는 지정제복을 착용해야 한다.

② 항상 청결하고 깨끗한 제복을 착용하여야 하며, 소매 끝, 깃 등이 더러운 것은 착용하지 않는다.

③ 단추가 없거나 바느질 등이 터진 곳은 있는지 확인한다.

④ 제복의 길이와 폭, 그리고 색상은 조직의 규정을 따르며, 유행에 의해 짧거나 길게 입는 것은 허용되지 않는다.

⑤ 명찰은 항시 달아야 하며, 정 위치에 똑바로 단다.

2) 악세사리

업무 수행 중에는 귀걸이, 목걸이, 반지, 팔지 등 불필요한 악세사리를 일체 착용하지 않는다.

3) 구두

① 경호회사에서 지급해준 검정색 구두를 신으며, 부득이한 경우 제복에 맞는 구두를 신을 시에는 색상이 요란하거나 장식이 달린 복잡한 것은 착용을 금한다.
② 뒷 굽이 닳은 것이나 끈이 느슨해진 상태의 것은 좋지 못한 인상을 주므로 주의한다.
③ 구두를 착용 전에는 먼지나 이물질을 털어내고 깨끗한 상태를 확인한다.
④ 뒷 축을 구기거나 질질 끌고 다녀서는 절대 안 된다.

4) 여자경호원 스타킹

① 살색계통의 색상을 사용한다.
② 올이 나가지 않도록 주의한다.
③ 스타킹 여분을 항상 준비해 둔다.

5) 화장 및 향수

① 화장이나 립스틱 등은 경호대상자에게 혐오감을 주는 짙은 화장은 삼간다.
② 건강하고 밝게 보일 정도는 좋으나 강한 화장품은 사용하지 않는다.
③ 손톱 및 발톱에 매니큐어를 바르지 않도록 한다.
④ 진한 향수 등은 경호대상자에게 혐오감을 줄 수 있으므로 사용하지 않는다.

6) 두발

▶ 남자두발
① 항상 단정한 머리를 유지한다.
② 머리는 짧게 손질해서 경호업무활동에 편하게 한다.
③ 뒷머리는 짧게 깎아 올려서 제복 뒷깃 부분이 덮이지 않도록 한다.
④ 옆머리는 귀를 덮지 않도록 한다.
⑤ 구레나룻은 귀의 반 이상 넘어가면 안 된다.
⑥ 앞머리가 흘러서 앞이마를 덮지 않도록 하며, 가리마는 7:3비율로 한다.

▶ 여자두발

① 긴 머리는 위로 치켜 올려서 묶도록 하고, 목덜미 부분은 상쾌한 감이 들게 깨끗이 손질할 것(흑색 머리망을 착용할 수도 있다.)

② 짧은 머리는 머리핀으로 손질 하던가 리본으로 청결하게 손질할 것

③ 머리장식품을 이용한 치장은 금할 것

④ 앞머리는 뒤로 묶거나 짧게 깎아 앞으로 늘어뜨리지 말 것

7) 얼굴

① 면도, 귀지손질, 콧수염 자르기 등을 이행할 것

② 바다나 산에서 지나치게 햇볕에 그을지 않도록 하고, 동상도 지나치면 보기 흉하므로 주의해야 한다.

③ 향이 강한 로션 등 화장품은 사용치 않는다.

④ 시력이 좋지 않은 경호원은 안경보다 콘택트렌즈를 착용한다.

⑤ 얼굴에 난 종기, 상처 등은 빨리 치료를 해야 하며, 반창고 등을 붙이고 경호 현장에 나가서는 안 된다.

⑥ 입술은 NATURAL 혹은 붉은색을 약하게 사용한다.

⑦ EYE SHADOW, EYE LINE은 진하지 않게 칠하고, 속눈썹은 붙이지 않는다.

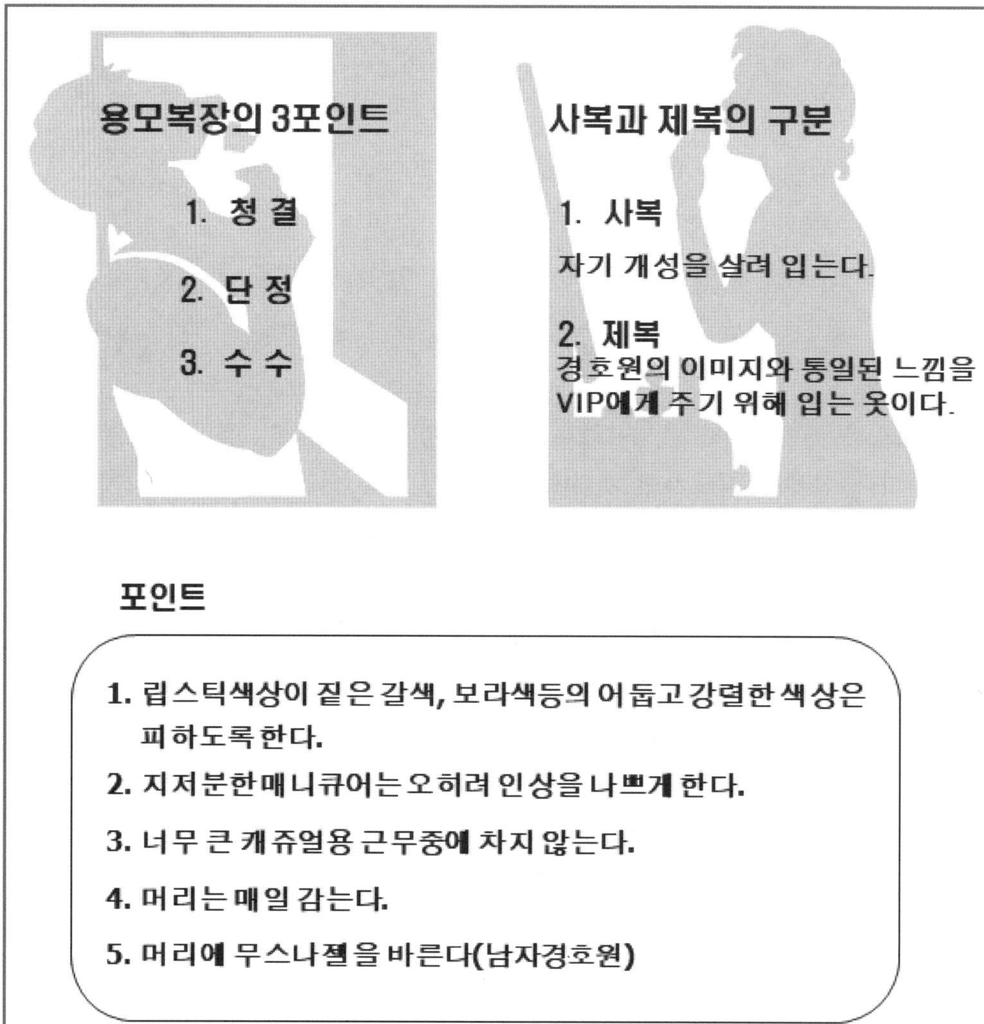

[그림 11-1] 경호원의 용모 복장(인천국제공항 서비스 메뉴얼, 보안검색, 2019, 재구성)

용모 복장 CHECK LIST 남성경호원 편

항목		체크포인트	체크
머리		앞머리는 눈을 가리지 않는가?	
		잠잔 흔적은 없는가?	
		머리는 매일 감는가?	
얼굴		수염, 코털이 보이지는 않는가?	
		입냄새는 안 나는가?	
		눈은 충혈 되지 않고, 안경은 더럽지 않은가?	
복장	와이셔츠	소매부분이나 칼라부분이 더럽지 않은가?	
		칼라부분의 단추가 느슨하지 않은가?	
		흰 색상은 적당한가?	
		다림질은 잘 되어 있는가?	
	넥타이	비뚤어져 있지 않고 풀어져 있지 않은가?	
		때, 얼룩, 구겨짐은 없는가?	
		양복과 어울리는가?	
		길이는 적당하고 타이핀 위치는 적당한가?	
	상의	너무 화려하지 않은가?	
		일어설 때 단추를 잠그는가?	
		주머니가 불룩할 정도로 많이 넣어져 있지 않은가?	
	바지	다림질이 되어 있고 무릎이 나와 있지 않은가?	
		벨트가 너무 꽉 조여 있지 않은가?	
손		더러워져 있지 않은가?	
		손톱이 길지 않은가?	
양말		매일 갈아 신는가?	
		화려한 색상, 백색 스포츠용 양말을 신고 있지는 않은가?	
구두		잘 닦여져 있는가?	
		굽이 닳아져 있지 않은가?	
		색상이나 형태는 비즈니스에 적합한가?	

자료출처: 인천국제공항 서비스 매뉴얼. 보안검색, 2019, 재구성

용모 복장 CHECK LIST 여성경호원 편

항목	체크포인트	체크
머리	머리는 매일 감아 청결하고 손질은 되어 있는가?	
	앞머리가 눈을 가리지 않는 일하기 쉬운 머리형인가?	
	제복에 어울리는 눈에 띄지 않는 악세서리를 했나?	
화장	청결하고 건강한 느낌을 주고 있는가?	
	피부처리 및 부분화장이 흐트러지지는 않았는가?	
	립스틱 색상은 적당한가?	
복장	구겨지지는 않았는가?	
	제복에 얼룩은 없는가?	
	다림질은 되어 있는가?(블라우스, 스커트의 주름 등)	
	스커트의 단 처리가 깔끔한가?	
	어깨에 비듬이나 머리카락이 붙어 있지는 않은가?	
	출근시의 복장은 적당한가?	
손	더러워져 있지 않은가?(손바닥 쪽으로 1mm 이내)	
	손은 깨끗한가?	
스타킹	색상은 적당한가? 늘어져 있지는 않은가?	
	예비 스타킹을 가지고 있는가?	
구두	잘 닦여져 있는가?	
	모양이 찌그러져 있지는 않는가?	
	뒷축이 벗겨지거나 닳아 있지는 않은가? (구겨 신거나 샌들은 보기가 흉함)	
악세서리	방해가 되는 악세서리, 눈에 띄는 물건은 착용하지 않았는가?	

체크포인트

- 얼굴, 머리, 유니폼, 명찰, 손, 손톱, 구두
- 사적인 악세서리를 하지 않는다.

자료출처: 인천국제공항 서비스 매뉴얼. 보안검색, 2019, 재구성

8) 표정

미소는 하나의 인사라고 할 수 있다. 아무리 예의 바르게 인사를 잘 한다 해도 얼굴 표정이 굳어 있거나 우울해 보이면 VIP에게 오히려 불쾌감이나 거부감을 주게 된다.

상냥스럽게 미소 띤 얼굴 표정 하나만으로도 경호대상자를 충분히 만족시켜줄 수 있으며, 미소는 활기와 생명을 불어넣는 중요한 요소가 된다.

"웃는 얼굴에 침 못 뱉는다"라는 옛말을 되새기며, 경호원은 항상 밝고 명랑한 마음가짐과 함께 미소를 잃지 않도록 노력해야 한다.

① 얼굴의 표정

평상시 사람을 대할 때는 부드럽고 평화스런 표정이어야 하며, 또 경호원은 범할 수 없는 기풍을 풍겨야 한다. 그리고 기쁠 때나 슬플 때 엄숙한 식전 등 때와 장소에 어울리는 표정의 트레이닝을 쌓아야 한다.

상대방에겐 아무런 관계도 없는데 자기의 감정으로 시무룩하거나 잔뜩 찌푸리는 등 심각한 표정으로 대하는 일, 결혼식장에서의 슬픈 표정, 문상 가서 웃는 표정 등의 좋지 못한 표정은 모두 예의에 어긋나는 것이다.

또 얼굴에서 풍기는 인상은 각각 성장과정과 생활해 온 지역과 직업 및 교양을 나타낸다.

성년이 되기 전에는 부모의 책임이고, 나이 50 넘으면 얼굴의 책임은 자기가 져야 한다. 지나간 세월의 역사를 안면신경이 표정으로 증명하고 있기 때문이다. 인성교양은 하루아침에 이루어지지 않으며, 별안간에 얼굴표정을 나타내면 어색하므로 항시 많은 얼굴 표정 훈련이 필요하다.

② 눈의 표정

눈은 마음의 창이라고 하며. 맑고 밝은 생각을 가졌을 때는 표정도 맑고, 밝아진다. 속마음과 다른 표정이 이중으로 이루어질 수 없기 때문이다. 그러므로 항상 바른 마음의 인성수양이 필요하다.

눈을 너무 자주 깜박이는 버릇, 안구를 데굴데굴 굴리는 것 등은 상대방을 불안하게 만들어 좋지 못하다. 상대방을 아래위로 훑어보는 것도 불쾌감을 주며, 눈을 아래로 내리까는 것은 수줍어서 할 때도 있으나 때로는 가증스럽게 느껴질 수도 있다.

또, 눈을 힐끔거리거나 흘끔흘끔 쳐다보는 것은 보기에 좋지 않다. 눈을 흘기거나 곁눈질하는 것 또한 더욱 보기 흉하다.

③ 입의 표정

입은 자연스럽게 다물고 미소를 짓는 것이 좋다. 너무 힘을 주어 꼭 다물어서 눈 사람의 입같이 일직선이 되는 것도 좋지 않다. 입을 쑥 내밀면 불만의 표시가 된다.

④ 경호원의 바람직한 표정

우리들은 서로 접촉하는 나쁜 동작이나 표정은 조직 사회에서 불쾌하게 한다는 것을 알고 있다. 서로 협조하여 활기찬 조직생활을 보내기 위해서는 한사람 한사람이 바람지한 동자을 몸에 익히지 않으면 안 된다.

경호원의 바람직한 동작이란 우아함, 기풍적 모습, 착실함, 침착성, 안정감 등으로 상대방의 기분을 언짢게 하지 않도록 주위를 하는 것이다.[111]

〈표 11-1〉 미소를 만드는 포인트

▶ 아름다운 미소를 만드는 포인트 - 눈의 표정을 최대한 이용한다. - 항시 침착하고 겸손한 마음가짐을 유지해야한다. - 적어도 하루에 5번 이상 거울 앞에서 미소연습을 한다. - 본인의 감정을 조절하는데 노력을 기울인다. ▶ 금지사항 - 눈을 자주 깜박거리는 버릇 - 안구를 데굴데굴 굴리는 것 - 상대를 아래위로 훑어보거나 곁눈질 하는 것 - 눈을 아래로 내리 까는 것 - 눈을 흡 뜨거나 흘기는 것 - 눈을 힐끔거리거나 흘금흘금 쳐다보는 것

111) 제일스포츠클럽(1993). 운영계획서. pp. 25-27.

9) 경호원의 인사

인사는 인성 예절의 기본이며 인간관계의 시발점이다.

인사는 인간사회 윤리형성의 기본이고, 경호조직에 있어서는 애사심과 충성심의 표현이다.

경호조직에서 상사에 대하여는 존경심의 표현이고, 동료 간에는 우애의 상징이며, 경호대상자에 대하여는 서비스를 바탕으로 한 마음의 표현이다.

마음을 담지 않은 겉치레의 인사나 예의에 어긋난 인사태도는 경호대상자에게 오히려 나쁜 인상을 심어주게 된다. 따라서 마음에서 우러난 친절하고, 상냥한 인사가 경호대상자 응대의 기본이 된다는 사실을 명심해야 한다.

(1) 올바른 인사태도

① 상대방보다 먼저 인사한다.

② 인사는 아랫사람이 먼저 하는 것이 좋다.

③ 인사 하나로 경호조직의 사활이 결정될 수 있다.

④ 차별을 둔 인사는 하지 않는다.

⑤ 인사의 기본은 “안녕 하십니까”이다.

⑥ 지나치게 정중하면 오히려 무례가 된다.

⑦ 대답은 어떤 경우에도 “네!” 한번이다.

⑧ 기계적이 아닌, 마음이 담겨 있는 인사를 해야 한다.

⑨ 단순한 인사말 이외에 자연스러운 표현도 섞어 사용한다.

⑩ 밝고 상냥하며, 미소 띤 표정을 담는다.

⑪ 경쾌한 동작과 절도 있는 행동을 유지한다.

⑫ 때와 장소에 맞는 적절한 인사를 한다.

〈표 11-2〉 경호원 인사의 구분

구분	각도	시선거리
목례	약간	5-6m 전방
경례	15	3m 전방
정중한 경례	45	2m 전방
경호수행의 끝 인사	60	1.5m 전방

〈표 11-3〉 경호원 인사의 실시방법

구분	최경례	경례	목례
대상	vip	일반손님, 회사중역 및 간부	동료간
인사의 속도	하나, 둘: 구부림 셋: 멈춤 넷, 다섯: 폄	하나: 구부림 둘: 멈춤 셋: 폄	하나: 구부림 둘: 폄
시선	발 2m 전방	발 3m 전방	발 5-6m 전방
양손의 위치	남자경호원: 손을 편 채로 엄지손가락을 감싸서 바지 재봉 선에 댄다 여자경호원: 손을 편 채로 엄지손가락을 감싸서 바지 재봉 선에 댄다		
발	뒷꿈치를 붙이고 앞은 30도 벌린다		
표정	가벼운 미소		
허리, 머리	허리에서 머리까지 일직선 유지		
인사말	안녕 하십니까? 등의 인사말은 구부리는 동안 한다.		
다리	곧게 펴고 무릎을 붙인다		
히프	히프가 뒤로 빠지지 않도록 한다		
주의사항	눈을 치켜뜨지 말 것		

(사진 11-1) 목례

(사진 11-2) 경례

(사진 11-3) 최경례

10) 언어사용

자신의 의사와 마음에 담고 있는 감정을 경호대상자에게 올바르고 정확하게 전달하기 위해서는 적절한 화법과 세련되고 정확한 용어의 사용, 겸손하고 정성이 담긴 태도가 매우 중요하다. 그러기 위해서는 언어는 항상 공손하고 명랑하며 정확해야 하고. 경호대상자와의 대화 시는 화술의 3대원칙(알아듣기 쉬운 말씨, 상대방의 기분을 상하지 않은 정확한 말씨, 신뢰감과 친절감이 있는 말씨) 등을 항시 숙지하고 대화를 해야 한다.

(1) 좋은 대화 요령

① 누가 들어도 이해할 수 있는 쉬운 어휘를 사용한다.

② 어떠한 경우에도 경호대상자에게는 경어를 사용한다.

③ 경호대상자가 원하는 바, 전달하고자 하는 내용, 표현하고자 하는 의중을 대화 속에서 정확히 파악한다.

④ 경호대상자나 상사에게 자기를 호칭할 경우는 "저"를 사용 한다.

⑤ 음성은 안정된 음으로 정확하고 간결하게 한다.
⑥ 경호대상자의 호출이 있으면 먼저 "네"라고 대답하고 반드시 경호대상자를 향해 얼굴을 돌려 대화에 응할 준비를 갖춘다.
⑦ 상사에게는 성과 직위 다음에 "님"자를 사용한다.
⑧ 외국어로 묻거나 말의 의미를 잘 이해하지 못하더라도 애매한 대답이나 웃음으로 넘겨버리지 않는다.

(2) 기본용어 10가지
① 감사합니다.
② 이쪽입니다.
③ 그렇습니까?
④ 잘 알겠습니다.
⑤ 죄송합니다만!
⑥ 잠시만 기다려 주십시오.
⑦ 죄송합니다.
⑧ 오래 기다리셨습니다.
⑨ 출발 하겠습니다.
⑩ 보고 드리겠습니다.

(3) VIP 앞에서의 호칭
① 경호대상자에게 : OOO회장님 혹은 고객님
② 제3자를 지칭할 때 : 저 분
③ 사내 상사를 가리킬 때 : 저희 사장님, 저희 팀장님
④ 자기 자신 : 저, 제가
⑤ 자신 포함 전체 : 저희, 저희 경호원들
⑥ 개개인의 특수 신분상의 호칭(사장님, 총장님, 박사님, 장관님 등).[112]

112) 호텔미란다(1991). Leisure DEPT Serviice Manual. pp. 45-46.

인사체크리스트(개인 점검 리스트)

NO	항 목
1	VIP를 보고 먼저 인사했습니까?
2	VIP의 눈을 보며 인사했습니까?
3	VIP 응대시 끝까지 미소를 잃지 않았습니까?
4	상냥하게 인사말을 했습니까?
5	상황과 VIP에게 맞는 인사를 적절하게 했습니까?
6	밝고 쾌활한 목소리로 인사했습니까?
7	바른자세로 인사했습니까?
8	망설이거나 시늉만 내는 인사는 하지 않았습니까?
9	성의 없는 인사는 하지 않았습니까?
10	어색하거나 무표정한 인사를 하지 않았습니까?
11	고개만 끄덕이거나 옆으로 인사를 하지 않았습니까?
12	말로만 인사를 하지 않았습니까?
13	호들갑스러운 인사는 하지 않았습니까?
14	근무지에 기댄 채 인사를 하지 않았습니까?
15	손을 주머니에 넣고 인사를 하지 않았습니까?

자료출처: 인천국제공항 서비스 매뉴얼. 보안검색, 2019 재구성

〈표 11-4〉 존경어 겸손어의 구분

보통 말	존경어	겸손어
말하다	말씀하시다	말씀 드립니다
묻다	물으시다	여쭙니다
보다	보시다	봅니다
먹다	잡수시다	먹읍니다
하다	하시다	합니다
가다	가시다	갑니다
온다	가시다	옵니다

(4) 경호대상자와의 대화요령

▶ 인사할 때의 대화

① 친절하고 안정된 태도를 갖는다.

② 경어를 지나치게 많이 사용하여 경호대상자에게 혐오감이 들지 않도록 유의한다(지나친 경어는 대화를 어색하게 한다. 예 : 화장님의 아드님께서...).

③ 인사할 때는 너무 겸손한 태도보다는 자연스러운 태도가 바람직하다.

④ 특별한 기교 없이 훈련받은 대로 인사를 한다.

▶ 설명할 때의 대화

① 예비지식을 가지고설명할 내용을 미리 머릿속에 정하며, 대화에 임한다.

② 개인적 감정에 치우치지 않도록 하여야 하며, 자신의 실수는 속히 경호대상자에게 인정하고 사과드린다.

③ 적절한 화술에 변화를 주며, 상대방의 말을 가로막지 말고 경청을 해야 한다.

▶ 감명을 줄 수 있는 대화

① 성의와 열의 있는 태도와 인간애를 기본으로 해서 대화한다.

② 경호대상자의 흥미를 가질 수 있는 화제와 상황과 분위기에 따라 화제를 변화 시키고 경호대상자 입장을 존중해 준다.

▶ 만족을 주는 대화

① 말할 수 있는 기회를 경호대상자에게 주고 진지한 태도로 경청한다.

② 화제에 대해 공통적인 의견제시와 상대방의 말에 솔직히 대응한다.

③ 경호대상자의 의사를 존중하며, 구체적인 결과는 나타내 보이지 않는다(팀장에게 보고 드려 즉시 조치토록 하겠습니다).

▶ 의견이 불일치할 때의 대화

① 대화를 중단하지 말고 의견을 끝까지 경청한다.

② 경호대상자의 입장을 이해하고 즉흥적인 언행을 삼가며, 타협점을 찾는다.[113)]

113) 롯데월드(1997). 헬스크럽 운영 매뉴얼. p. 20.

11) 경호원 보행 이동자세

(1) 바른 걸음걸이는 바른 마음에 비롯되므로 걸음을 걸을 때에는 즐겁고 경쾌한 마음으로 걷는다.

(2) 발을 끌거나 긴급 시에도 뛰어서는 안 되며, 가볍고 조용히 걷는다.

(3) 급한 용무로 부득이한 경우를 제외하고는 경호대상자의 앞을 가로지르는 일이 없도록 한다.

(4) 여럿이 함께 걸을 때는 종대로 걸어야 하며, 2인 이상이 어깨를 마주 하고, 걸으므로 경호대상자의 보행 시 통로를 막는 일이 없도록 한다.

(5) 경호대상자를 안내할 때는 고객의 좌측 및 우측 1보 전면에서 걷는다.

(6) 복도에서는 중앙은 경호대상자의 전용통로로 생각하고 좌측이나 우측 끝 면으로 걷는다.

(7) 보행 중에는 껌을 씹으며 다녀서는 안 된다.

(8) 보행 중에는 주머니에 손을 넣거나 팔짱을 끼거나 뒷짐을 져도 안 된다.

(9) 보행 시 눈망울은 초롱초롱하며 얼굴표정에 생기가 있어 보여야 한다.

(10) 보행 중에는 주머니에 소리 나는 것을 넣지 말아야 한다.

(11) 잠시 휴식 시는 경호대상자를 눈에 띄는 휴식 장소에서 휴식해야 한다.

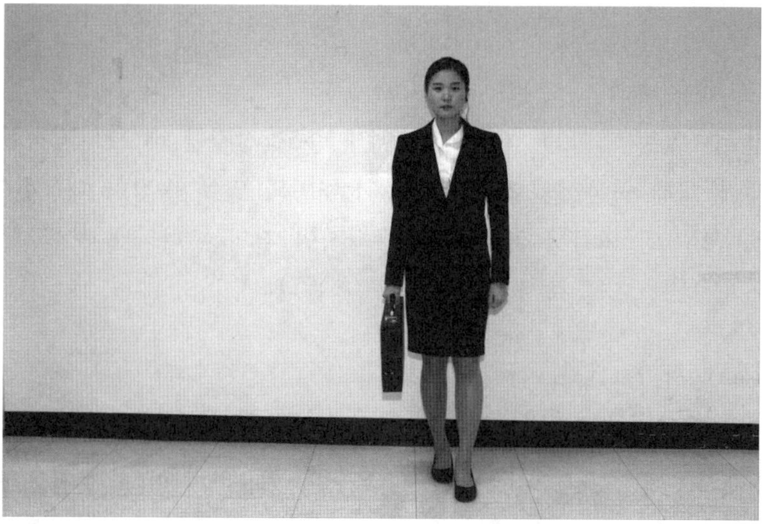

(사진 11-4) 보행 이동시

12) 소개

소개는 모르는 사이를 서로 알고 지내도록 관계를 맺어 주고 잘 알려지지 않은 사실이나 내용을 설명하여 알려 주는 것을 말한다. 소개는 자신을 소개하는 경우와 다른 사람을 소개하는 경우에 따라 여러 가지 방법을 사용하고 있다. 사람을 소개하는 방법은 일반적인 사교상의 소개와 다를 바 없는데 연소자를 연로자에게 하급자를 상급자에게 남자를 여자에게 또 가족을 소개할 때는 가족을 손위 사람에게, 가족을 친구에게 소개하는 것이 일반적인 기본 원칙이다.

(1) 자신을 소개하는 경우114)

우선 상대에게 자신을 인식시키는 것이 중요하다는 생각을 갖고 이름과 직업을 밝힌 후 자신에 대해 설명한다. 상대와 1대 1로 만나는 경우에는 먼저 상대의 이름을 확인하고 성명과 소속, 용건 등을 말한다.

〈표 11-5〉 자신의 소개방법

- 상대와 1대 1로 만남 "실례입니다만 ×××씨 되십니까?" "처음 뵙겠습니다. 저는 ○○회사 00부서 ×××팀장 이라고 합니다." - 상대가 여러 사람인 경우 "저는 ○○그룹 00부서 ×××과장 입니다. 잘 부탁드립니다." "이번에 경호팀에 배치 받은 ×××경호원 입니다. 잘 부탁드리겠습니다." - 회합 등의 모임에서는 다음과 같은 점에 특히 유의하여 자신을 소개한다. 지명 및 호출되면 우물쭈물하지 말고 시작한다. 짧은 시간 내에 정확하게 상대방에게 전달한다. 모임의 성격이나 분위기에 맞게 한다. 친구에게 말하는 기분으로 한다. 출석자 전원에게 말하는 기분으로 한다.

114) 비즈니스 석상에서 자신을 소개할 때 지위를 밝히지 않고 이름과 성을 밝히는 것은 결례이다. 또한 자신의 이름을 소개하면서 저는 김자 명자 수자입니다 라고 말하는 이들이 있는데, 이름을 정확하게 알리려는 의도겠지만 이는 윗사람을 다른 사람에게 소개할 때 쓰는 방법이다. "저는 김명수 입니다"라고 소개한다.

(2) 소개 되어졌을 때

소개자의 말에 귀 기울이고 상대방에게 너무 부담되는 언행이나 말씨는 조심하며 공통의 화제를 찾아 상대에게 말을 건다.

연장자에게는 업무상으로나 인생사에서도 대 선배인 만큼 가르침을 청하면 한결 분위기가 부드러워진다. 이때 가장 중요한 것은 예의 바르게 대하고 형식을 중요시하는 것이다. 소개 되었을 시 일반적인 요령은 첫 인사를 공손히 하고, 소개자의 언급을 통한 친밀감 조성 및 공통의 화제에 의한 칭찬화법과 상대방의 대화를 경청하는 마무리 방법이 매우 좋다.

(3) 악수

악수는 세계에서 가장 보편적인 인사법이다. 우리나라에서는 악수를 하면서 절을 하는 경우가 많은데, 이것은 잘못된 악수예절이다. 그러나 존경하는 윗사람일 경우는 약간 고개를 숙이는 정도는 무방하다. 지위가 높은 사람이 먼저 손을 내밀이 악수를 청하고, 남자가 여자에게 소개 되었을 시는 여자가 먼저 악수를 청하지 않으면 악수를 하지 않는 게 예의이다.

유럽에서는 신사가 숙녀에게 악수를 청할 때 숙녀의 손잔등에 키스하거나 키스하는 흉내를 내는 습관이 있다. 이때 여자는 손을 내밀어 바닥이 밑으로 향하는 것이 우아스럽다.[115] 악수의 기본 예의로는 시선을 마주하고 미소 짓는다. 이는 서로의 경계심을 풀어 버리며, 좀 더 친숙한 호감을 나타낸다고 볼 수 있다. 허리는15° 정도 숙이고 손을 잡으며, 너무 세게도, 약하게도 잡지 않는다.

인사말은 경쾌하고 밝은 목소리로 형식에서 벗어난 말로 있는 표현이 필요하다.

(4) 명함

명함은 자신을 대신하여 사용 된다는 점을 명심하고, 올바른 사용법에 의해 사용되어야 한다. 상대방과 처음 대면 시와 사전에 약속에 의해 방문하는 경우에는 명함을 사용하는 것이 좋다. 우리나라처럼 상대방과 인사하면서 명함을 주면 안대며, 그 집에 도착하였을 때나 떠날 때 권하는 것이 좋다. 또한 사전에 약속 없이 방

115) 김두현, 김정현(2002). 경호비서학. 백산출판사. p. 174.

문 시 상대방이 없을 때는 현관 근처에 있는 탁자 위에 명함을 놓고 명함의 한쪽을 접어놓거나 표시함으로써 자신이 직접 방문하였다는 것을 표시하는 방법도 있다.

〈표 11-6〉 명함 사용방법

- 아랫사람이 윗사람에게 먼저 드린다. 상대방이 글을 읽을 수 있는 방향으로 해서 오른손으로 주고 왼손으로 받는다. 반드시 어디에 누구라고 밝히면서 주고받는다. - 아랫사람이 먼저 드릴 때는 두 손으로 '인사드리겠습니다. 00에 000입니다.' 윗분이 먼저 주시면 두 손으로 '감사 합니다'하고 받고, 제가 명함을 드렸어야 되는데 죄송합니다.

3. 경호스피치 훈련

1) 스피치 교육의 개념

스피치 교육은 고대 그리스 소피스트들의 사 교육으로 시작되어 아리스토텔레스에 의해 말하는 사람(rhetor)에 관한 학문(rhetoric)인 수사학의 형태로 체계를 갖추게 되었다(이상철, 2005).[116] 아테네를 비롯한 그리스에서는 민주주의를 구축하는 과정에서 법적 소송과 분쟁 시 자신을 변론하고, 군중집회 시 정치연설을 통해 다수의 청중을 설득해야 했다. 즉, 수사학이란 소피스트들에 의해 아테네 시민과 정치가를 꿈꾸는 청년들에게 소크라테스의 절대적 진리나 플라톤의 순수한 지식이 아닌, 경쟁상황에서 상대를 설득하고 필요에 따라서는 상대를 지배하기 위한 실천적, 실용적 기술, 즉, 정치적 기술을 다루고 있다(박규철, 2008).[117]

그 당시 철학자들은 군중의 소통능력을 수사법과 말하기 기술이라고 하였으며, 수사학에 대한 관심은 곧 소통하는 능력이었다. 수사학의 소통 능력은 그리스 사회가 안고 있던 대립과 갈등을 중재하려는 노력의 일환으로 발전되었다(박규철,

116) 이상철(2005). 교양교육으로서 스피치토론 프로그램의 유익성과 한계점. 한국소통학회 가을철 정기학술대회논문.
117) 박규철(2008). 그리스로마사회의 갈등회소 모델연구: 설득과 수사학을 중심으로 고양: 동서과.

2008). 그리고 그리스의 수사학을 받아들인 로마에서는 키케로와 퀸탈리아누스를 통해 덕망을 갖춘 훌륭한 웅변가 양성을 국가교육의 목표로 삼았고, 이후 스피치는 중세에서 근대에 이르기까지 철학, 정치학, 윤리학, 심리학, 문학과 밀접한 관계를 맺으면서 학문의 중요한 분야가 되어왔다(이상철, 2005).

20세기부터 실용성교육이 강조되고, 유럽과 미국에서는 스피치 교육, 스피치와 토론, 토론과 토의 등 다양한 영역들에서 스피치 교육이 활발하게 실행되었다(전영우, 2003).[118]

의사소통의 전체적 기능을 커뮤니케이션이라고 말할 때 커뮤니케이션의 대표적인 기술수단이 바로 스피치 능력이라고 할 수 있다(옥만석, 2005).[119]

스피치 능력은 선천적인 유전학적 능력보다 후천적인 훈련에 의해 향상되는 것이라고 할 수 있다. 백미숙(2009)[120]은 언어적 기술이 뛰어난 사람일수록 의사소통능력이 뛰어나다고 말하며, 말을 잘 하기 위해서는 발음, 발성이 정확하고, 안정되어야 한다.

현대사회에서 스피치 능력은 자신의 능력을 인정받는데 중요한 요소로 작용하고 있으며, 스피치 능력이 뛰어난 사람들은 자신의 생각이나 의사를 분명하고 효과적으로 전달할 수 있다(박미진, 조인희, 2013).[121]

박영찬(2004)[122]은 "기업의 모든 업무가 프레젠테이션에서 시작되며, 기업의 승패가 프레젠테이션에 달려 있다고 해도 과언이 아니다라고 할 정도로 스피치의 프레젠테이션 능력은 현대인들과 기업이 갖춰야 할 중요한 능력이라"고 했다(강윤석, 2010).

그러므로 회사에서 진행되는 중요한 회의나 다양한 프레젠테이션 기회에서 효과적인 스피치 능력을 키우기 위해서는 책을 많이 보고, 정보가 실려 있는 각종 신문

---

118) 전영우(2003). 화범개설. 서울: 역락.
119) 옥만석(2005). 파워 스피치기법. 부산: 우주문화사.
120) 백미숙(2009). 교양교육으로서의 말하기교육의 현황과 방향: 성균관대학교의 스피치와 토론강좌사례를 중심으로 수사학. 10, 323-348.
121) 박미진, 조인희(2013). 스피치능력이 학습향상능력 효과에 미치는 영향. 한국엔터테이먼트산업학회추계학술대회논문집. 11, 59-64.
122) 박영찬(2004). 일반인대상스피치교육의 현황. 한국 스피치 커뮤니케이션학회. 2004년 봄학술대회발표 논문집. 1-8.

을 습득하고, 많은 지식과 정보 등을 보유하여야 한다. 스피치는 단기간 능력에 발휘되는 것이 아니라 장기적인 훈련을 통해서만 형성되는 것이다. 꾸준한 스피치 교육으로 자신의 스피치 능력을 형성해 나갈 수 있도록 해야 한다(박미진, 조인희, 2013).

스피치 능력을 잘 발휘하게 되면 여러 면에서 두각을 나타낼 수 있으며, 자신의 위치에서 좋은 평가를 받을 수 있다.

첫째, 스피치는 효과적인 리더십을 발휘할 수 있으며, 즉, 스피치를 훌륭하게 구사하는 리더자에게 조직원들은 신뢰를 갖고 존경심을 가지고, 그를 믿고 따라갈 수 있는 의지를 갖게 되는 것이다.

둘째, 스피치는 상대방에게 신뢰감을 줄 수 있다. 말을 더듬거린다거나, 안정적이지 못하는 스피치를 하면 상대에게 신뢰감을 전달할 수 없다. 즉, 진심이 담긴 스피치가 신뢰감을 전달할 수 있는 법이다.

셋째, 스피치는 자신감 및 자아 존중감을 가질 수 있다. 스피치를 잘 구사하는 사람에게 자존감이 보이고, 많은 사람들로부터 인정을 받게 된다. 이로 인해 자존감이 형성되어 자신을 더욱 돋보일 수 있는 것이다. 자존감이 형성된 청소년들에게는 현재 사회문제를 발생시키는 문제의 원인을 치료할 수 있으며, 청소년들에게 자신의 목표를 향해 나아갈 수 있는 방향성을 제시해 줄 수 있다.

넷째, 스피치는 취업에 성공할 수 있다. 취업을 준비하는 학생들이나 취업시 면접을 실시하는 면접관들이 가장 중요하게 여기는 것 중의 하나는 면접의 기술이다.

박용익(2003)[123]은 인간은 혼자 살아갈 수가 없으며, 더불어 살아갈 수밖에 없는 존재이다. 그러기 위해서는 상호간에 지식과 정보의 교류가 필수적인 수단이 스피치라고 할 수 있다. 언어교육은 학생들이 민주시민이자 사회 구성원으로서 언어를 수단으로 사회에 참여하도록 하는 데 중요한 역할을 하며, 자라나는 청소년들이 사회의 문제를 발견하고 이를 말할 수 있을 때 사회적 문제로 공론화되어 문제 해결이 이루어지기 때문이다.

그래서 합리주의를 우선시하는 유럽에서는 스피치 교육을 중요시하여 스피치를 학문의 영역으로 정착시켰다. 그러나 우리나라에서는 말 잘하고 말 많은 사람을

123) 박용익(2003). 수업대화의 분석과 말하기교육. 서울: 역락.

방정스럽다 하여 터부시 해왔다. 침묵은 금이다라고 하는 속담과 논어의 교언영색이 말해 주듯이 어떤 자리든 조용히 앉아 있어야만 점잖은 사람, 또는 지적능력을 갖춘 사람으로 평가 받아왔다.

이러한 유교적 영향 때문에 많은 사람들이 대중 앞에서 자신을 표현하는 능력이 떨어지기도 하고, 과한 표현으로 수사학적 표현에만 의존하는 연설을 하다든가, 또는 열심히 하는데도 도무지 이해할 수 없는 설명을 하는 경우가 허다한 실정이다(강윤석, 2010).[124] 그러므로 개인의 능력을 인정받기 위하며, 혹은 효율적인 업무수행에 있어서는 스피치 능력은 필수적인 요소라 할 수 있다(진화림, 2011).[125] 또한, 김현주와 양승목(2004)[126] 스피치교육은 개인단위의 교육이므로 이론 30%, 실기 70% 정도의 비율 구성이 적절하며, 그러므로 실습위주의 교육이 효과가 매우 크다고 강조하였다. 말하기 습관이나 개인적 습관은 잘 고쳐지지 않기 때문에 학습자가 자신의 스피치연습을 녹화한 자료를 직접 보면서 전문가의 코칭을 통해 학습해 나가는 방법이 가장 효과적이다.

124) 강윤석(2010). 대학 평생교육원스피치교육의 효과에 관한 실험연구. 부산대학교 교육대학원.
125) 진화림(2011). 교수방식 및 학습자 특성에 따른 스피치교육 효과연구. 박사학위논문. 세종대학교 대학원.
126) 김현주, 양승목(2004). 국내외 대학 스피치커뮤니케이션 교육 현황: 국내대학사례. 한국소통학회 가을철 정기학술대회 발표논문.

2) 경호스피치 훈련

경호스피치 훈련

1. 상호스피치 : 토론면접 강화
2. 일방적 스피치 : 연설, 강의, 보고, 발표
3. 집단스피치 : 회의, 토의

경호스피치 훈련 녹취 및 영상분석 피이드백

모든 사람들이 말을 잘하는 것은 아니다. 어떤 사람은 많은 사람들 앞에서 말을 시킬까봐 긴장을 하는 사람도 있고, 또 다른 사람은 자신을 자랑하고 하고 싶어서 많은 사람들 앞에서 나서기를 좋아하는 사람도 있다. 말 잘하는 소질은 선천적으로 타고난 사람들도 있지만 트레이닝에 의해 명강사가 되는 사례도 많이 있다.

말을 잘하려면 어떻게 해야 되나? 대화를 잘하려면 어떻게 해야 되나? 이러한 고민을 한 번 정도는 누구나 했을 것이다. 경호스피치에서는 말 잘하는 방법, 즉, 경호스피치 방법에 대한 연습과 교육을 하고자 한다.

첫째, 마법의 문장을 만들어야 한다. 일상생활에서 보고, 듣고 지나치는 모든 순간에서 이제는 관심을 갖고, 감동을 줄 수 있는 문장을 메모해야 한다. 그러한 문장의 정보 수집은 책도 좋고, 영화도 좋고, 명사 특강에서의 감동을 주는 문장도 매우 좋다. 둘째, 나만의 마법의 문장이 완성되고 쌓이면, 그것을 어디서든지 사용할 줄 알아야 한다. 처음에는 썰렁하고 낯설어도 몇 번 시도하다 보면 나만의 테크닉에 의한 스피치가 될 것이다.

셋째, 시간과 장소와 때에 따라 마법의 문장을 활용해야 한다. 즉, 모임의 성격이나 목적에 따라 마법의 문장을 어느 것을 사용할 것인지를 설정하고, 스피치하면 된다. 그리고 말하고자 하는 원고는 본인이 써야 이해가 쉽다.

넷째, 다음 단계로는 거울을 보고 리허설을 해봐야 한다. 지식사회에서는 목소리만 큰 게 아니라 원고에 내용이 있어야 하며, 가슴으로 말을 전달하듯이 호소력 있게 해야 한다.

다섯째, 마지막으로 뻣뻣이 어색하게 서서 하는 것보다는 손과 표정을 이용한 움직임이 있어야 상대들을 감동을 시킬 수 있다. 이 세상에서 제일 말 잘하는 사람은 가장 겸손한 전달자라고 한다. 현재 우리사회는 자기 PR시대이므로 말 잘한다고 사기꾼이 아니라 자기준비가 철저한 사람이므로, 모든 사람들의 선망의 대상이 된다. 그러기 위해서는 어려서부터 착한 말을 많이 사용하며, 상대방의 말을 경청하는 습관부터 길러야한다.

그러므로 지금부터 학습자들은 스피치연습을 하기 위해 영상을 녹화하고, 영상분석을 다시 피드백 하여 자신의 작은 목소리, 자신감 결여, 말할 시 못된 버릇, 목소리 떨림, 긴장감, 움직임 등을 영상 분석하여 경호스피치 훈련을 해본다.

Speech 능력강화 10가지 Point

1. 자기 주장 말하기
2. 핵심 찍어 말하기
3. 6하 원칙에 의거 말하기
4. 원인과 결과 말하기
5. 열거식으로 말하기
6. 문제, 원인, 해결의 전개방법으로 말하기
7. 소크라테스 문답법으로 말하기
8. 청중의 주의를 끌어 말하기
9. 큰소리로 생기 있게 말하기
10. 유머를 사용하여 말하기

자신의 스피치 내용을 영상분석 한 후 “스피치 능력강화 10가지” 내용에 맞춰 천천히 연습을 한다.

첫째, 자기주장이 무엇인지 내용을 분명히 전달해야 한다. 둘째, 너무 길게 말하면 지루할 수 있으니까? 논점의 핵심을 주제로 알고 강조 한다. 셋째, 육하원칙에 의해서 논리정연하게 말한다. 넷째, 무슨 일이든지 원인과 결과를 분명히 말해야 한다. 다섯째, 사례중심과 열거식으로 말한다. 여섯째, 문제의 원인, 해결, 전개방법으로 말한다. 일곱째, 나만의 말을 강조하기 보다는 상대방의 의견도 들어 보는 소크라테스 문답법127) 대화방법도 매우 좋다. 여덟째, 청중의 표정 및 분위기를 보면서 주의를 끌면서 말한다. 아홉째, 나만 들리는 목소리 보다는 청중을 집중시킬 수 있는 큰 소리로 한다. 열 번째, 그리고 마지막으로 유머를 섞으면서 하면 분위기도 좋고 당신의 스피치는 청중으로부터 우레와 같은 박수를 받을 것이다.

127) 소크라테스 식 대화법은 비판적 사고의 과정을 자극하고 리드해 가는 핵심적인 방법 중 하나라고 할 수 있다. 첫째로 소크라테스 식 대화법은 학생들의 사고를 외현적으로 드러내 보인다. 그리하여 스스로의 사고를 보다 더 의식하고, 정교화하고, 발전시키며 그리고 평가해 가도록 가이드 하는데 목적이 있다. 그래서 소크라테스 식 대화법을 '산파적 대화법'이라 부르기도 한다. 즉, 교사는 산파이고 학생은 임부인 셈이다. 애기는 임부가 가지고 있으며 애기는 그녀가 자기 힘으로 성장시켜야 할 대상이다. 산파가 애기를 대신 낳을 수는 없다. 산파는 임부를 수용하고 지지적이고, 공감적이어야 하며 호기심과 경이에 찬 마음으로 임부를 자극하고 탐사적으로 반응해야 한다.
둘째로 소크라테스 식 대화법은 모든 사고에는 논리, 즉 구조가 있다는 아이디어에 기초하고 있다. 사고란 여러 요소들이 서로 연결되어 전체적인 체계를 이루고 있으며 논리는 '관계'를 의미하며 이것들이 부분들 간의 관계에 따라 사고의 전체는 하나의 체제를 이룬다. 따라서 어떤 하나의 '진술'이 있다면 그것은 그 밑바탕에서 일어나고 있는 전체적인 사고의 한 부분이며, 전체 중에서 작은 한 부분만을 나타내 보여주는 것이라고 이해해야 한다. 하지만 사고의 밑바탕에 있는 사고 체제가 불분명하거나, 피상적이거나, 편협하거나, 무비판적 이거나 또는 제대로 개발되어 있지 못할 수도 있다.
셋째로 소크라테스 식 대화법은 수업이나 기타의 학습장면에서 손쉽게 적용될 수 있다. 왜냐하면 이들의 대부분은 질문하고 대답하는 변증법적인 대화의 과정으로 이루어지기 때문이다. 물론 일대일의 질문법과 다수인을 상대로 하는 수업에서의 질문법은 다소간 독특한 차이가 있을 수 있지만, 기본적인 속성은 마찬가지이다. 하지만 소크라테스 식 대화법은 아무렇게나 생각나는 대로 떠돌아다니는 대화라 오해해서는 안 된다. 따라서 이 대화법은 분명한 목적을 가지고 있으며, 또한 그러한 목적을 성취하기 위한 독특한 방법을 가지고 있으며 대화법에는 학생에게 물어 보아야 할 최소한의 '일정한 질문'이 있는데 그것은 바로 사고의 요소들이다 (https://ko.wikipedia.org/wiki/%EB%AC%B8%EB%8B%B5%EB%B2%95, 위키백과).

Step 11-1. 개인활동: 경호파워 스피치 1

경호파워 스피치연습1

다음 글을 큰소리로 읽어보자(/는 한호흡, v는 반호흡을 쉬면서 읽는다.)

여러분 안녕하십니까? 저의 이름은 v ○○○입니다.
여러분 앞에서 v 이렇게 인사드릴 기회를 갖게 되어 / 정말로 영광스럽습니다.
저는 / 많은 사람들 앞에 나서면 / 얼굴이 붉어지고 / 간이 콩알만해지며 / 음성이 떨리는 경우도 있었습니다.
남 앞에 나서는 것을 v 두려워하고 자꾸 피하다 보니 / 제 자신이 v 못나게 생각될 뿐만 아니라 / 모든 일에 v 소극적이 되어 가는 것을 느꼈습니다. 평생 이렇게 살아가야 하는가? 언제까지 뒤로만 나앉아 있을 것인가?
여러분! 제가 하고 싶은 이야기가 있는데도 / 막연한 두려움 때문에 v 나서지 못하는 고민을 겪어 보셨습니까? 알코올 힘을 빌리고 / 때로는 / 우황청심환까지 동원해야 하는 v 고통을 아십니까? 하지만 저는 / 알코올이 말하는 것이 아니라 / 인간 ○○○가 말하는 v 당당한 사람이 되고 싶었고 / 약 먹고 진정시키는 가슴이 아니라 / 용기와 자신감으로 나설 수 있는 v 배짱 있는 사람이 되고 싶었습니다. 생각만 해 오다가 / 오늘 드디어 이렇게 여러분들 앞에 나서 보았습니다.
오늘 이 자리는 / 바로 진짜 나의 모습을 찾아 떠나는 v 첫날입니다.
여러분! 뜨거운 v 축하의 박수 한 번 보내 주시지 않겠습니까? 감사합니다. 대단히 감사합니다.

경호스피치 평가분석

Step 11-2. 개인활동: 경호파워 스피치 2

경호파워 스피치연습2

인　　사 : 이 자리에 참석해 주신 여러분!
주의끌기 : 범죄를 저지른 사람은 1년 안에 또 범죄를 저지른다고 합니다.
요　　점 : 사람에 대한 믿음을 가지십시오!
사　　례 : 사람들은 착하건 악하건, 받은 기대에 어울리는 생활을 한다는 것은 항상 저를 놀라게 합니다. 이것은 몇 년 전 내가 유럽에서 여행을 하고 있을 때 알았습니다. 저는 그때 주립극장 2층의 난간에 매혹 되었습니다. 청동으로 만들어졌고 현대 예술처럼 보였습니다. 그 난간에 들은 이야기를 들었을 때 저는 더욱 빠져 들었습니다. 빅 애플의 어느 유망한 건설사장은 그의 고향에 각종 범죄가 증가한다는 사실을 알고 괴로워하고 있었습니다. 그는 이것을 판사인 그의 친구와 의논을 했고 실험을 하기로 했습니다. 그 판사는 비행청소년들에게 집행유예를 선고하여 그 건설업자 밑에서 일하도록 했습니다. 그 건설업자는 그들을 아르바이트가 아니라 정직으로 일하도록 했습니다. 그들이 성실한 근로자라고 인정될 때에는 완전 채용하기로 한 것입니다. 그 건설업자는 7명의 비행청소년을 받았습니다. 그는 그들에게 기대를 보여 주었고 그 청소년들은 모두 기대를 만족시켜 주었습니다. 그들은 철사를 청동 녹인 물에 담그고 또 담가서 그 철사가 극장의 난간이 될 때까지 용접하는 힘든 일을 해냈습니다. 그들은 예술작품을 탄생시킨 것입니다. 그리고 놀라운 것은 그들 중 어느 누구도 다른 범죄를 저지르지 않았다는 것입니다. 그들은 기회를 주었던 그 건설사장과 아직도 일을 하고 있거나 혹은 학교로 돌아갔습니다. 그들의 인생은 누군가가 믿어주었기 때문에 완전히 바뀌었던 것입니다.
마무리 : 우리의 인생에서 누군가가 우리의 믿음을 필요로 하지 않을까요?

경호스피치 평가분석

Step 11-3. 개인활동: 경호파워 스피치 3

경호파워 스피치3

한 어머니가 처음으로 학부모 회의에 참석했을 때, 유치원 교사가 말해주었다.
“아드님한테 다동증(多動症) 증상이 있는 것 같아요. 자리에 앉아서 채 3분도 견디지 못하는 걸요. 병원에 한번 가보는 게 좋을 것 같네요.” 집으로 돌아오는 길에 아들이 어머니에게 물었다.
“오늘 선생님이 엄마한테 무슨 얘기 했어?”
순간 어머니는 콧등이 시큰해지며 눈물이 솟구쳤다. 반 아이 40명 가운데 유독 자기 아들만 선생님의 눈 밖에 났기 때문이었다. 그러나 그녀는 아들에게 이렇게 말했다.
“선생님께서 우리 아들을 칭찬하시더구나. 단 1분도 자리에 앉아있질 못하던 애가 지금은 3분 동안이나 견딘다고 말이야. 다른 애 엄마들도 모두 부러워하더구나. 반 아이들 가운데 우리아들이 제일 조숙하다고.”
그날 저녁, 아들은 평소와 다르게 어머니가 일일이 먹여주지 않고도 밥 두 그릇을 뚝딱 해치웠다. 그 아들이 자라 초등학교에 입학했다. 학부모 회의에서 선생님이 어머니에게 말했다.
“이번 수학 시험에서 아드님은 전체 학생 50명 가운데 겨우 40등을 했습니다. 그래서 말씀인데요. 혹시 아드님의 지능지수가 낮은 게 아닌가 의심되네요.” 교실을 나서면서 어머니는 또 눈물을 흘렸다.
그러나 집으로 돌아와 식탁에 마주 앉은 아들에게 그녀는 이렇게 말했다.
“선생님이 우리 아들을 무척 기특해 하더구나. 워낙 머리가 좋아서 조금만 더 노력하면 네 옆 단짝 정도는 이길 수 있겠다더구나. 그 아인 이번에 겨우 21등을 했다면서? 그 말에 아들의 눈에는 금세 정기가 감돌았다. 아들은 놀라울 정도로 침착하고 어른스러워졌으며, 이튿날엔 평소보다 일찍 학교에 갔다.
아들이 커서 중학교에 입학했다. 학부모 회의에 참석한 어머니는 아들의 이름을 호명하기만 기다렸다. 그러나 회의가 다 끝나도록 아들의 이름은 호명되지 않았다. 뭔가 잘못된 게 아닐까 하고 묻는 그녀에게 담임선생님이 말했다. “지금 성적으로는 아드님의 고등학교 입학은 아무래도 벅찰 것 같습니다.”
학교 문을 나서니 아들이 기다리고 있었다. 길에서 어머니가 아들의 어깨에 손을 얹으며 말했다.
“선생님께서 너한테 아주 많은 기대를 하시더구나. 네가 조금만 더 노력하면 고등학교에 진학할 수 있겠다고 말이다.” 그 이듬해 아들은 고등학교에 진학했다. 3년 후 졸업을 앞두고 있는데, 하루는 학교에서 아들에게 왔다 가라는 전화가 왔다. 그 소식을 들은 어머니는 자기 아들이 대학에 합격했다는 예감이 들었다.
얼마 후 학교에서 돌아온 아들은 명문 S대학 이니셜이 붙은 서류 봉투를 어머니에게 넘겨주었다. 그러고는 몸을 홱 돌려 자기 방으로 뛰어 들어가더니 엉엉 소리 내어 울기 시작하는 것이었다.
뒤쫓아 간 어머니가 감격에 겨운 목소리로 말했다. “얘야, 이 기쁜 날 울긴 왜 우냐?”
“엄마, 난 내가 머리 나쁜 애라는 걸 잘 알아요. 하지만 엄마가 나를 그토록 믿어주셨기에…….”
아들의 말을 들으며 어머니는 지난 10여 년간 가슴속에 혼자 묻어두었던 눈물을 더 이상 참을 수가 없었다. 희비가 엇갈린 맑은 눈물이 두 손에 받쳐 든 합격통지서를 적시고 있었다.

자료출처: 김하(2004). 세상에서 가장 행복한 느낌. 뜻이 있는 사람들, 중신출판사.

4. 경호스피치 원칙

경호스피치 원칙
1) 직접 경험한 사건을 실례로 들어라 * 나에게 경험을 준 사례 - 사례를 묘사 - 집중 역할 2) 연습방법 * 연습의 법칙 * 효과의 법칙 - 실례에 적절한 효과를 넣어라 3) 요점을 말하라 * 청중에게 바라는 행동이 무엇인지를 언급 * 솔직하고 명료하게 - 지식이 아닌 몸으로 행하는 학습 - 요점은 짧고 구체적으로 - 요점은 확신을 가지고 힘차게 4) 기대되는 이익 또는 이유를 말하라 - 단 한가지의 이익을 말하라 - 이익은 실례에 적합한 것으로 하라

Step 11-4. 개인활동: 경호파워 스피치 4

효과적인 경호스피치 원칙

마술의 공식

스피치

피해야 할 내용

*워낙 말이 서툴러서

*죄송합니다 처음이라서

*준비가 부실하다

*건강이 안좋아서

*평상시에는 잘하는데

*제가 워낙 비빼서

효과적인 경호스피치 원칙

마술의 공식

스피치

즉석스피치요령

*즉석 스피치를 연습하라

*마음의 준비를 해두어라

*즉시 실례를 들어서 이야기 해라

*생생하고 힘차게 말하라

*현장감을 살리는 원리를 이용하라

*갑자기 이야기 하지 말고 즉석스피치를 해라

*사전 리허설준비는 기본

Step 11-5. 개인활동: 경호파워 스피치 5

효과적인 경호스피치 원칙

마술의 공식

즉석스피치

자료출처: 저자사노요코

경호파워 스피치 연습

한 고양이가 있었습니다. 100만번이나 산 고양이 있었습니다.
고양이는 모든 생에서 주인이었던 이들을 싫어했고 죽고 또 죽었습니다.
결국 100만명의 주인이 울었지만 고양이는 한 번도 울지 않았습니다.
고양이는 누구의 고양이도 아닌 도둑고양이로 새로 태어났습니다.
고양이는 멋진 도둑 고양이었고 자기가 맘에 들었습니다.
모든 암고양이들이 그의 신부가 되고 싶었고 선물을 했습니다.
그러나 눈부시게 희고 예쁜 고양이는 도둑고양이를 거들떠보지도 않았습니다.
도둑고양이는 흰 고양이에게 자랑스럽게 난 말이야, 100만번이나 죽어 봤어~~
그래? 난… 100만번이나 난… 넌 1번이라도 죽어 본적도 없지~ 라고 물었습니다.
그러자 흰 고양이는 그저 그렇단다라고만 말할 뿐이었습니다. 고양이는 좀 화가 났습니다. 고양이는 자기 자신이 무척 좋았기 때문입니다. 어느날, 고양이는 흰 고양이에게 재주를 피우다가 "나는 100만번이나…하고 말을 있다가 네 옆에 있어도 돼? 라고 흰 고양이에게 물어 보았습니다. 흰털고양이는 그렇게 하렴하고 가볍게 대답했습니다. 흰털고양이는 귀여운 아기 고양이도 많이 낳았습니다. 도둑고양이는 이제 더 이상 난 100만번이나… 라는 말을 하지 않았습니다. 오직 흰털고양이와 아기고양이를 자기 자신보다 더 사랑했습니다. 그러나 흰털 고양이는 차츰 늙어가기 시작했고 어느날 흰털고양이는 그 고양이 옆에서 조용히 움직이지 않게 되었습니다. 고양이는 처음으로 울었습니다. 밤이 지나고, 아침이 지나고, 또 밤이 오고, 아침이 와도, 고양이는 100만번이나 울었습니다. 그리고 밤이 지나고 아침이 지난 어느 날 한 낮에 그 고양이는 울음을 그쳤습니다. 고양이는 흰털고양이 옆에서 조용히 움직이지 않게 되었습니다. 고양이는 두 번 다시는 태어나지 않았습니다(사노요코, 김난주 역. 2006, 출판사 비룡소).

제12장 사회봉사 활동

- 1. 사회봉사의 개념
- 2. 봉사활동 팀별 발표
- 3. 국내 자원봉사 조직
- 4. 사회봉사 활동의 수립과정
- 5. 해외 단기 봉사활동

제12장 사회봉사 활동

1. 사회봉사의 개념

사회봉사와 관련하여 여러 유사한 개념들이 있는데 자원봉사, 자원복지 등의 여러 용어들을 쓰고 있다. 이 용어들 대부분은 동의어로 간주하고 사용하며, 그러나 사회봉사와 자원복지라는 용어자체에는 엄밀히 말해서 중요한 차이점이 있으므로, 이들 용어들을 자세하게 정리를 할 필요성이 있다. 즉, 사회봉사란 특정한 사회적 요구의 인식 하에서 사회적 책임감을 가지고 금전적 이득에 관심이 없고, 기본적 의무감으로부터 벗어나서 행동할 것을 스스로 선택해서 이루어지는 활동이라고 할 수 있다. 또한, 주체에 따른 개념적 차이로는 대학의 사회봉사와 대학생의 사회봉사 차이이다. 이 두 용어는 사회봉사의 행위 주체나 단위가 대학이냐 혹은 구성원이냐를 가르치는 정도의 차이일 것이다.

대학자체가 사회봉사활동의 행위주체로 기능할 수 있는데, 이 경우 대학의 사회봉사라는 뜻은 대학자체 및 대학 조직 내 각 구성원들이 사회봉사를 종합한 개념으로 볼 수 있다. 즉, 대학주체의 사회봉사란, 사회봉사와 대학생의 사회봉사, 그리고 교직원의 사회봉사라는 의미이다.[128)]

사회봉사와 자원봉사도 유사한 개념으로서 동일한 의미로 사용하는데, 김영호(1997)[129)]는 주는 자와 받는 자와의 관계와 같은 일방적이고 일시적인 자혜심이나 감상주의에서가 아니라 보다 넓은 의미의 복지활동, 인간상호 간의 평등한 관계에서 더불어 생활하면서 함께 참여하는 복지사회 그리고 서로 나누는 복지를 자원봉

128) 한국대학사회봉사 협의회(2012). 한국대학생 해외봉사단 파견실무매뉴얼.
129) 김영호(1997). 지방자치단체의 지역 자원봉사 활성화방안, 강서 자원봉사 포럼.

사활동의 본질적 의미로 보았다.

대학생의 사회봉사라는 의미와 대학생의 자원봉사라는 용어는 그 내용자체가 동일한 개념으로 봐야 한다. 사회봉사는 대안적 제재[130]로 받아들이지 않을 시 그 의미는 본질적으로 봉사조직이 아닌 조직이나 그 구성원들이 사회를 위해 에너지를 투입하는 행위라고 할 수 있다, 또한, 자원봉사란, 공익성, 무보수성, 자발성 등을 이념으로 둔 봉사활동이다. 반면, 자원복지란, 공공복지에 대비하는 민간 자발적 복지라는 의미로 민간복지에서는 자원봉사의외도 기부 또는 민간복지 주체들의 다양한 노력이나 단체 또는 법인을 만들어서 복지증진을 꾀하는 것이 포함되기 때문에 자원복지를 자원봉사와 동일시 하는 개념은 오류를 범하는 비판을 받을 수 있다.

최일섭(1996: 270-271)[131]은 미국의 사회봉사에 대하여 20세기에 접어들면서 존 듀이(John Dewey)의 경험교육 이론과 윌리엄 킬패트릭(William Kilpatrick)의 진보적 교육운동 등 경험과 실습교육을 중요시하는 교육운동이 활발히 전개되었다. 이 같은 교육개혁의 경험을 겪어 오면서 미국 대학들은 1970년내에 와서는 교과과정에 자원봉사를 접목시키며 보다 실용적인 교육개혁을 일으키게 된다. 이 같은 개혁의 시각에서 대학은 유니버시티(University)라기보다는 교수, 연구, 사회봉사의 3대 기능이 복합적으로 조화를 이유는 멀티버시티(Multiversity)로 이해되고 있다. 이제 미국 대학은 캠퍼스 울타리에 갇힌 상아탑이 아니라 캠퍼스 밖의 사회, 지역공동체에 참여하고, 기여하는 대학, 트란스버시티(Transversity)로 표상되고 있다.

대학 사회봉사의 이념에서 사전적 정의는 "철학에서 모든 경험을 통제 부여하는 순수이성에서 얻어진 최고의 개념"이라고 하고 있다. 플라톤에서 도덕의 가치로는 최고선, 칸트는 경험을 통일 시 하는데, 불가결한 순수이성 등이 이념이며, 이를 "이데아"라고 한다. 즉, 이념이란, 무엇을 최고의 것으로 하는가에 대한, 근본적인

130) 대안적 제제란, 범법자가 구금시설에 수용되거나 벌금을 내는 대신 정해진 시간동안 지역사회에서 수행하는 봉사활동이다. 또한, 학교, 기업, 군대, 교회들과 같은 조직들이 조직자체 및 구성원들의 일부 에너지를 지역사회에서 이타적인 행위의 형태로 투입하는 과정으로 교육연구, 영리추구, 전파구원, 국방이라는 차이가 있다(한국대학사회봉사 협의회. 2012, 한국대학생 해외봉사단 파견실무 매뉴얼).

131) 최일섭(1996). 미국의 자원봉사 유래와 현황. 한국사회복지관협회.

생각이라고 할 수 있다.

우리나라 대학에서의 사회봉사는 최근에 시작되었다. 사회봉사가 강조되게 된 결정적인 배경은 1995년 5월 13일 발표된 신교육체계 수립을 위한 교육개혁 방안으로 제시되었던 사회봉사 관련 부분이다. 그리고 그 후 실시된 대학종합평가에서 사회봉사를 평가항목에 넣은 것이 각 대학의 사회봉사 실천 및 사회봉사 교육을 진작시키는 중요한 계기가 되었다고 볼 수 있다(현외성, 1998: 54-55).[132)]

대학사회봉사는 교육, 연구, 봉사라는 대학의 3대 사명 중 하나로 봉사를 말하며, 대학에서의 사회봉사는 단순하게 봉사를 체험하게 하려는 데 목적이 있는 것이 아니라 올바른 인성, 바람직한 시민성을 체계적인 훈련을 통하여 일상화하고 문화화하며, 더불어 사는 시민사회 공동체를 확립하려는데 목적이 있다.

1996년 9월 17일 한국대학 사회봉사협의회 회장 김덕중은 “대학의 사회봉사는 교육, 연구와 더불어 3대 대학 기능 중에 하나이며, 인간존중과 복지국가 건설을 지향하는 사회에서는 그 중요성이 매우 강조되고 있다고” 강조하면서, 그러므로 대학의 총장들은 대학생들의 공공 및 지역사회 봉사활동을 통해서 시민적 참여에 관한 가치관과 봉사정신을 장려하는데 일조를 기하여야 한다고 한국대학 사회봉사협의회 발기창립 연설문에서 선언했다.

또한, 박찬석(1997)은 대학생 사회봉사의 이념을 학생들의 이기주의의 대안이라고 말하고 있으며, 한편으로는 노블레스 오블리즈[133)]로 보는 시각도 있다.

현대사회는 빈부의 격차 현상으로 양극화 되었으며, 청소년의 비행, 환경오염, 고령화 사회 등 다양하고 복잡한 사회문제에 대한 대학생들의 사회봉사활동의 자발적 참여는 그 문제들의 해결 및 완화에 기여하므로 국가의 복지비 부담을 줄이는 한편 더불어 사는 공동체사회를 구축하는데 사회봉사활동이 기여하고 있다. 그러므로 한국에서의 대학 사회봉사활동의 이념을 요약하면 다음 여섯 가지로 말할

---

132) 현외성(1988). 대학사회봉사론. 유풍출판사.

133) 노블레스 오블리즈란, 신분사회에서 고귀한 자가 당연히 해야만 하는 사회적 의무를 의미한다. 왕가족이나 귀족들은 이들이 마땅히 해야만 하는 사회적 의무는 조국을 위해 전쟁에 참전하여 생명을 걸고 영토를 방위하는 것이라든가 가난한 사람들에게 자선을 베푸는 것을 말하며, 또는 공동생활체의 삶의 질 향상을 위하여 공공사회시설을 세워 준다든가 무보수로 공직을 맡는 것 등이었다. 즉, 노블레스 오블리즈는 대체로 사회상류층과 부유한 자들이 수행해야만 하는 사회적 의무로 이해된다.

수 있다.

첫째, 대학의 3대사명의 하나인 봉사, 둘째, 학생 이기주의의 대한 프로그램, 셋째, 학생운동의 대안, 넷째, 노블레스 오블리즈 실천방법, 다섯째, 인간화 교육방법, 여섯째, 복지사회를 위한 노력이다.

즉, 대학생 사회봉사의 개념은 자원봉사를 통한 점진적이고, 평화적인 방법을 통하여 사회의 개선을 꾀하고 참여 대학생 자신의 의무의 실행과 인성의 발전을 지향하는 것으로 말할 수 있다(한국대학사회봉사 협의회. 한국대학생 해외봉사단 파견실무매뉴얼. 2012).

2. 봉사활동 팀별 발표

Step 12-1. 단체활동: 봉사활동 발표

봉사활동

1. 봉사활동 액티비티
   - (1) 1주차 : 개인 봉사활동 및 조별 봉사활동 결정
   - (2) 1주차~14주차까지 봉사활동
   - (3) 발표 : 봉사활동 내용 PPT발표
     - * 활동사진
     - * 활동사례 및 내용
     - * 느낀점

2. 봉사활동 특강
   - (1) 봉사활동이란?
   - (2) 봉사활동
   - (3) 질의응답

경호인성교육 수업 1주차에 각 팀별활동으로 봉사활동을 실시하고, 마지막 주차인 15주 수업에서 발표토록 한다. 발표 내용은 PPT로 준비하고, 활동사례 및 내용들을 설명하고, 본인의 느낀 점과 팀이 느낀 점을 발표한다.

팀 토의 노트

---

3. 국내 자원봉사 조직

1) 한국자원봉사센터 협회[134)]

(1) 설립

행정자치부 지침을 근거로 설치시작(1996년), 전국 247개 지방자치단체에 설치완료(2002년 기준), 전국 246개 자원봉사센터 운영(2019년 기준)자원봉사센터 역할

(2) 자원봉사센터 역할

- 중앙자원봉사센터

① 특별시 · 광역시 · 도 및 시 · 군 · 자치구 자원봉사센터에 대한 지원

② 특별시 · 광역시 · 도와 시 · 군 · 자치구의 자원봉사센터 관리자에 대한 교육훈련

134) http://www.kfvc.or.kr/contents/sub01/sub01_04.html

③ 지역 자원봉사와 관련한 프로그램의 개발, 보급 및 조사, 연구
④ 지역 자원봉사센터 및 자원봉사단체 등과 협력 및 정보교류
⑤ 자원봉사 정책 지원 및 협조
⑥ 자원봉사 통합포털시스템 홈페이지(www.1365.go.kr) 운영
⑦ 그 밖에 국가의 자원봉사 진흥에 기여할 수 있는 사업

- 광역자원봉사센터의 역할 (특별시/광역시/도)

① 특별시·광역시·도 지역의 기관·단체들과의 상시협력체계 구축
② 자원봉사 관리자 및 지도자의 교육훈련
③ 자원봉사 프로그램의 개발 및 보급
④ 자원봉사 조사 및 연구
⑤ 자원봉사 정보자료실 운영
⑥ 시·군·자치구 자원봉사센터간의 정보 및 사업의 협력·조정·지원
⑦ 그 밖에 특별시·광역시·도 지역의 자원봉사 진흥에 기여할 수 있는 사업

- 기초자원봉사센터의 역할 (시/군/자치구)

① 시·군·자치구 지역의 기관·단체들과의 상시협력체계 구축
② 자원봉사자의 모집 및 교육·홍보
③ 자원봉사 수요기관 및 단체에 자원봉사자 배치
④ 자원봉사 프로그램의 개발·보급 및 시범운영
⑤ 자원봉사 관련 정보의 수집 및 제공
⑥ 그 밖에 시·군·자치구 지역의 자원봉사 진흥에 기여할 수 있는 사업

(3) 자원봉사센터 교육

① 자원봉사센터 역량 관리, 자원봉사관리자 교육훈련
② 협회의 연구, 교육 기능의 제고로 자원봉사관리자 역량강화

(4) 조직도

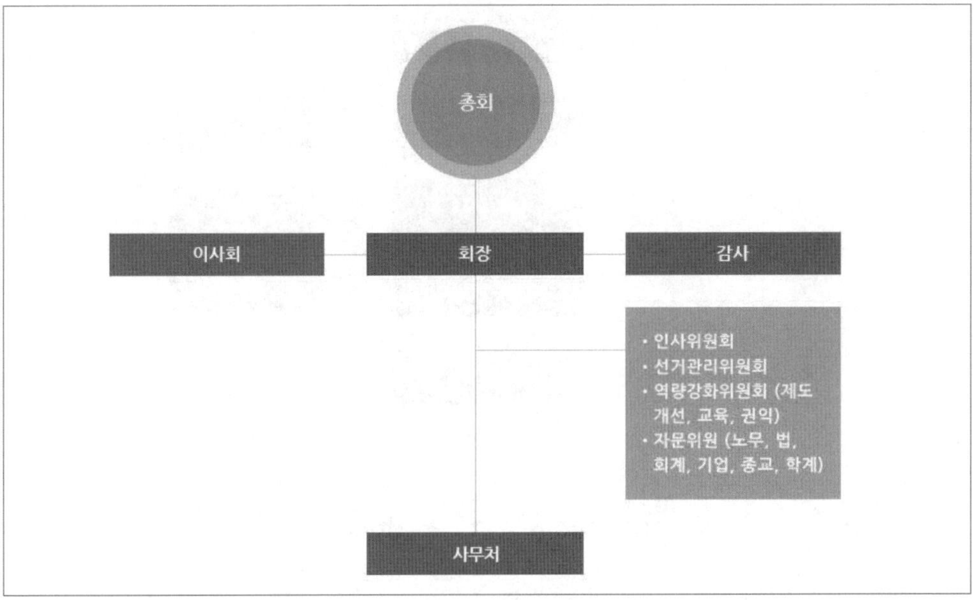

2) 한국자원봉사협의회135)

(1) 설립목적

한국자원봉사협의회는 건강한 시민사회의 상징이자 근간으로서 자원봉사의 중요성과 회원단체들을 기반으로 한 자원봉사 상설 민간협의체의 필요성을 공감했던 시민사회, 정부, 기업들의 초이념적이고, 초당파적인 협력 속에서 설립되었습니다.

(2) 목표

한국자원봉사협의회 목표는 자원봉사활동에 대한 협의조정, 자원봉사, 정책개발 및 조사연구, 자원봉사교육 및 관리사 양성훈련, 프로그램 개발 및 보급 등

(3) 회원단체

125개 회원단체(시민사회, 재계, 교육계, 종교계, 의료계 등)와 250여개 협력단체로 구성.

135) http://www.vkorea.or.kr/contents/organization.html?sm=1_7

(4) 조직도

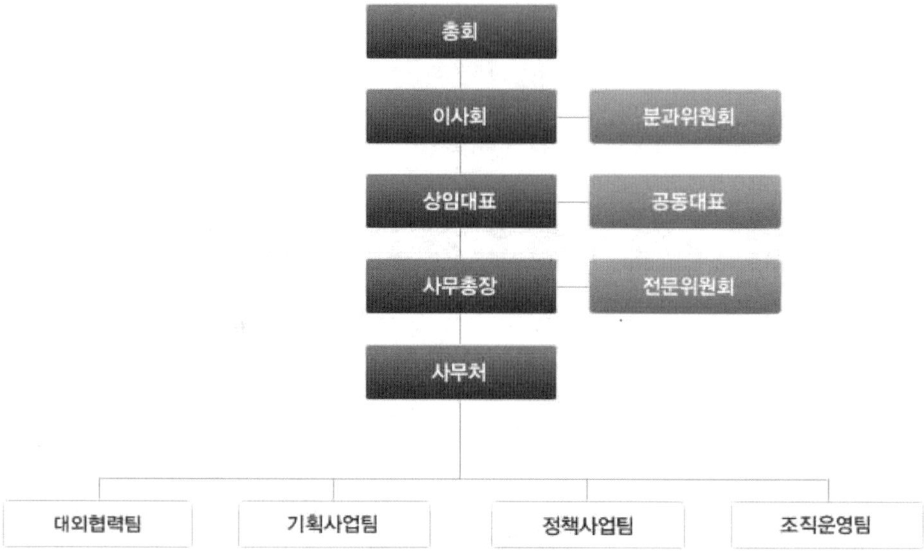

3) 한국대학사회봉사협의회136)

(1) 설립목적

대학 및 전문대학이 사회봉사 교육과 활동에 대한 상호 협조를 통하여, 대학생들이 재학 중 사회적 윤리적 제문제에 대한 경험과 사려를 향상시키는 방안을 협의, 개발 및 보급함으로써 사회발전에 기여합니다.

(2) 목표

- 기능 :대학생 사회봉사활동의 육성 발전
- 대학 교육과정과 사회봉사 연계에 관한 연구 개발
- 대학의 사회봉사 활동에 관한 연수 지원
- 국내 · 외 사회봉사 관련 기관과의 교류 및 제휴
- 대학 사회봉사 프로그램 개발 보급
- 기타 회원대학 상호간에 협의 조정이 필요한 사항

136) http://www.kucss.or.kr

(3) 연역

본회는 1996년 한국대학봉사협의회 창립, 1997년 사단법인 한국대학사회봉사협의회 설립허가

(교육부), 제1회 대학생 자원봉사 프로그램 공모 지원 15개 프로그램 및 해외봉사단 1기 파견(하계방학 2~3주), 한국대학교협의회 업무 운영 위탈, 2000년에는 대학생 하계 의료 및 기술봉사활동 지원(48개 프로그램), 2016년 08월 월드 프렌즈 청년 중기봉사단 33기 파견(6개국 30개팀 166명), 12월 33기 월드 프렌즈 청년봉사단 파견(11개국 12개팀 322명), 34기 월드프렌즈 청년봉사단 파견(305명), 2018년 01월 35기 월드 프렌즈 청년봉사단 파견(282명).

(4) 조직현황

- 총회: 전국 245개 대학
- 이사회: 회장 등 총 18명(감사 2명 포함)
- 운영위원회: 5명
- 전문위원회: 18명
- 자문위원회
- 실무위원회

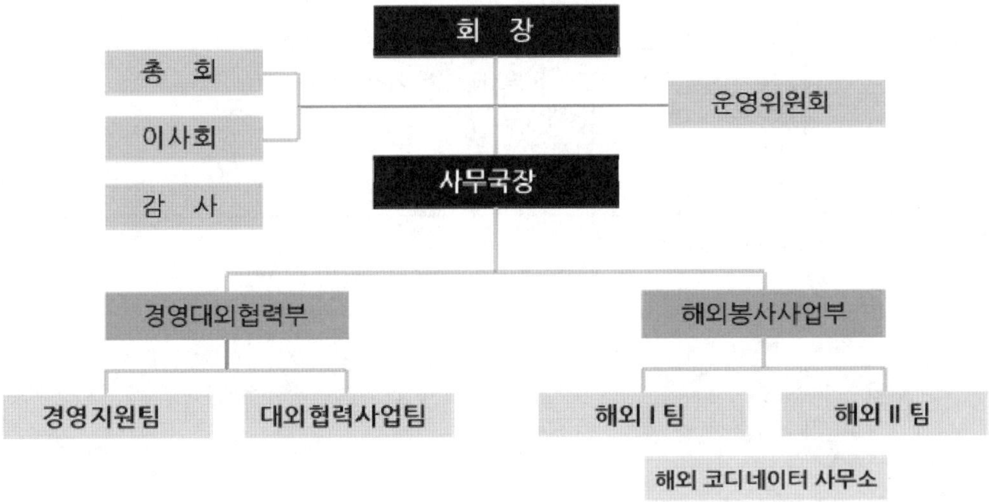

청년봉사단(해외 단기)

모 집 명	39기 월드 프렌즈 청년봉사단 단장/단원 모집
모집인원	총 200여명
파견국가	아 시 아 : 라오스, 미얀마, 우즈베키스탄, 인도네시아, 필리핀 아프리카 : 케냐
참가금액	아 시 아권 : 65만원 아프리카권 : 85만원
파견기간	2020년 1월 3일~2월 11일 중(파견팀별 2주 내외)
지원기간	2019년 9월 30일~10월 30일(대학별 기간 상이)
지원자격	공통사항 : 대사협 회원대학 소속 - 단장 : 교수 혹은 교직원 - 단원 : 재 학 생

자료출처: http://www.kucss.or.kr

4. 사회봉사 활동의 수립과정

1) 자원봉사활동 계획수립

봉사활동을 수행하기 위해서는 계획이 체계적으로 수립되어야 한다. 계획의 내용은 봉사활동의 성격과 크기 및 장소에 따라 다르겠지만 일반적으로는 봉사활동 명칭, 목적, 목표, 봉사기간, 봉사 장소 및 대상, 봉사활동내용, 지역, 국제사회 지원과 협력방안, 기대효과, 평가계획, 예산계획서 등으로 구성된다.

계획수립은 내용이 상세하고도 구체적으로 작성되어야 성공적인 봉사활동의 결과를 도출해 낼 수가 있다.

다음은 자원봉사활동 계획서 작성 시 필요한 사항들이다.

첫째, 봉사활동 명칭은 간단명료하게 정해야 한다. 둘째, 목적 및 목표는 대상자의 욕구와 제반 문제점을 고려하고, 봉사자의 전문성 등을 기준으로 정하고 실현 가능한 것이어야 한다. 셋째, 봉사기간은 1일, 1주, 월, 분기별, 반기별, 연간, 장기간 등으로 정하고, 봉사의 목적 및 목표의 수행을 위한 봉사기간이어야 하며, 예산도 특별 고려하여야 한다.

넷째, 봉사의 장소 및 대상은 학교 내, 외 봉사, 지역사회와 전국, 어린이, 청소년, 노인 등 연령층, 농어촌, 도시 등으로 하되 봉사자의 전문성, 직업성 및 전공 등을 감안하여 봉사대상을 설정해야 한다.

다섯째, 봉사활동 내용은 노력봉사, 교육봉사, 문화봉사 교류 등이고 이를 실현할 수 있도록 기획담당, 회계담당, 물품관리담당, 인솔담당, 안전담당, 행사지원담당 등의 기구 및 업무를 조직하고, 업무량을 전공과 고려하여 인원을 배정하여 계획의 구성내용을 세부적으로 명시하여야 한다.

2) 봉사선택

아동, 노인, 장애인, 한 가족 부모, 농촌, 환경보호 기타 등 자원봉사활동의 분야를 어느 기관에 어떤 일을 할 것인지를 결정하여야 한다.

또한, 봉사의 대상은 재가복지센터 소년 소녀가장, 혼자 사는 노인, 수용시설,

영아원, 육아원, 어린이집, 보육원, 양로원, 요양원, 재활원, 쉼터, 미혼모 보호시설, 교도시설, 지역사회 교통, 문화, 환경 등의 모금, 캠페인, 체육대회, 효 실천 교육 등 중에서 선택하여야 한다.

3) 교육프로그램

교육프로그램은 자원봉사의 오리엔테이션과 봉사활동별 전문교육으로 구분 할 수 있다. 교육프로그램의 수립은 교육주제의 설정, 교육목표의 설정, 교육내용의 결정, 교육자료의 제공 등의 내용이 모두 포함되어야 한다.

교육훈련의 과정은 크게 3단계로 나눌 수 있으며, 처음에는 봉사교육목적, 학습목표, 교육 분위기의 선정 등을 통해 교육의 기본적인 개념을 조성한다. 중반에는 봉사이론 학습, 실천적 사례 및 기술 등 교육내용을 강의, 슬라이드, 집단토의 등의 학습에 의해 교육생들에게 전달되도록 한다. 후반부에는 봉사활동 교육내용을 전체적적으로 검토요약을 하고 봉사활동 선배 참여자들의 경험을 공유하고 교육을 통해서 제공된 결과를 평가하는 과정을 거치게 된다.

또한, 우리가 간과해서는 안 되는 부분이 자원봉사자의 안전이므로, 봉사자의 신변보호나 질병관리 등의 안전관리교육도 필수적이라고 본다. 대학생의 봉사과목은 먼저 이론 강의를 듣고 나서 현장의 봉사활동을 하는 이론과 실제를 병행하는 교육과정이 바람직하다.

4) 봉사활동

봉사활동에 대한 교육훈련을 받았다 하더라도 봉사현장을 접하게 되면 교육자들은 많은 시행착오가 발생되기 마련이다.

그러므로 인적, 물적 준비 및 예비행사를 통해 문제점을 신속하게 파악하고 조치하여야 한다. 또한, 봉사프로그램 진행을 위한 섭외를 실시하고 환영인사를 나누면서 봉사자가 일을 잘 할 수 있도록 일할 장소나 모든 정보를 제공 해주어야 봉사의 시작을 좋은 이미지로 남을 수 있다.

그리고 믿음과 신뢰 형성단계로 봉사의 취지 및 일정 등을 홍보하여 봉사대상자와 친근감과 믿음을 가질 수 있도록 한다. 활동 단계로써 봉사진행자, 자원봉사자와 봉사대상자들 모두가 행복해 하며 봉사에 대한 만족감을 갖도록 한다.

마무리단계로는 봉사대상자에게 꿈과 희망을 갖도록 정성껏 준비된 선물을 증정하고, 다음을 기약하면서 일회성봉사가 아닌 지속적인 봉사가 유지될 수 있도록 마무리를 한다.

5) 봉사활동 평가

봉사활동평가는 봉사대상자의 만족도 설문조사, 봉사자 자기평가서, 봉사단체의 평가서 등을 실시 및 조사하고 그 결과를 분석하여 봉사활동 결과 보고서로 작성 제출한다.

이러한 보고서는 봉사의 목적달성 여부, 봉사활동의 상세내용, 봉사 재평가, 봉사단원 개인포상 등이 포함된다. 이를 바탕으로 보고서 및 책으로 편찬하는 등 봉사 자료를 관리하여 홍보 및 교육 자료로 사용하고, 다음 봉사활동계획에 반영할 수 있도록 한다(김두현, 2011:28~30).[137)]

5. 해외 단기 봉사활동

Ⅰ. 한국대학사회봉사협의회 소개[138)]

1. 설립목적:
대학 사회의 사회봉사 문화 창달 및 봉사 교육과 활동 지원

2. 주요기능:
학생의 사회봉사활동 육성 및 발전
대학 교육과정과 사회봉사 연계에 관한 연구 개발
대학의 사회봉사 활동에 관한 연수 지원
국내 · 외 사회봉사 관련 기관과의 교류 및 제휴
대학 사회봉사 프로그램 개발 및 보급
기타 회원대학 상호간에 협의 조정이 필요한 사항

137) 김두현(2011: 28-30). 현대자원봉사의 이론과 실제. 대한미디어.

3. 주요사업:
협의조정 사업
- 대학 사회봉사 관련 정책 개발
- 대학 사회봉사 연구 과제 수행

국내 사업
- 대학생 과학나눔 지원 사업
- 전경련 대학생 사회봉사단 사업
- 라이프가드 봉사단 지원 사업

해외 사업
- 단기 대학생 해외봉사 사업
- 대학 자체개발 해외봉사 지원 사업
- 귀국단원 및 유학생 네트워크 지원 사업
- 대학 총장 봉사단 파견 사업

Ⅱ. 발대식 및 기본교육 운영 내용

- 목 적
  1. 한국대학생 해외봉사단으로서 필요한 글로벌 리더십 함양
  2. 해외봉사 활동에 필요한 소양 및 기본 실무 교육실시
  3. (부)인솔자 및 참가 대학생, (부)단장 등 관계자들 간의 역할 이해 및 팀워크 형성
  4. 팀별 모임을 통한 현지 활동 세부 프로그램 기획 및 준비
  5. 파견팀별 SNS 등 웹 홍보 담당자 대상 홍보단 구성, 교육 실시
  6. 한국대학생 해외 봉사단 활동의 사전준비에 대한 책임감 고취
- 기간 : 2012년 5월 4일(금)~6일(일). 총 2박 3일
- 장소 : 새마을운동중앙연수원(분당 소재)
- 주최 : 한국대학사회봉사협의회
- 후원 : 교육과학기술부
- 대상 : 총 360명 (단장 및 부단장, 단원, 관계자 등)
- 협력기관 : 강남대학교, 나눔과 비전, 새마을운동중앙회, 서울YWCA, 은평천사원, 전라북도 자원봉사센터, 지구촌 나눔 운동.
- 파견기간 : 2012년 하계 (2012년 6월~2012년 8월 중)
- 파견 국 : 네팔, 라오스, 몽골, 탄자니아, 요르단, 우간다, 베트남, 캄보디아. 총 8개국, 12개 팀.
- 주요내용
  1. 발대식
  2. 기본소양교육 : ODA의 이해, World Friends Korea 소개, 봉사단 역할 소개, 글로벌

에티켓, 안전활동 이해
3. 주제강연 : 글로벌 리더십
4. 전문교과-팀별교육 : 파견국의 이해, 팀별 임원 선출 현지어 기초 교육
5. 전문교과-파견국가 교육 : 파견국별 문화, 기후 등 기초 지식 강의
6. 실무교육 : 항공, 보험관련 실무, 해외봉사단 운영실무 등
7. 분임토의 : 파견 팀별 자체 모임 3회
8. 임원 선출, 공동체 활동
9. 다짐의 시간 및 수료식

(사진 12-1) 한국대학생 해외봉사단 24기 라오스 팀 발대식

138) 한국대학사회봉사협의회(2012). 2012년 하계 단기 24기 한국대학생 해외봉사단 발대식 및 기본교육.

Ⅲ. 라오스 봉사활동 주요일정					
국가	지역	중점 대상 및 봉사활동	필요 특기 및 전공	출입국	인원
라오스 B	보이캄 싸이주	중점대상 사이냐부리군 어린이 및 청소년 대상 봉사활동 1. 교육봉사 : - 예체능 및 레크리에이션 등 교육 프로그램 - 캠프 등 야외 프로그램 진행 - 라오스어 습득 후 직접 라오스어로 교육 활동 진행 2. 노력봉사 : 도색활동 - 시설 개보수 3. 문화교류 : - 홈스테이, 문화공연, 지역 문화 이해 미션 수행 등	전공무관	07.14~ 07.29	32

Ⅳ. 라오스 봉사활동 향후 일정	
구분	세부내용
발대식 및 기본교육	일정 : 2012년 5월 4일(금) ~ 6일(일) 장소 : 새마을운동중앙 연수원 내용 : 발대식, 주제 강연, 소양 교육 및 실무 교육, 팀별 분임토의
팀별 심화교육	일정 : 2012년 5월부터~파견일 전까지, 총 3회 각 1박 2일 내용 : 팀별 봉사활동 실무 및 파견 교육, 현지어 교육 등
World Friends Korea발대식	일정 : 2012년 5월 23일(수) 오후 4시 예정 장소 : 청와대 녹지원 내용 : 주요 임원진 등 약 65명 예정
한국어교육 워크숍	일정 : 2012년 6월 2일(토) 장소 : 숭실대학교 예정 내용 : 한국어 개관, 외국어로서의 한국어 교수법 등
온/오프라인 모임	일정 : 2012년 5월 7일~파견일 전까지 내용 : 온/오프라인 수시 모임
현지 파견	일정 : 2012년 6월 27일~2012년 8월 18일. 팀별 2~3주간 파견 대상 : 8개국 12개팀 약 360명 파견국 : 네팔, 라오스, 몽골, 베트남, 캄보디아, 우간다, 요르단, 탄자니아 활동내용 : 교육봉사(특화봉사), 노력봉사, 문화교류

Ⅳ. 라오스 봉사활동 향후 일정	
구분	세부내용
사진 및 UCC공모전	대상 : 2012년 하계 단기 24기 단원 분야 : 사진 분야, UCC 분야 참가자격 : 개인 또는 팀별 작품 제출.(단원에 한함) 작품내용 : 한국대학생 해외봉사단 활동 중심 마감일 : 2012년 8월 21일(화) 시상내역 : 최우수, 우수, 장려상. 상장 및 상금수여
해단식 및 결과 보고서	일정 : 2012년 8월 24일(금) 장소 : KGIT 상암센터 대사협 (예정) 내용 : 해단식, 우수단원 시상, 팀별 활동 결과 보고
임원 간담회	일정 : 2012년 8월 23일(목) 장소 : KGIT 상암센터 대사협 (예정) 내용 : 2012년 하계 단기 24기 활동 전반에 대한 평가 2012년 하계 단기 25기 파견에 대한 방향 및 제언

Ⅴ. 한국대학생 해외봉사단 구성원의 역할	
구분	역할
단장	〈전체 총괄 및 봉사단 대표〉 봉사활동 : 학생들과 봉사활동에 임한다. 봉사단 대표 : 단장은 봉사단을 대표한다. 대한민국 및 대사협 홍보 : 대한민국 대표 대학생 봉사단임을 적극적으로 알리며, 대외홍보활동 시 대사협이 주관 단체임을 알린다. 안전관리 : 봉사단의 안전(의료 및 보안)에 심혈을 기울이며, 사고 발생에 미리 대비한다. 또한 사고 발생시, 현장에서 적절한 조치를 취한다. 학생관리 : 봉사활동, 단체생활, 문화교류 등 학생들이 최선을 다해 임할 수 있도록 도와준다. 프로그램 진행 지도 : 봉사활동 및 교류 프로그램이 무리 없이 진행될 수 있도록 협력기관과 긴밀히 협조하여 학생을 지도한다. 봉사활동 평가 : 단원의 봉사활동을 평가한다(평가가 불량하면 소속 대학에 결과 통보)
부단장(부단장이 없는 팀은 단장이 역할을 함)	〈총괄 보조 및 생활관리〉 봉사활동 : 학생들과 봉사활동에 임한다. 생활관리 : 봉사단의 하루 일과를 관리하며, 매일 저녁 '오늘의 활동 평가' 시간을 운영한다. 안전관리, 학생관리, 프로그램 진행 지도 : 단장을 보좌하여 진행한다.

V. 한국대학생 해외봉사단 구성원의 역할

구분	역할
인솔자	〈프로그램 운영 및 예산 집행〉 프로그램 운영 : 현지와의 원활한 의사소통을 바탕으로 프로그램이 차질 없이 운영될 수 있도록 만전을 기한다. 예산 집행 : 지원금이 국민의 세금 및 봉사단원의 참가비로 이루어진 만큼 최종 예산 계획서를 바탕으로 예산 집행이 효과적이고, 투명하게 이루어질 수 있도록 한다. 안전관리 : 출국 전, 안전 관리 교육을 준비하며, 국내외 비상 연락망을 단장/부단장/학생들과 공유한다. 현지와 원활한 의사소통을 통해 사고 발생에 대비한다. 사고 발생 시, 미리 계획된 처리 지침에 따라 적절히 조치한다. 의견수렴 : 단장, 부단장, 학생과 원활한 의사소통을 바탕으로, 봉사활동이 원만하게 이루어지도록 한다.
봉사단원	〈봉사활동〉 봉사활동 : 성실한 자세로 봉사활동 전체 일정에 참여한다. 올바른 태도 : 대한민국 대표 대학생 봉사단임을 잊지 않으며, 모든 활동에 예의를 갖추어 임한다. 타 문화에 대한 이해를 바탕으로 생활하며, 팀원을 서로 존중하며 친목을 도모한다. 안전관리 : 안전관리는 본인 스스로 만전을 기한다. 지도 · 감독준수 : 단장, 부단장, 인솔담당자의 지도 · 감독을 준수한다. 활동기록 : 활동의 전 과정을 성실히 기록한다.

(사진 12-2) 한국대학생 해외봉사단 구성원의 역할 토의과정

Ⅵ. 대사협 파견 팀 1차 심화교육 진행(안)[139]

1. 운영내용

1) 1차 심화교육 일정

기간 : 2012년 5월 19일(토)~20일(일). 총 1박 2일

장소 : 새마을운동중앙연수원(분당 소재)

대상 : 대사협 파견 5개팀 단원 및 (부)단장, 관계자 약 140명

세부일정 (안)

날짜	시간	일정		장소	진행
5월 19일 (토)	11:00~12:00	대중교통 이용 : 찾아오시는 길 참조			개별
		연수원 집결 및 등록(11:00) 배포물품 수령 숙소 배정		등록처	대사협
		오리엔테이션	팀별 사전교육 일정 및 생활안내	제4강당	대사협
	12:00~13:00	중식		식당	파견팀별
	13:00~14:00	실무교육	해외봉사 실제 - 해외봉사 파견 실무 - 준비사항	제4강당	대사협
	14:00~18:00	전문교과	현지어 교육 - 현지어 교육 - 의사소통 기법 - 현지 문화배우기	분임 토의실	파견팀별
	18:00~19:00	개별 짐정리 및 석식		식당	파견팀별
	19:00~22:00	워크샵	워크샵 I - 교육봉사조별 회의 및 점검	분임 토의실	파견팀별
	22:00	취침		숙소	
5월 20일 (일)	07:00~08:00	기상 및 산책		숙소	팀별
	08:00~09:00	조식		식당	팀별
	09:00~11:00	워크샵	워크샵 II - 문화교류조별 회의 및 점검	분임 토의실	파견팀별

139) 한국대학사회봉사협의회. 2012년 하계 단기 24기 한국대학생 해외봉사단 라오스B팀 1차 심화교육.

날짜	시간	일정		장소	진행
	11:00~12:00	워크샵	워크샵Ⅲ - 2차 심화교육 전까지 활동 세부계획 - 조별 활동 세부계획	분임 토의실	파견팀별
	12:00~13:00	중식		식당	대사협
	13:00~15:00	교수법 및 교육계획안 작성법		분임 토의실	
	15:00~16:00	수료식 및 결과 발표 - 워크숍 결과 발표 및 공유		제4강당	팀별
	16:00	해산			

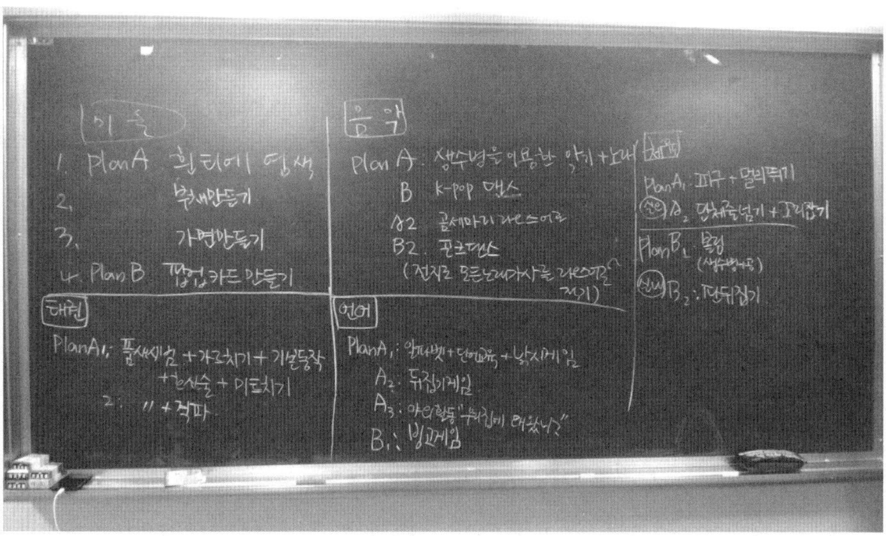

(사진 12-3) 한국대학생 해외봉사단 구성원의 역할 및 심화교육 과정

2. 운영계획서

1) 현지 활동

주요활동 계획	(1) 교육활동 : 현지 초 · 중 · 고등학교 학생대상 예체능 및 청소년활동 교육 교과목 : 음악, 미술, 체육, 언어, 태권도, 한국문화 및 청소년 활동 교육시간 : 08:30~11:00 각 70분 수업. 10분 휴식. 총 2교시 진행 (2) 노력활동 : 건물도색, 벽화작업, 학교 주변 환경미화 대상시설 : 관련 부속 건물 도색, 학교 운동장 내 · 외부

<table>
<tr><td></td><td>(3) 문화교류 : 전통문화교류, 전통놀이교류, 현지 홈스테이(1박 2일) 및 캠프(1박 2일)
어린이 문화센터에서 양국 문화 공연
양국 음식(김치 & 땀막홍 등), 전통놀이 체험(띠분 등)
홈스테이 : 한국 봉사자 1인이 버디로 정해진 현지 학생 집에서의 1박 2일 동안 현지 문화 체험 및 교류의 기회 제공
캠프 : 어린이 문화 센터 앞에서 같이 활동하고, 자면서 교류하는 활동</td></tr>
<tr><td>수혜자 수준 및 활동기관</td><td>어린이 문화센터
(1) 수혜자 수준
수강생 : 약 100여명. 초등 2학년(8세)~고등학교 2학년(16세)까지 다양한 나이 분포.
라오스 전통 문화 학습을 위해 빡싼군내 방과 후 학교 형식 운영
라오스 문화국 소속 기관(각 도마다 설치 운영)
주로, 문화(무용, 노래, 악기 연주 등) 학습 및 독서 활동 프로그램 진행
예체능 및 기타 언어 교육에 대한 욕구 높음

(2) 활동기관
사무실 1개, 도서실1개, 활동실 1개, 강당 1개(내부 작은방 2개), 마당 및 공터, 외부 화장실 1개.
방학 중 종일반 형식의 문화교육 기관, 보리캄싸이주 1개시설로 문화부 소속 기관.
직원 : 기관장 포함 총 4명(男 : 1명, 女 : 3명)</td></tr>
<tr><td>1일 세부 운영계획</td><td>(1) 평일 일정
06:00~07:00 : 기상 아침체조 및 세면 아침식사
07:00~08:00 : 문화센터이동 및 교육봉사준비
08:30~09:40 : 1교시 수업 진행(10분 휴식)
09:50~11:00 : 2교시 수업 진행

11:00~13:30 : 게스트하우스로 이동. 점심식사 및 휴식
13:30~14:00 : 문화센터 이동 및 노력봉사 준비
14:00~16:30 : 노력봉사 진행
16:30~17:30 : 게스트하우스로 이동. 휴식. 교육조별 일일 평가회의
17:30~19:00 : 저녁식사
19:00~20:00 : 익일 교육봉사 준비
20:00~21:00 : 일일 평가회의 및 익일 교육시연
21:00~23:00 : 교육 조 및 문화 교류조별 준비
23:00 : 세면 및 취침</td></tr>
</table>

(2) 특별활동일 일정

홈스테이

당일 10:00 : 어린이 문화센터 집결 및 홈스테이 프로그램 참여
익일 16:00 : 게스트하우스 집결 및 휴식
17:30.~19:00 : 저녁식사
19:00~20:00 : 익일 교육봉사 준비
20:00~21:00 : 일일 평가회의 및 익일 교육시연
21:00~23:00 : 교육 조 및 문화 교류조별 준비
23:00 : 세면 및 취침

1박 2일 캠프

당일 13:00 : 어린이 문화센터 집결 및 1박 2일 캠프 프로그램 참여
익일 12:00 : 게스트하우스로 이동 및 휴식

2) 봉사활동 일정(안)

시간 / 일차	08:00~ 09:50	10:00~ 10:50	11:00~ 11:50	12:00~ 12:50	13:00~ 13:50	14:00~ 14:50	15:00~ 15:30	16:00~ 16:50	17:00~ 17:50	석식
1일차	3차 심화교육			중식	3차 심화교육			항공편 이동 및 입국		석식
2일차	휴식		오리엔테이션	중식	마을조사		교육봉사 활동 준비			석식
3일차	환영식	만남의 시간		중식	교육봉사 활동 준비			정리 및 평가		석식
4일차	교육봉사			중식	노력봉사			정리 및 평가		석식
5일차	교육봉사			중식	노력봉사			정리 및 평가		석식
6일차	교육봉사			중식	노력봉사			정리 및 평가		석식
7일차	교육봉사			중식	노력봉사			정리 및 평가		석식
8일차	홈스테이			중식	홈스테이					석식
9일차	홈스테이			중식	홈스테이			정리 및 평가		석식
10일차	교육봉사			중식	노력봉사			정리 및 평가		석식
11일차	교육봉사			중식	노력봉사			정리 및 평가		석식
12일차	1박 2일 캠프			중식	1박 2일 캠프			정리 및 평가		석식
13일차	1박 2일 캠프			중식	휴식			정리 및 평가		석식
14일차	환송회			중식	휴식 및 정리. 최종 평가					석식
15일차	수도 이동			중식	휴식			출국		

3) 현지 활동 중요 추진일

일차	일자	활동내용	세부내용
1일차	7월 14일(토)	공항-〉 파견지역	LJ 직항편 이용 예정/ 45인승 버스
			현지시각 21:40분 도착/ 3시간 이동
			저녁 : 기내식/버스 이동 간식 : 샌드위치
			항공 일정상 야간 이동
2일차	7월 15일(일)	휴식 마을조사	숙소/ 시장/ 활동기관 등
			기상 10시(전날 취침 새벽 2시경) 이후 활동
			조/중식 게스트하우스 내 석식 조별 외부 매식
3일차	7월 16일(월)	오리엔테이션 및 환영식 만남의 시간	어린이 문화센터 강당
			환영식 오전 9시~10시. 만남의 시간 10시~12시
			수혜자, 교사, 봉사단원, 문화부 관계자 등
			조/중/석식 게스트 하우스
			만남의 시간 프로그램-명찰 만들기. 자기소개
4~7일차	7월 17일(화)~ 7월 20일(금)	교육봉사 노력봉사 활동내용	어린이 문화센터 내/외부
			오전 8시~11시 30분/ 오후 2시~4시 30분
			수혜자, 교사, 봉사단원
			조/중/석식 게스트 하우스
8~9일차	7월 21일(토)~ 7월 22일(일)	홈스테이	홈스테이 가정 및 빡산 지역
			토 10시 센터~일 16시 게스트하우스 집결
			봉사단원, 홈스테이 학생 및 가족
			홈스테이별 개별 이동
			홈스테이 가정 별로 식사
			1:1 매칭. 가정 비상 연락처 확보/규칙 알림
10~11일차	7월 23일(월)~ 7월 24일(화)	교육봉사 노력봉사 활동내용	어린이 문화센터 내/외부
			오전 8시~11시 30분/ 오후 2시~4시 30분
			수혜자, 교사, 봉사단원
			조/중/석식 게스트 하우스
12~13일차	7월 25일(수)~ 7월 26일(목)	1박 2일 캠프	어린이 문화센터. 마을
			수 13시 센터~목 12시 해산
			봉사단원, 캠프 참여 학생 약 60명
			캠프조별 이동
			캠프조별 취사
			캡프파이어, 조별 미션 프로그램 구성 필요

<table>
<tr><th>일차</th><th>일자</th><th>활동내용</th><th>세부내용</th></tr>
<tr><td rowspan="5">14일차</td><td rowspan="5">7월 27일(금)</td><td rowspan="5">환송회 및 평가회</td><td>어린이 문화센터/게스트 하우스</td></tr>
<tr><td>오전 9시~15시 예정</td></tr>
<tr><td>단원, 수혜자, 홈스테이 가족, 관계자 등</td></tr>
<tr><td>한국 음식/라오 음식 직접 요리</td></tr>
<tr><td>한국/라오스 문화공연 등 구성 발표 필요</td></tr>
<tr><td rowspan="3">15일차</td><td rowspan="3">7월 28일(토)</td><td rowspan="3">파견지역-〉 공항</td><td>오전 9시 출발 수도 13시 도착</td></tr>
<tr><td>중/석식 현지 식당 매식</td></tr>
<tr><td>한국 7월 29일 오전 6시경 도착 예정</td></tr>
</table>

Ⅶ. 교육봉사 계획(안)

1. 24기 라오스B 팀 활동소개

〈라오스B 팀 소개〉

1) 팀명은 ‘란쌍’ 이는 백만 마리의 코끼리라는 의미로, 풍요로움과 부유를 상징함.
2) 주요 활동기관은 어린이문화센터로 약 100명의 학생들에게 봉사예정
3) 활동내용 및 조직도 : 단원 모두가 각 활동에 담당을 맡음으로서 빠지지 않고 참여할 수 있도록 하였음
4) 교육시간표
   ① 어린이문화센터에서 6일이라는 활동시간을 고려하여 Plan A 3개와 Plan B 1개 준비
   ② 오전 중 두 타임으로 나누어서 진행
   ③ 학생들을 5개의 팀으로 묶어서 모든 활동에 참여할 수 있도록 로테이션 구성.

(사진 12-4) 오리엔테이션 및 환영식 만남의 시간

〈교육봉사〉 : 미술, 언어, 음악, 체육, 태권도

1) 언어 교육

① 노래, 율동, 게임을 통하여 영어에 대한 관심과 흥미유발.

② 간단한 인사와 자기소개를 영어로 앞으로 하게 될 영어공부에 도움이 될 수 있도록 함

(사진 12-5) 교육봉사 언어교육 인사와 자기소개를 영어로 앞으로 하게 될 영어공부

2) 미술 교육

① 기본적인 만들기, 그리기의 활동을 최대한 활용하여 미적 감각을 향상.

② 아이들이 직접 만들고, 그려서 실제 생활에서도 결과물을 사용 할 수 있도록 도움

3) 태권도 교육

① 레크레이션 활동을 통해 협동심을 기르고 친목도모를 목적.

② 지르기, 막기, 발차기, 격파 등을 통해 실생활에서도 단련이 가능하도록 교육하는 것을 목적

(사진 12-6) 교육봉사 태권도 교육

4) 음악 교육

① 아이들에게 박자의 이해, 동요, K-POP&댄스 등을 알려주어 다양한 음악의 이해를 통하여 직접경험을 할 수 있도록 도움.

② 또한, 활동 결과물을 가지고 놀이, 게임, 상호작용 등의 확장활동을 할 수 있도록 도움

(사진 12-7) 아이들에게 박자의 이해, 동요, K-POP&댄스 등을 알려줌.

5) 체육 교육

① 발야구의 규칙을 정확하게 숙지하게 하여, 경쟁적인 체육활동을 통해 흥미를 유도할 뿐만 아니라 팀 스포츠 활동으로 친밀감과 협동심 향상

② 피구의 기본적인 규칙 진행방법을 숙지하게 하며, 경쟁적인 체육활동을 통해 흥미를 유도할 뿐만 아니라 여왕피구만이 가지는 특별한 규칙을 통해 서로간의 친밀도 향상

(사진 12-8) 교육봉사 체육교육 활동

(사진 12-9) 노력봉사활동 학교 담장보수 및 페인트 작업

〈노력봉사〉 : 페인트칠, 주변환경 미화

1) 페인트칠 : 파견 전에 부탁 받은 어린이문화센터 페인트칠

2) 주변 환경미화

(사진 12-10) 문화교류 한국 부채춤

〈문화교류〉 : 문화공연

1) 문화공연 : 태권무, K-POP 댄스팀, 난타, 부채춤

(사진 12-11) 문화교류 라오스 학생들의 민속춤

〈기타〉

1) 교육봉사에 있어서 모든 교육계획안 작성
2) 27명 모든 단원에 담당활동이 있기 때문에 현지어 공부 필수
3) 6일차 교육 시, 전체 통합 교육 플랜 구성 요망
4) 1차 심화교육 시, 문화교류에 관련한 부분 추가 요망

VIII. 2012년 하계 단기 24기 한국대학생 해외봉사단

(부)단장 활동 결과보고서

- 파견팀명 : 란 쌍
- 소 속 : 용인대학교
- 성 명 : 김 진 환

1. 전반적인 총평

구분	내용
숙식여건	- 숙박장소 : Kong khan pheng guest house 마을 끝 고속도로 휴게소, 조용하고, 일하시는 분들이 매우 친절하다. 그리고 식당에서는 여행을 하는 외국인들을 자주 볼 수 있었다. - 에어콘, TV, 냉장고, 샤워기, 좌변기 등 전혀 불편함이 없음. - 식사 : 매 식사 시 마다 현지식과 과일, 음료수, 과자, 커피 등이 제공되고 단합 목적으로 단원들 간의 공통점을 제시하여 식사자리 배치는 매우 좋은 결과를 가져 온 것 같다.
생활여건	한국과의 문화와 생활습관의 차이점이 조금 힘들었지만 인솔자의 사전교육덕분에 라오스의 생활과 문화를 이해할 수 있었고, 날씨는 1일~3일차까지는 폭염이었으나 그 이후로 태풍으로 인한 초가을 날씨에서 봉사활동을 더위 없이 무사히 마칠 수 있었다.
안전관련	빡산지역은 관광지가 아닌 관계로 시골마을의 정서상 안정된 상황의 평상생활이 가능하나 차량과 오토바이 사고가 빈번한 곳이므로 미션 시 각별한 주의가 필요하다.
기 타	건강관리 문제로 개인 단원들이 봉사활동 시 생긴 피부상처를 단원들의 걱정을 우려해서 숨기려고 하지만 세균감염에 의한 파상풍까지 감염될 수 있으므로 단장 및 부단장은 항시 단원들의 몸 상태를 세심히 점검할 필요가 있다.

2. 단원, (부)인솔자, 협력기관에 대한 의견

단원	라오스 B팀(란쌍) 26명의 단원들은 새마을 연수원에서 첫 만남 이후 시간이 갈수록 현지에서 란쌍팀에 대한 긍지와 봉사활동을 즐겁게 하는 모습이 고마웠다. 무엇보다 단원들 간의 봉사활동에서 나타난 성격, 개인적 생각, 태도 등의 갈등을 서로 풀어가는 과정 등이 단원들 간의 서로 긍정적인 자신의 모습을 발견하는 것 같아서 매우 보기 좋았다.
인솔자	김00 인솔자의 리더십과 라오스의 많은 경험에서 나타나는 전문가다운 봉사 프로그램진행으로 인하여 24기 라오스 B팀 란쌍 봉사활동을 순조롭게 마칠 수 있었다.
부인솔자	새마을 연수원에서 시작하여 현지 봉사활동을 무사히 마칠 시까지 단원들과의 공감대 및 모든 궂은 일들에 대한 뒷처리까지 솔선수범 해준 부인솔자에게 고마움을 느낀다.
협력기관	라오스 보리캄싸이주 빡산 시 문화관광국 관계자의 정성어린 환송회 및 우리 단원 전원에게 표창창 수여에 대해 매우 인상적이고 고마움을 느낀다.
현지기관	빡산지역 Chlddren culture center(문화센터) 선생님들의 도움에 대해 고마움을 느낍니다. 특히 레크레이션 진행과 음원세팅, 캠프 시 모기장 설치까지 세심하게 신경을 써주신 기관 관계자의 협조사항은 매우 적극적 이었다.

※ 필요 주제가 있으시면 컬럼을 추가하여 작성하여주시기 바랍니다.

3. 한국대학생 해외봉사단 발전방향 모색을 위한 제언

라오스 해외봉사는 2주간의 짧은 일정이었지만 많은 것을 경험할 수 있었고 나 자신에 대한 봉사에 대한 긍정적 마인드를 찾을 수 있었던 좋은 시간 이었습니다.
해외봉사 프로그램 역시 알차고 짜임새가 있었으며, 많은 시간의 사전준비는 완벽히 이루어졌다고 할 수 있습니다. 모든 플랜을 다 사용하지는 못했지만 사전 준비과정에 의해 우리는 봉사가 얼마나 힘들지를 느끼게 되었습니다.
단지 아쉬운 점이 있다면 25기 부터는 문화 탐방프로그램을 실시하여 그 나라의 유적과 문화를 좀 더 배우고 알아야만 봉사의 목적과 더불어 많은 생각을 가지게 될 것입니다.
교육과학기술부에서 금지하였던 문화 탐방프로그램을 입장 바꾸어 생각하면 한국을 방문하는 외국관광인과 봉사단원에게 한국의 문화유적을 모르고 홍보를 안 한다면 외국인들은 무엇을 느끼고 나갈까요? 다시 한번 생각해봐야 합니다. 또한 짧은 봉사프로그램이지만 우리 단원들이 자기 자신, 애국심, 고마움 등을 느껴서 봉사활동이 일회성봉사로 끝나지 말고 연속적이었으면 좋을 거 같습니다.

(사진 12-12) 라오스학생 태권도교육 봉사활동

4. 총평

※ 학생(팀장 작성) 제출용 결과보고서 내 소감문과 동일한 내용으로 작성하셔도 무방합니다.

추·억·은 아·름·다·워·라!!

- 아무리 힘든 일들도 지나고 나면 아름다운 추억일 뿐입니다 -

2002년 5월 해외 봉사 갑니다. 왜 봉사를 가야 해? 이 더위에 학생들과 봉사를 간다. 꼭 봉사를 해야 하는 이유가 있니? 우리 주변에서 흔히 듣는 이야기 입니다. 저도 봉사가기 전에 많이 듣던 말들이죠.
한번 가보지 뭐 힘들다던데! 오기심도 발동했고, 또한 봉사하러 가는 대학생들은 어떤 마음으로 봉사활동을 갔을까? 라는 궁금한 점도 있었습니다.
라오스는 태국과 베트남에 인접한 동남아 국가이지만 매우 조용하고 한적한 곳 입니다. 한국의 70년대를 연상케 하며, 시간이 멈추어진 곳 같고, 소박하며 친근한 조용한 시골마을입니다.
우리 24기 단원 30명은 5시간의 비행기와 3시간의 장시간 버스 이동에 의해 라오스 보리캄싸이주 빡산시에 있는 게스트 하우스에 도착했습니다.
2일차까지는 환경적 적응인 더위 문제로 고생이 많았고, 3일차부터 시작되는 교육 시연준비 및 빨래줄 설치, 회의장소 조명설치 등 환경도 열악한 상황에서도 단원들 간의 봉사의 나눔을 실천할 수 있다는 것이 좋았습니다.

드디어 4일차부터 시작되는 노력봉사, 교육봉사 그리고 일일교육평가 단원들과 같이 잘 할 수 있을까? 하는 걱정과 우려와는 달리 우리 단원들은 참 열심히 해주었습니다. 150% 이상의 노력봉사에서의 평가와 쑥스러워 했던 아이들과 재미있게 놀아주며 가르쳐주는 교육봉사를 하던 단원들의 모습들과 매 수업시간들이 생각납니다.
어떻게 가르쳐 주어야 할지 많은 고민을 하며 사전회의를 하였던 모습들도 생각이 날 것이고. 일일교육평가 시간에 사범대를 다니는 한 단원이 스펀지에 물이 빨려들어 가듯이 어린들의 순수한 마음이라면 이곳에서 교사생활을 하고 싶다던 그 말 또한 생각이 납니다. 우리 단원들은 참 열심히 봉사활동을 했습니다.
이렇듯 시간은 흘러 교육 봉사 마지막 날은 빨리 다가온 것 같았습니다. 마지막 봉사에서는 모두들 눈시울을 붉혔고, 서럽게 우는 아이들에게서 진정 고마움의 가치를 얻었습니다. 오랫동안 같이 있자는 아이들의 말에서 왜 이렇게 마음을 아프게 하는지를 모든 단원들이 느꼈습니다.
특히 마지막 환송회에서 실시한 "바시행사"는 손목에 끈을 묶고 건강을 기원하는 행사로써 라오스 어린이들과 우리단원들이 모두 참석하였고, 한올 한올 묶어주는 라오스 어린이들의 따뜻한 마음의 정성이 봉사단원들에게도 전해졌습니다.
이젠 봉사일정도 무사히 마치고 한국행 비행기 안에서 지난날의 라오스에서의 봉사활동을 생각해보니 "봉사일정과 크기는 작지만 큰 나눔을 모든 구성원들과 같이 나눌 수 있어서 좋은 것 같습니다"
환경도 열악한 상황에서 봉사에서 나눔을 실천 할 수 있다는 것 비록 몸은 힘들지만 많은 것을 느끼고 모두가 도와 줄 수 있다는 것에 모든 단원들이 행복할 수 있을 것입니다.
라오스에서 짧은 2주간의 봉사활동이 모든 단원들의 마음에 일회성 봉사활동으로 끝나지 말고 연속적으로 이어질 수 있는 봉사 바이러스가 생겼으면 하는 작은 소망으로 기원합니다.
"란쌍! 란쌍! 파이팅!"

부 록

- 인성교육진흥법
- 인성교육진흥법 시행령
- 인성교육진흥법 시행규칙
- 참고문헌

인성교육진흥법140)

[시행 2019. 6. 19.] [법률 제15958호, 2018. 12. 18., 일부개정]

□ 제1조(목적) 이 법은 「대한민국헌법」에 따른 인간으로서의 존엄과 가치를 보장하고 「교육기본법」에 따른 교육이념을 바탕으로 건전하고 올바른 인성(人性)을 갖춘 국민을 육성하여 국가사회의 발전에 이바지함을 목적으로 한다.

□ 제2조(정의) 이 법에서 사용하는 용어의 뜻은 다음과 같다. 〈개정 2017. 12. 19.〉

1. "인성교육"이란 자신의 내면을 바르고 건전하게 가꾸고 타인 · 공동체 · 자연과 더불어 살아가는 데 필요한 인간다운 성품과 역량을 기르는 것을 목적으로 하는 교육을 말한다.
2. "핵심 가치 · 덕목"이란 인성교육의 목표가 되는 것으로 예(禮), 효(孝), 정직, 책임, 존중, 배려, 소통, 협동 등의 마음가짐이나 사람됨과 관련되는 핵심적인 가치 또는 덕목을 말한다.
3. "핵심 역량"이란 핵심 가치 · 덕목을 적극적이고 능동적으로 실천 또는 실행하는 데 필요한 지식과 공감 · 소통하는 의사소통능력이나 갈등해결능력 등이 통합된 능력을 말한다.
4. "학교"란 다음 각 목의 어느 하나에 해당하는 기관을 말한다.
   가. 「유아교육법」 제2조제2호에 따른 유치원
   나. 「초 · 중등교육법」 제2조에 따른 학교
   다. 「재외국민의 교육지원 등에 관한 법률」 제2조 제3호에 따른 한국학교

□ 제3조(다른 법률과의 관계) 인성교육에 관하여 다른 법률에 특별한 규정이 있는 경우를 제외하고는 이 법에서 정하는 바에 따른다.

140) 법제처(moleg.go.kr/main.html)

□ 제4조(국가 등의 책무) ① 국가와 지방자치단체는 인성을 갖춘 국민을 육성하기 위하여 인성교육에 관한 장기적이고 체계적인 정책을 수립하여 시행하여야 한다.

② 국가와 지방자치단체는 학생의 발달 단계 및 단위 학교의 상황과 여건에 적합한 인성교육 진흥에 필요한 시책을 마련하여야 한다.

③ 국가와 지방자치단체는 학교를 중심으로 인성교육 활동을 전개하고, 인성 친화적인 교육환경을 조성할 수 있도록 가정과 지역사회의 유기적인 연계망을 구축하도록 노력하여야 한다.

④ 국가와 지방자치단체는 학교 인성교육의 진흥을 위하여 범국민적 참여의 필요성을 홍보하도록 노력하여야 한다.

⑤ 국민은 국가 및 지방자치단체가 추진하는 인성교육에 관한 정책에 적극적으로 협력하여야 한다.

□ 제5조(인성교육의 기본방향) ① 인싱교육은 가정 및 학교와 사회에서 모두 장려되어야 한다.

② 인성교육은 인간의 전인적 발달을 고려하면서 장기적 차원에서 계획되고 실시되어야 한다.

③ 인성교육은 학교와 가정, 지역사회의 참여와 연대 하에 다양한 사회적 기반을 활용하여 전국적으로 실시되어야 한다.

□ 제6조(인성교육종합계획의 수립 등) ① 교육부장관은 인성교육의 효율적인 추진을 위하여 대통령령으로 정하는 관계 중앙행정기관의 장과의 협의와 제9조에 따른 인성교육진흥위원회의 심의를 거쳐 인성교육종합계획(이하 "종합계획"이라 한다)을 5년마다 수립하여야 한다.

② 종합계획에는 다음 각 호의 사항이 포함되어야 한다.

1. 인성교육의 추진 목표 및 계획
2. 인성교육의 홍보
3. 인성교육을 위한 재원조달 및 관리방안

4. 인성교육 핵심 가치 · 덕목 및 핵심 역량 선정에 관한 사항
5. 그 밖에 인성교육에 관하여 필요한 사항으로 대통령령으로 정하는 사항

③ 교육부장관은 종합계획의 중요사항을 변경하는 경우 제1항에 따른 관계 중앙행정기관의 장과의 협의와 제9조에 따른 인성교육진흥위원회의 심의를 거쳐야 한다. 다만, 법령의 개정이나 관계 중앙행정기관의 관련 사업계획 변경 등 경미한 사항을 변경하는 경우에는 그러하지 아니하다.

④ 교육부장관은 제1항 또는 제3항에 따라 종합계획을 수립하거나 변경하였을 때에는 지체 없이 이를 관계 중앙행정기관의 장에게 통보하여야 한다.

⑤ 교육부장관은 종합계획을 수립하기 위하여 인성교육의 진흥에 관한 실태조사를 5년마다 실시할 수 있다. 〈신설 2018. 12. 18.〉

⑥ 교육부장관은 제5항에 따른 실태조사를 위하여 관계 중앙행정기관의 장 및 지방자치단체의 장 등 관련 기관 · 단체의 장에게 필요한 자료 제출을 요청할 수 있다. 이 경우 요청을 받은 자는 특별한 사유가 없으면 이에 협조하여야 한다. 〈신설 2018. 12. 18.〉

⑦ 특별시 · 광역시 · 특별자치시 · 도 및 특별자치도 교육감(이하 "교육감"이라 한다)은 종합계획에 따라 해당 지방자치단체의 연도별 인성교육시행계획(이하 "시행계획"이라 한다)을 수립 · 시행하여야 한다. 〈개정 2018. 12. 18.〉

⑧ 교육감은 제7항에 따라 시행계획을 수립하거나 변경하였을 때에는 이를 지체 없이 교육부장관에게 통보하여야 한다. 〈개정 2018. 12. 18.〉

⑨ 종합계획 및 시행계획의 수립 · 시행과 실태조사의 방법 등에 필요한 사항은 대통령령으로 정한다. 〈개정 2018. 12. 18.〉

☐ 제7조(계획수립 등의 협조) ① 교육부장관과 교육감은 종합계획 또는 시행계획의 수립 · 시행 및 평가를 위하여 필요한 경우 관계 중앙행정기관의 장, 지방자치단체의 장 및 교육감 등에게 협조를 요청할 수 있다.

② 제1항에 따른 협조를 요청받은 자는 특별한 사유가 없으면 이에 따라야 한다.

☐ 제8조(공청회의 개최) ① 교육부장관과 교육감은 종합계획 및 시행계획을 수립

하려는 때에는 공청회를 열어 국민 및 관계 전문가 등으로부터 의견을 청취하여야 하며, 공청회에서 제시된 의견이 타당하다고 인정되는 때에는 이를 종합계획 및 시행계획 수립에 반영하여야 한다.

② 제1항에 따른 공청회 개최에 필요한 사항은 대통령령으로 정한다.

☐ 제9조(인성교육진흥위원회) ① 인성교육에 관한 다음 각 호의 사항을 심의하기 위하여 교육부장관 소속으로 인성교육진흥위원회(이하 "위원회"라 한다)를 둔다.

1. 인성교육정책의 목표와 추진방향에 관한 사항
2. 종합계획 수립에 관한 사항
3. 인성교육 추진실적 점검 및 평가에 관한 사항
4. 인성교육 지원의 협력 및 조정에 관한 사항
5. 그 밖에 인성교육 지원을 위하여 대통령령으로 정하는 사항

② 위원회는 위원장을 포함한 20명 이내의 위원으로 구성한다.

③ 위원회의 위원장은 위원 중에서 호선하되, 공무원이 아닌 사람으로 한다.

④ 위원회의 위원은 다음 각 호의 어느 하나에 해당하는 사람 중에서 대통령령으로 정하는 바에 따라 교육부장관이 임명 또는 위촉한다. 이 경우 위원은 공무원이 아닌 사람이 과반수가 되도록 한다.

1. 교육부차관, 문화체육관광부차관(문화체육관광부장관이 지명하는 차관), 보건복지부차관 및 여성가족부차관
2. 국회의장이 추천하는 사람 3명
3. 인성교육에 관한 학식과 경험이 풍부한 사람 중에서 대통령령으로 정하는 사람

⑤ 위원회가 심의한 사항을 집행하기 위하여 인성교육 진흥과 관련된 조직 · 인력 · 업무 등에 필요한 사항은 교육부령으로 정한다.

⑥ 그 밖에 위원회의 구성 · 운영에 필요한 사항은 대통령령으로 정한다.

☐ 제10조(학교의 인성교육 기준과 운영) ① 교육부장관은 대통령령으로 정하는 바에 따라 학교에 대한 인성교육 목표와 성취 기준을 정한다.

② 학교의 장은 제1항에 따른 인성교육의 목표 및 성취 기준과 교육대상의 연령 등을 고려하여 대통령령으로 정하는 바에 따라 매년 인성에 관한 교육계획을 수립하여 교육을 실시하여야 한다.
③ 학교의 장은 인성교육의 핵심 가치·덕목을 중심으로 학생의 인성 핵심 역량을 함양하는 학교 교육과정을 편성·운영하여야 한다.
④ 학교의 장은 인성교육 진흥을 위하여 학교·가정·지역사회와의 연계 방안을 강구하여야 한다.

□ 제11조(인성교육 지원 등) ① 국가 및 지방자치단체는 가정, 학교 및 지역사회에서의 인성교육을 지원하기 위한 교육 프로그램(이하 “인성교육프로그램”이라 한다)을 개발하여 보급하여야 한다.
② 국가와 지방자치단체는 인성교육프로그램의 구성 및 운용 등을 전문단체 또는 전문가에게 위탁할 수 있다.
③ 교육부장관과 교육감은 인성교육프로그램의 구성 및 운용 계획을 해당 학교 인터넷 홈페이지에 게시하는 등의 방법으로 학부모에게 알릴 수 있도록 하여야 한다. 〈개정 2017. 12. 19.〉
④ 학부모는 국가, 지방자치단체 및 학교의 인성교육 진흥 시책에 협조하여야 하고, 인성교육을 위하여 필요한 사항을 해당 기관의 장에게 건의할 수 있다.
⑤ 그 밖에 가정, 학교 및 지역사회에서의 인성교육 진흥 등에 필요한 사항은 대통령령으로 정한다.

□ 제12조(인성교육프로그램의 인증) ① 교육부장관은 인성교육 진흥을 위하여 인성교육프로그램을 개발·보급하거나 인성교육과정을 개설(開設)·운영하려는 자(이하 “인성교육프로그램개발자등”이라 한다)에 대하여 인성교육프로그램과 인성교육과정의 인증(이하 “인증”이라 한다)을 할 수 있다.
② 인증을 받고자 하는 인성교육프로그램개발자등은 교육부장관에게 신청하여야 한다.
③ 교육부장관은 제2항에 따라 인증을 신청한 인성교육프로그램 또는 인성교

육과정이 교육내용·교육시간·교육과목·교육시설 등 교육부령으로 정하는 인증기준에 적합한 경우에는 이를 인증할 수 있다.

④ 제3항에 따른 인증을 받은 자는 해당 인성교육프로그램 또는 인성교육과정에 대하여 교육부령으로 정하는 바에 따라 인증표시를 할 수 있다.

⑤ 제3항에 따른 인증을 받지 아니한 인성교육프로그램 또는 인성교육과정에 대하여 제4항의 인증표시를 하거나 이와 유사한 표시를 하여서는 아니 된다.

⑥ 제1항부터 제3항까지에 따른 인증의 절차 및 방법 등에 필요한 사항은 교육부령으로 정한다.

⑦ 교육부장관은 제1항부터 제3항까지에 따른 인증 업무를 교육부령으로 정하는 바에 따라 전문기관 또는 단체 등에 위탁할 수 있다.

☐ 제13조(인증의 유효기간) ① 제12조 제3항에 따른 인증의 유효기간은 인증을 받은 날부터 3년으로 한다.

② 제1항에 따른 유효기간은 1회에 한하여 2년 이내에서 연장할 수 있다.

③ 제2항에 따른 인증의 연장신청, 그 밖에 필요한 사항은 교육부령으로 정한다.

☐ 제14조(인증의 취소) 교육부장관은 제12조 제3항에 따라 인증한 인성교육프로그램 또는 인성교육과정이 다음 각 호의 어느 하나에 해당하는 경우에는 그 인증을 취소할 수 있다. 다만, 제1호에 해당하는 경우에는 취소하여야 한다.

1. 거짓, 그 밖의 부정한 방법으로 인증받은 경우
2. 제12조 제3항에 따른 인증기준에 적합하지 아니하게 된 경우

☐ 제15조(인성교육 예산 지원) 국가 및 지방자치단체는 인성교육 지원, 인성교육프로그램 개발·보급 등 인성교육 진흥에 필요한 비용을 예산의 범위에서 지원하여야 한다.

☐ 제16조(인성교육의 추진성과 및 활동 평가) ① 교육부장관 및 교육감은 종합계획 및 시행계획에 따른 인성교육의 추진성과 및 활동에 관한 평가를 1년마다

실시하여야 한다.

② 교육부장관과 교육감은 제1항에 따른 평가 결과를 종합계획 및 시행계획에 반영할 수 있다. 〈개정 2016. 12. 20.〉

③ 그 밖에 인성교육의 추진성과 및 활동 평가에 필요한 사항은 대통령령으로 정한다.

[제목개정 2016. 12. 20.]

☐ 제17조(교원의 연수 등) ① 교육부장관과 교육감은 학교의 교원(이하 "교원"이라 한다)이 대통령령으로 정하는 바에 따라 일정시간 이상 인성교육 관련 연수를 이수하도록 하여야 한다. 〈개정 2017. 12. 19.〉

②「고등교육법」제41조에 따른 교육대학 · 사범대학(교육과 및 교직과정을 포함한다) 등 이에 준하는 기관으로서 교육부령으로 정하는 교원 양성기관은 예비교원의 인성교육 지도 역량을 강화하기 위하여 관련 과목을 필수로 개설하여 운영하여야 한다.

☐ 제18조(학교의 인성교육 참여 장려) 학교의 장은 학생의 제11조 제1항에 따른 지역사회 등의 인성교육 참여를 권장하고 지도 · 관리하기 위하여 노력하여야 한다.

☐ 제19조(언론의 인성교육 지원) 국가 및 지방자치단체는 범국민적 차원에서 인성교육의 중요성에 대한 인식을 공유하고 이들의 참여의지를 촉진시키기 위하여 필요한 경우 언론(「언론중재 및 피해구제 등에 관한 법률」 제2조에 따른 방송, 신문, 잡지 등 정기간행물, 뉴스통신 및 인터넷신문 등을 포함한다)을 이용하여 캠페인 활동을 전개하도록 노력하여야 한다.

☐ 제20조(전문인력의 양성) ① 국가 및 지방자치단체는 인성교육의 확대를 위하여 필요한 분야의 전문인력을 양성하여야 한다.

② 교육부장관 및 교육감은 제1항에 따른 전문인력을 양성하기 위하여 교육 관

련 기관 또는 단체 등을 인성교육 전문인력 양성기관으로 지정하고, 해당 전문인력 양성기관에 대하여 필요한 경비의 전부 또는 일부를 지원할 수 있다.

③ 제2항에 따른 인성교육 전문인력 양성기관의 지정기준은 대통령령으로 정한다.

□ 제21조(권한의 위임) 교육부장관은 이 법에 따른 권한의 일부를 대통령령으로 정하는 바에 따라 교육감에게 위임할 수 있다.

□ 제22조(과태료) ① 다음 각 호의 어느 하나에 해당하는 자에게는 500만원 이하의 과태료를 부과한다.

1. 거짓이나 그 밖의 부정한 방법으로 제12조에 따른 인증을 받은 자
2. 제12조 제5항을 위반하여 인증표시를 한 자

② 제1항에 따른 과태료는 대통령령으로 정하는 바에 따라 교육부장관이 부과·징수한다.

부 칙 〈법률 제13004호, 2015. 1. 20.〉

이 법은 공포 후 6개월이 경과한 날부터 시행한다.

부 칙 〈법률 제14396호, 2016. 12. 20.〉

이 법은 공포한 날부터 시행한다.

부 칙 〈법률 제15233호, 2017. 12. 19.〉

이 법은 공포 후 6개월이 경과한 날부터 시행한다.

부 칙 〈법률 제15958호, 2018. 12. 18.〉

이 법은 공포 후 6개월이 경과한 날부터 시행한다.

인성교육진흥법 시행령

[시행 2019. 7. 9.] [대통령령 제29972호, 2019. 7. 9., 타법개정]

□ 제1조(목적) 이 영은 「인성교육진흥법」에서 위임된 사항과 그 시행에 필요한 사항을 규정함을 목적으로 한다.

□ 제2조(인성교육종합계획의 수립 등) ① 「인성교육진흥법」(이하 “법”이라 한다) 제6조 제1항에서 “대통령령으로 정하는 관계 중앙행정기관의 장”이란 다음 각 호의 사람을 말한다. 〈개정 2017. 7. 26.〉

1. 기획재정부장관
2. 행정안전부장관
3. 문화체육관광부장관
4. 보건복지부장관
5. 여성가족부장관
6. 그 밖에 교육부장관이 법 제6조 제1항에 따른 인성교육의 효율적인 추진 및 인성교육종합계획(이하 “종합계획”이라 한다)의 수립을 위하여 협의가 필요하다고 인정하는 중앙행정기관의 장

② 법 제6조 제2항 제5호에서 “대통령령으로 정하는 사항”이란 다음 각 호의 사항을 말한다. 〈개정 2019. 7. 2.〉

1. 인성교육을 위한 기반 구축에 관한 사항
2. 학교 인성교육 실천에 필요한 사항
3. 가정 인성교육 실천에 필요한 사항
4. 범사회적 인성교육 실천 및 확산에 필요한 사항

③ 교육부장관은 종합계획을 계획 개시 연도의 전년도 9월 30일까지 수립하여야 한다.

④ 교육부장관은 종합계획을 수립하거나 변경한 경우에는 특별시·광역시·특별자치시·도 및 특별자치도(이하 “시·도”라 한다)의 교육감(이하 “교육감”이라 한다)에게 통보하여야 한다.

□ 제3조(인성교육시행계획의 수립 등) ① 교육감은 법 제6조 제5항에 따른 해당 지방자치단체의 연도별 인성교육시행계획(이하 "시행계획"이라 한다)을 매 학년도 시작 3개월 전까지 수립하여야 한다.

② 교육감은 시행계획을 수립하거나 시행계획을 변경한 경우에는 소속 학교 및 기관에 통보하여야 한다.

③ 시행계획에는 다음 각 호의 사항이 포함되어야 한다.

1. 인성교육 진흥을 위한 학교 교육과정 편성·운영에 관한 사항
2. 지역 인성교육 우수 사례 발굴 및 확산에 관한 사항
3. 학교·가정 및 지역사회에서의 인성교육 실천 및 확산을 위하여 필요한 지원에 관한 사항
4. 지역의 인성교육을 위한 재원조달 및 관리방안
5. 그 밖에 인성교육 진흥 및 지원에 관한 사항

□ 제4조(공청회의 개최 등) ① 교육부장관 및 교육감은 법 제8조 제1항에 따라 공청회를 개최하는 경우 공청회 개최 14일 전까지 다음 각 호의 사항을 관보, 공보, 교육부·교육청의 인터넷 홈페이지 또는 일간신문에 1회 이상 공고하여야 한다.

1. 공청회의 개최 목적
2. 공청회의 개최 일시 및 장소
3. 종합계획안 또는 시행계획안의 개요
4. 그 밖에 공청회 개최에 필요한 사항

② 제1항에 따라 공고한 종합계획안 또는 시행계획안의 내용에 대하여 의견이 있는 사람은 공청회에 참석하여 직접 의견을 진술하거나, 교육부장관 또는 교육감에게 서면 또는 전자우편 등으로 의견을 제출할 수 있다.

□ 제5조(인성교육진흥위원회의 심의사항)법 제9조 제1항 제5호에서 "대통령령으로 정하는 사항"이란 다음 각 호의 사항을 말한다.

1. 법 제9조 제5항에 따른 인성교육 진흥과 관련된 조직·인력·업무 등에 관

하여 필요한 사항
2. 법 제10조에 따른 학교에 대한 인성교육 목표와 성취 기준에 관한 사항
3. 법 제12조에 따른 인성교육프로그램과 인성교육과정 인증 기준에 관한 사항
4. 학교·가정 및 지역사회 등의 인성교육을 지원하기 위하여 교육부장관이 인성교육진흥위원회(이하 "위원회"라 한다)에 심의를 요청하는 사항

☐ 제6조(위원회의 구성 및 운영 등) ① 법 제9조 제4항 제3호에서 "대통령령으로 정하는 사람"이란 다음 각 호의 어느 하나에 해당하는 사람을 말한다.
1. 다음 각 목의 어느 하나에 해당하는 경력이 15년 이상인 사람으로서 학교·교육행정기관 또는 「교육기본법」 제15조에 따른 교원단체의 추천을 받은 사람. 다만, 다음 각 목 중 둘 이상의 경력이 있는 사람의 경력은 합산한다.
가. 교육경력
나. 교육행정경력
다. 교육연구경력
2. 학부모를 대표하는 사람으로서 학부모단체 등이 추천한 사람
3. 인성교육 분야의 전문지식과 연구경험이 풍부한 사람으로서 관련 단체 및 학회의 추천을 받은 사람
4. 법조계·종교계·언론계·문화계 또는 「비영리민간단체 지원법」 제2조에 따른 비영리민간단체에 해당하는 시민단체의 추천을 받은 사람
② 위원회의 위촉된 위원의 임기는 2년으로 하며, 한 차례만 연임할 수 있다.
③ 위원회의 위원장(이하 "위원장"이라 한다)은 위원회를 대표하며, 위원회의 업무를 총괄한다.
④ 위원장이 부득이한 사유로 그 직무를 수행할 수 없을 때에는 위원장이 미리 지명한 위원이 그 직무를 대행한다.

☐ 제7조(위원회의 회의 등) ① 위원장은 회의를 소집하고, 그 의장이 된다.
② 위원장은 다음 각 호의 어느 하나의 경우에 위원회의 회의를 소집한다.
1. 법 제9조 제1항 및 이 영 제5조에 따른 심의사항을 심의하기 위하여 필요한

경우

2. 교육부장관이 위원회 개최를 요구하는 경우
3. 재적위원 3분의 1 이상이 위원회 개최를 요구하는 경우
4. 그 밖에 위원장이 위원회를 개최할 필요가 있다고 인정하는 경우

③ 위원장이 회의를 소집하려면 회의의 일시·장소 및 안건 등을 회의 개최 7일 전까지 서면으로 위원회의 위원(이하 "위원"이라 한다)에게 알려야 한다. 다만, 긴급한 심의사항이 있는 등 부득이한 사유가 있는 경우에는 회의 개최 1일 전까지 서면, 전화 또는 휴대전화 문자메시지 등의 방법으로 위원에게 알릴 수 있다.

④ 위원회의 회의는 재적위원 과반수의 출석으로 개의(開議)하고, 출석위원 과반수의 찬성으로 의결한다.

⑤ 위원장은 안건과 관련하여 필요하다고 인정하는 경우에는 전문가 및 관계 공무원 등을 회의에 참석하게 하여 의견을 들을 수 있다.

⑥ 위원회에 출석한 위원과 전문가 등에게는 예산의 범위에서 수당과 여비를 지급할 수 있다. 다만, 공무원인 위원이 그 소관 업무와 직접적으로 관련되어 위원회에 출석하는 경우에는 그러하지 아니하다.

□ 제8조(위원의 제척 등) ① 위원이 다음 각 호의 어느 하나에 해당하는 경우에는 위원회의 심의·의결에서 제척(除斥)된다.

1. 위원이나 그 배우자 또는 배우자였던 사람이 해당 안건의 당사자(당사자가 법인·단체 등인 경우에는 그 임원을 포함한다. 이하 이 호 및 제2호에서 같다)이거나 그 안건의 당사자와 공동권리자 또는 공동의무자인 경우
2. 위원이 해당 안건의 당사자와 친족인 경우
3. 위원이 해당 안건에 관하여 증언, 진술, 자문, 연구, 용역 또는 감정을 한 경우
4. 위원이나 위원이 속한 법인·단체 등이 해당 안건 당사자의 대리인이거나 대리인이었던 경우

② 해당 안건의 당사자는 위원에게 공정한 심의·의결을 기대하기 어려운 사정이 있는 경우에는 위원회에 기피(忌避) 신청을 할 수 있고, 위원회는 의결로 해

당 위원의 기피 여부를 결정한다. 이 경우 기피 신청의 대상인 위원은 그 의결에 참여하지 못한다.

③ 위원이 제1항 각 호에 따른 제척 사유에 해당하는 경우에는 스스로 해당 안건의 심의·의결에서 회피(回避)하여야 한다.

☐ 제9조(위원의 해촉) 교육부장관은 위원이 다음 각 호의 어느 하나에 해당하는 경우에는 해당 위원을 해촉할 수 있다.

1. 심신장애로 인하여 직무를 수행할 수 없게 된 경우
2. 직무태만, 품위손상이나 그 밖의 사유로 위원으로 적합하지 아니한 경우
3. 제8조 제1항 각 호의 어느 하나에 해당함에도 불구하고 회피하지 아니한 경우

☐ 제10조(위원회 운영 세칙) 이 영에서 규정한 사항 외에 위원회의 운영에 필요한 사항은 위원회의 의결을 거쳐 위원장이 정한다.

☐ 제11조(학교의 인성교육 기준과 운영) ① 법 제10조 제1항에 따른 학교에 대한 인성교육 목표와 성취 기준은 교육부장관이 위원회의 심의를 거쳐 학교 급별로 정한다.

② 법 제10조 제2항에 따른 인성에 관한 교육계획은 학교의 장이 교원, 학생 및 학부모의 의견 수렴과 학교운영위원회의 심의를 거쳐 수립한다.

☐ 제12조(인성교육 지원 등) ① 국가와 지방자치단체는 법 제11조 제1항에 따른 인성교육프로그램에 대한 주기적인 수요조사를 하여야 한다.

② 국가와 지방자치단체는 보유하는 시설이나 자료에 대하여 인성교육을 위한 이용 요청을 받은 경우 본래의 용도에 지장이 없는 범위에서 적극 협조하여야 한다.

③ 특별시장·광역시장·특별자치시장·도지사 및 특별자치도지사와 교육감은 가정, 학교 및 지역사회에서의 인성교육 진흥을 위하여 시·도인성교육진흥협의회를 구성·운영할 수 있다.

④ 제3항에 따른 시 · 도인성교육진흥협의회의 구성 · 운영에 필요한 사항은 해당 지방자치단체의 조례로 정한다.

☐ 제13조(인성교육의 평가 등) ① 법 제16조에 따른 인성교육 추진성과 및 활동에 관한 평가는 다음 각 호의 내용을 포함하여 시행하여야 한다.

1. 종합계획 또는 시행계획의 달성 정도
2. 인성교육 지원 사업 및 교육 프로그램에 대한 만족도
3. 그 밖에 인성교육을 평가하기 위하여 위원회의 심의를 거쳐 교육부장관이 정하는 사항

② 교육부장관 또는 교육감은 개인정보 보호를 위하여 불가피한 경우 등 특별한 사유가 있는 경우를 제외하고는 제1항에 따른 평가 결과를 교육부 또는 교육청의 인터넷 홈페이지 등을 통하여 공개하여야 한다.

☐ 제14조(교원의 연수 등) ① 법 제17조 제1항에 따른 교원의 인성교육 관련 연수(이하 "교원연수"라 한다) 과정은 다음 각 호의 사람이 제2항에 따른 교원연수 계획을 반영하여 개설 · 운영한다. 〈개정 2018. 6. 5.〉

1. 중앙교육연수원의 장
2. 「교원 등의 연수에 관한 규정」 제2조제2항에 따른 연수기관 중 교육감이 설치한 연수기관의 장
3. 연수 대상 교원이 재직하는 학교의 장

② 교육부장관 및 교육감은 관할 학교 교원의 교원연수를 위하여 각각 교원연수 계획을 수립하여야 한다. 이 경우 교원연수 계획에는 다음 각 호의 내용이 포함되어야 한다. 〈개정 2018. 6. 5.〉

1. 인성 및 인성교육의 개념
2. 인성교육의 목표와 내용
3. 교과 영역 및 교과 외 영역에서의 인성교육 지도방법
4. 국내외 인성교육 우수 사례
5. 인성교육 프로그램 개발 및 활용

6. 인성교육 관련 평가 방법 및 결과 활용
7. 인성교육 관련 학교 교육과정 편성·운영 방법 및 절차
8. 그 밖에 인성교육 실천에 필요한 사항

③ 교원연수 이수기준은 연간 4시간 이상으로 한다.

④ 제1항부터 제3항까지에서 규정한 사항 외에 교원연수의 운영 및 연수비의 지급 등에 관하여는 「교원 등의 연수에 관한 규정」에 따른다.

□ 제15조(인성교육 전문인력 양성기관의 지정 및 지정기준 등) ① 교육부장관 및 교육감이 법 제20조 제2항에 따라 교육 관련 기관 또는 단체(이하 "교육관련기관등"이라 한다)를 인성교육 전문인력 양성기관(이하 "전문인력양성기관"이라 한다)으로 지정하는 경우 그 지정기준은 다음 각 호와 같다. 〈개정 2019. 7. 9.〉

1. 교육관련기관등이 다음 각 목의 어느 하나에 해당할 것
   가. 「고등교육법」 제2조 제1호에 따른 대학 중 교육관련 학과 또는 전공이 설치된 대학
   나. 「고등교육법」 제2조 제3호에 따른 교육대학
   다. 「정부출연연구기관 등의 설립·운영 및 육성에 관한 법률」 제8조제1항에 따른 연구기관
   라. 인성교육을 포함한 교육 관련 사업을 목적으로 하는 법인으로서, 「공익법인의 설립·운영에 관한 법률」 제2조에 따른 공익법인 또는 「민법」 제32조에 따른 비영리법인에 해당하는 법인
   마. 그 밖에 교육부장관이 인성교육 전문인력 양성을 위한 능력이 있다고 인정하여 고시하는 기관 또는 단체
2. 인성교육 전문인력의 양성과 관련한 다음 각 목의 요건을 갖출 것
   가. 적절한 교육과정 및 교육내용
   나. 구체적이고 실천 가능한 교육과정 운영계획
   다. 교육과정 운영에 필요한 시설·설비 및 교수요원

② 교육부장관은 제1항제1호가목부터 다목까지 또는 마목에 해당하는 교육관

련기관등을, 교육감은 같은 호 라목에 해당하는 교육관련기관등을 각각 전문인력양성기관으로 지정할 수 있다. 〈개정 2019. 7. 9.〉

③ 전문인력양성기관으로 지정을 받으려는 교육관련기관등은 교육부령으로 정하는 지정신청서에 교육부령으로 정하는 서류를 첨부하여 제2항의 구분에 따른 지정권자에게 신청하여야 한다.

④ 교육부장관 및 교육감은 제3항에 따른 신청을 받은 경우 신청일부터 6개월 내에 전문인력양성기관 지정 여부를 결정하고 그 결과를 해당 교육관련기관등에 통보하여야 한다.

⑤ 교육부장관 및 교육감은 전문인력양성기관을 지정한 경우 지정된 전문인력양성기관에 교육부령으로 정하는 지정서를 발급하여야 하며, 그 지정의 유효기간은 지정일부터 3년으로 한다.

☐ 제16조(전문인력양성기관의 재지정 등) ① 교육부장관 및 교육감은 전문인력양성기관으로부터 신청을 받아 전문인력양성기관의 재지정을 할 수 있다.

② 제1항에 따른 재지정을 받으려는 전문인력양성기관은 지정 유효 기간 만료일 1년 전부터 6개월 전까지의 기간에 재지정을 위한 신청을 하여야 한다.

③ 제1항에 따른 재지정의 기준, 절차 및 유효기간 등에 관하여는 제15조를 준용한다.

☐ 제17조(전문인력양성기관에 대한 보고 요구 등) 교육부장관 및 교육감은 법 제20조 제2항에 따라 경비를 지원한 경우 해당 전문인력양성기관에 다음 각 호의 조치를 할 수 있다.

1. 업무 및 회계의 상황에 관한 보고 요구
2. 지원받은 경비의 사용에 관한 지도 · 권고

☐ 제18조(전문인력양성기관 지정 등의 공개) 교육부장관 및 교육감은 전문인력양성기관을 제15조에 따라 지정하거나 제16조에 따라 재지정한 경우에는 다음 각 호의 사항을 교육부 · 교육청의 인터넷 홈페이지 등을 통하여 공개하여야 한다.

1. 전문인력양성기관의 지정 현황(명칭 · 대표자 및 소재지 등)
2. 지정일 및 지정 유효기간

□ 제19조(과태료의 부과기준)법 제22조 제1항에 따른 과태료의 부과기준은 별표와 같다.

부　　칙 〈대통령령 제26403호, 2015. 7. 20.〉

제1조(시행일) 이 영은 2015년 7월 21일부터 시행한다.
제2조(종합계획 및 시행계획 수립에 관한 특례) 제2조제3항 및 제3조제1항에도 불구하고 이 법 시행 이후 최초로 수립하는 종합계획은 2015년 11월 30일까지, 2016년도 시행계획은 2016년 1월 31일까지 각각 수립한다.

부　　칙 〈대통령령 제28211호, 2017. 7. 26.〉
(행정안전부와 그 소속기관 직제)

제1조(시행일) 이 영은 공포한 날부터 시행한다. 다만, 부칙 제8조에 따라 개정되는 대통령령 중 이 영 시행 전에 공포되었으나 시행일이 도래하지 아니한 대통령령을 개정한 부분은 각각 해당 대통령령의 시행일부터 시행한다.
제2조부터 제7조까지 생략
제8조(다른 법령의 개정) ①부터 ㊹까지 생략
㊺ 인성교육진흥법 시행령 일부를 다음과 같이 개정한다.
제2조제1항제2호를 다음과 같이 한다.
2. 행정안전부장관
㊻부터 〈388〉까지 생략

부　　칙 〈대통령령 제28931호, 2018. 6. 5.〉

이 영은 2018년 6월 20일부터 시행한다.

부　　칙 〈대통령령 제29950호, 2019. 7. 2.〉
(어려운 법령용어 정비를 위한 210개 법령의 일부개정에 관한 대통령령)

이 영은 공포한 날부터 시행한다. 〈단서 생략〉

부　　칙 〈대통령령 제29972호, 2019. 7. 9.〉
(유연한 분류체계 등 규제혁신을 위한 31개 법령의 일부개정에 관한 대통령령)

이 영은 공포한 날부터 시행한다.

인성교육진흥법 시행규칙

[시행 2015. 12. 10.] [교육부령 제81호, 2015. 12. 10., 제정

☐ 제1조(목적) 이 규칙은 「인성교육진흥법」 및 같은 법 시행령에서 위임된 사항과 그 시행에 필요한 사항을 규정함을 목적으로 한다.

☐ 제2조(인성교육프로그램의 인증 절차 및 기준 등) ① 「인성교육진흥법」(이하 "법"이라 한다) 제12조 제2항에 따라 인성교육프로그램 인증을 신청 하려는 자는 별지 제1호서식에 따른 인성교육프로그램 인증 신청서에 인성교육프로그램의 교육내용 및 구성 등에 관한 서류 전부를 첨부하여 교육부장관에게 제출하여야 한다.

② 교육부장관은 제1항에 따른 신청을 받은 경우 신청일부터 60일 내에 인증 여부를 결정하고 그 결과를 신청자에게 통보하여야 한다.

③ 법 제12조 제3항에 따른 인성교육프로그램 인증기준은 별표 1과 같다.

④ 교육부장관은 인성교육프로그램 인증을 한 경우 별지 제2호서식에 따른 인증서를 발급하여야 한다.

⑤ 인성교육프로그램 인증을 받은 자는 별표 2에 따른 인증표시를 사용하여 인성교육프로그램의 표시·광고 또는 홍보 등을 할 수 있다. 이 경우 인증 분야와 유효기간을 함께 표시하여야 한다.

☐ 제3조(인증 업무의 위탁) ① 법 제12조 제7항에 따라 교육부장관이 인성교육프로그램 인증 업무를 위탁할 수 있는 전문기관 또는 단체 등은 다음 각 호의 어느 하나에 해당하여야 한다.

1. 「정부출연연구기관 등의 설립·운영 및 육성에 관한 법률」 제8조 제1항에 따른 연구기관
2. 교육 관련 조사 및 연구 사업을 수행하는 「공공기관의 운영에 관한 법률」 제4조에 따른 공공기관
3. 인성교육을 포함한 교육 관련 사업을 목적으로 하는 「민법」 제32조에 따른

비영리법인

② 교육부장관은 인증 업무를 위탁한 기관이나 법인에 대하여 위탁한 업무 수행에 필요한 예산을 지원할 수 있다.

☐ 제4조(인증 유효기간의 연장) ① 법 제13조 제2항에 따라 인증 유효기간을 연장 받으려는 자는 유효기간 만료일 3개월 전부터 60일 전까지의 기간에 연장 신청을 하여야 한다. 이 경우 제2조 제1항에 따른 첨부서류 중 인증 신청 시와 변동이 없는 부분에 관한 서류는 제출하지 아니할 수 있다.

② 제1항 외에 인증 유효기간 연장의 절차 등에 관하여는 제2조 제1항부터 제4항까지의 규정을 준용한다.

☐ 제5조(인증 등의 공개) 교육부장관은 법 제12조부터 제14조까지의 규정에 따라 인성교육프로그램의 인증, 인증 유효기간의 연장 또는 인증 취소를 하는 경우에는 다음 각 호의 사항을 교육부의 인터넷 홈페이지 등을 통하여 공개하여야 한다.

1. 인성교육프로그램의 인증 현황(인성교육프로그램의 인증 분야와 인성교육프로그램 보유 기관의 명칭 · 대표자 및 소재지 등)
2. 인증일 및 인증 유효기간
3. 취소 사유(취소의 경우만 해당한다)

☐ 제6조(교원의 연수 등)법 제17조 제2항에서 “교육부령으로 정하는 교원 양성기관”이란 다음 각 호의 기관을 말한다.

1. 「고등교육법」 제41조에 따른 교육대학 · 사범대학(교육과 및 교직과정을 포함한다)
2. 해당 기관에서 학위를 취득하거나 과정을 이수하는 경우 예비교원이 「교원자격검정령」 제18조 제3호에 따른 무시험검정을 통하여 같은 영 제3조에 따른 교원자격증을 수여받을 수 있는 기관

□ 제7조(인성교육 전문인력 양성기관의 지정 및 지정기준 등) ① 교육부장관 및 교육감은 인성교육 전문인력 양성기관(이하 "전문인력양성기관"이라 한다)을 지정하려는 경우 별표 3에 따른 전문인력양성기관 지정 세부기준을 고려하여 「인성교육진흥법 시행령」(이하 "영"이라 한다) 제15조 제1항 제2호의 지정기준 충족 여부를 판단하여야 한다.

② 영 제15조 제3항에 따른 지정신청서는 별지 제3호서식과 같다.

③ 영 제15조 제3항에서 "교육부령으로 정하는 서류"란 다음 각 호의 서류를 말한다.

1. 교육과정 편성표 및 설명서
2. 교육과정별 기간 및 정원표
3. 교수요원 채용계약서 또는 채용계획서
4. 강사명단 및 강의 승낙서
5. 시설 · 설비 현황표 및 해당 시설 · 설비의 유지방법에 관한 내용 설명서
6. 교육비를 포함한 경비 및 시설의 유지비용 등에 관한 명세서
7. 그 밖에 교육부장관 또는 교육감이 지정과 관련하여 필요하다고 인정한 서류

④ 영 제15조 제5항에 따른 지정서는 별지 제4호서식과 같다.

부 칙 〈교육부령 제81호, 2015. 12. 10.〉

이 규칙은 공포한 날부터 시행한다.

참고문헌

1. 국내문헌

강경수(2007). 학교장의 변혁적 리더십, 교사 임파워먼트, 팔로워십 및 학교장신뢰가 학교조직효과성에 미치는 영향. 인하대학교 대학원 박사학위논문. p. 94.

강명호(1996). 가정환경과 성격유형이 학교적응에 미치는 영향에 관한 연구. 고려대학교 교육대학원 석사학위논문.

강성철, 김판석, 이종수, 진재구, 최근열(2016). 새 인사행정론. 서울: 대영문화사.

강윤석(2010). 대학 평생교육원스피치교육의 효과에 관한 실험연구. 부산대학교 교육대학원.

강혜원(2004). 서라벌대학 학사운영제도평가연구. 서라벌대학 2004년도 교육인적자원부 특성화사업 현장 밀착형 직업교육시스템구축 성과발표회 재구성. 서라벌대학.

곽금주(2019). 서울대 심리학과. 아이의 사생활, EBS, 도덕성에서 인터뷰 인용.

교육과학기술부(2012). 유치원 기본과정 내실화를 위한 인성교육프로그램. 서울: 한국시각장애인 연합회.

김두현(2006). 경호학개론. 경호출판사(서울). pp. 26-27에서 요약 인용.

김두현(2011). 현대자원봉사의 이론과 실제. 대한미디어.

김두현(2011:28-30). 현대자원봉사의 이론과 실제. 대한미디어.

김두현, 김정현(2002). 경호비서학. 백산출판사. p. 174.

김상득 (2000). 생명의료 윤리학. 서울: 철학과 실사.

김선경(2013). "중학교 과학 수업에서 상호동료 멘토링 활동의 상호작용 분석." 박사학위논문. 서울: 서울대학교.

김선혜(2009). 유, 초 연계를 한 유아도덕교육 프로그램 개발 및 적용 효과. 원광대학원 박사학위논문.

김성숙(2005). 역사적 관점으로 본 메소포타미아 수학. 한국수학사학회지. 제 18권 제4호, pp. 39-48.

김영옥, 장명림, 유희정(2009). 유아인성교육 프로그램개발 및 효과. 열린 유아교육연구. 14(5), 297-354.

김영호(1997). 지방자치단체의 지역 자원봉사 활성화방안. 강서 자원봉사 포럼.

김윤래, 석혁기(1999). 목표설정: 운동수행에 미치는 영향에 대한 이론적 기저와 연구 동향, 문제점 및 과제. 강원대학교 부설 체육과학연구소 논문집. 23권, pp. 117-139.

김택, 유종해(2011). 행정조직론. 경기 파주시: 한국학술정보(주).

김하(2004). 세상에서 가장 행복한 느낌. 뜻이 있는 사람들, 중신출판사.

김현주, 양승목(2004). 국내외 대학 스피치커뮤니케이션 교육 현황: 국내대학사례. 한국 소통학회 가을철 정기학술대회 발표논문.

김현지(2017). 유아 인성교육의 개념과 방향에 대한 델파이 조사 연구. 경북대학교 대학원.

김혜정(2006). 전통예절활동이 유아의 기본생활습관에 미치는 영향. 석사학위 논문, 대구학교 교육대학원.

도덕성의 정의, (철학, 스탠퍼드 백과사전).

도덕적 상대주의(Moral Relativism). 스탠퍼드 사전 철학 항목.

롯데월드(1997). 헬스크럽 운영 매뉴얼. p. 20.

문용린(1994). 청소년의 도덕성, 법의식 발달, 비행 경향성 법 교육 실태에 관한 연구. 한국형사정책연구원.

문용린(2019). 서울대교육학과. 아이의 사생활, EBS, 도덕성에서 인터뷰 인용.

민경호(2010). 리더십 이론과 개발」. 서울 : 무역경영사. p. 199.

민경호(2010). 조직행동론. 서울 : 대영문화사. p. 230.

민진(2006). 조직관리론. 서울 : 대영문화사. p. 214.

바버라 켈러먼(2011). 팔로워십. 더난 출판사.

바버라 켈러먼, 이동욱, 김충선, 이상호(2011). 리더십. 코끼리를 쏘다에서 요약인용. pp. 6-8.

박경수(2001). 학교장의 변혁적 리더십과 교사의 팔로워십, 임파워먼트와의 관계연구. 한양대학교 대학원 석사학위논문. p. 63.

박규철(2008). 그리스 로마사회의 갈등회소 모델연구: 설득과 수사학을 중심으로. 고양: 동서과.

박내회(2007). 조직행동론. 서울: 박영사. p. 182.

박동서(2001). 한국행정론. 서울: 법문사.

박미진, 조인희(2013). 스피치능력이 학습향상능력 효과에 미치는 영향. 한국엔터테이

먼트 산업학회 추계 학술대회 논문집. 11, pp. 59-64.
박성택(2006). 수학학습심리와 교수 학습 전략. 서울: 경문사.
박신자(2000). 심리학의 이해. 서울: 형설출판사.
박영찬(2004). 일반인 대상 스피치교육의 현황. 한국 스피치 커뮤니케이션학회 2004년 봄 학술대회발표 논문집. 1-8.
박용익(2003). 수업대화의 분석과 말하기교육. 서울: 역락.
박찬옥(2010). 유치원교육과정에 기초한 생활 주제교육 계획. 서울: 창지사.
박현일(2010). 교육훈련과 보상시스템이 동기부여를 통해 기업성과에 미치는 영향. 은행 A사를 중심으로-.「한국국제회계학회 추계 학술발회」. 11-488.
백미숙(2009). 교양교육으로서의 말하기교육의 현황과 방향: 성균관대학교의 스피치와 토론강좌사례를 중심으로 수사학. 10, pp. 323-348.
성창훈(1985). 목표설정 수준이 운동수행과 동기에 미치는 영향. 석사학위 논문. 서울대학교 대학원.
사노요코, 김난주 역(2006). 출판사 비룡소.
스콧 레이먼드 애덤스(Scott Raymond Adams, 1957년생)는 미국의 만화 작가이다. 연재 만화 《딜버트》의 저자이며, 기업 경영과 사회 풍자, 기업비즈니스에 관한 많은 책들을 저술하였다.
신기철, 신용철(1983). 새 우리말 큰 사전. 서울: 삼성출판사.
신용주(2006).“미국기업의 멘토링 도입현황과 시사점.” 임금연구. 경총 노동경제 연구원. 제14권 제1호 통권 제52호, pp. 22-35.
심성보(2008). 도덕교육의 새로운 지평. 경기: 서현사.
안황권(2009). 민간경비학. 인천 : 진영사. pp. 161-163.
알렉산더 데만트(2018). 시간의 탄생. 이덕임 옮김. 북 라이프.
오석홍(2005). 조직이론. 서울: 박영사.
오석홍(2011). 행정학. 서울: 박영사.
오숙영(2000). MBTI 성격유형에 따른 중학교 3학년의 학교생활 적응에 관한 연구. 동국대학교 교육대학원 석사학위논문.
옥만석(2005). 파워 스피치기법. 부산: 우주문화사.
윌리엄 해리슨 젤라드(1923). 위키백과, 2019, 고두현, 2005, 재미있는 육상이야기.
유병렬(2015). 인성교육진흥법의 시행과 학교 도덕·인성교육의 실천방향. 인성교육

중학 교과로서 초등도덕과 발전방안 탐색. 한국초등도덕교육학회 학술발표대회보. pp. 7-8.
유병열(2013). 도덕교육론 , 한국도덕윤리교육학회, 도덕윤리학개론. 교육과학사.
윤길자(1995). 임상간호사의 윤리 가치와 윤리 갈등에 한 연구. 경희학교 행정대학원 석사학위 논문.
윤리학(Ethics). 철학. 인터넷 백과사전, Internet Encyclopedia of Philosophy.
윤여선(2006). 직장상사의 변혁적 리더십과 종업원 팔로워십 특성에 따른 종업원 만족이 고객 인지 서비스 품질에 미치는 영향. 서강대학교 대학원 석사학위논문. p. 59.
이돈희(1975). 도덕과 교육 서론. 서울: 능력개발사.
이민형외 3인(2008). 한국 경호사 강의. 진영사(인천).
이상철(2005). 교양교육으로서 스피치토론 프로그램의 유익성과 한계점. 한국소통학회 가을철 정기학술대회논문.
이소룡(李小龍, 리샤오룽, 1940년 11월 27일-1973년 7월 20일). 위키백과. 2019.
이수도(2001). 조직 행동론. 서울: 형설출판사. 12.
이윤화(2004). 멘토링 기능이 멘토링효과에 미치는 영향. 자기효능감의 조절효과를 중심으로. 숙명여자대학교 경영학과 석사학위논문.
이종대, 조난심(1997). 인간교육개념 정립을 한 연구. 교육 철학. 18, 99-123.
이형룡, 김민선, 이원옥(2006). 호텔조직문화와 개인의 가치가 고객지향성과 동기 부여에 미치는 영향. 「관광레저 · 연구」. 18(2), 151-170.
인천국제공항(2019). 서비스 매뉴얼 보안검색.
임지영(2006). 병원의 내부마케팅 활동이 간호사의 동기부여에 미치는 영향: Herzberg의 동기-위생요인 이론을 기반으로. 「간호행정학회지」. 12(2), 204-21.
정종진, 이덕로(1998). 인적 자원관. 서울 : 법문사.
정창우(2015). 인성교육의 이해와 실천. 파주: 교육과학사.
제시 오언스(1913-1980). 위키백과, 2019, 고두현, 2005, 재미있는 육상이야기.
제일스포츠클럽(1993). 운영계획서. pp. 25-27.
조계표(2013). 행정학입문. 서울: 박영사.
진로그룹(1996). "그룹관리자 의사결정과정" 과정코드: 12101.
진화림(2011). 교수방식 및 학습자 특성에 따른 스피치교육 효과연구. 박사학위논문, 세종대학교 대학원.

찰리패덕(1900~1943). 위키백과. 2019, 고두현, 2005, 재미있는 육상이야기.

최광호(2002). 문제해결 전략의 학습방법 차이가 문제 해결력에 미치는 영향연구. 초등학교 4학년을 중심으로. 석사학위논문. 서울: 서울교육대학교 교육대학원.

최민수(2001). 유아교육현장에서의 영유아 인성교육 방안 모색. 유아교육 보육행정연구. 15(4), pp. 141-168.

최일섭(1996). 미국의 자원봉사 유래와 현황. 한국사회복지관협회.

하영복, 문혜옥(2005). 서라벌대학 멘토링 프로그램 개발연구. 서라벌대학.

한국대학사회봉사 협의회(2012). 한국대학생 해외봉사단 파견실무매뉴얼.

한국대학사회봉사협의회(2012). 2012년 하계 단기 24기 한국대학생 해외봉사단 발대식 및 기본교육.

한성숙(1992). 간호사들이 임상에서 경험하는 윤리 딜레마의 실상과 의사결정에 한 연구. 서울학교 박사학위논문.

호텔미란다(1991). Leisure DEPT Serviice Manual. pp. 45-46.

현외성(1988). 대학사회봉사론. 유풍출판사.

2. 외국문헌

Bandura, A(1986). Social foundations of thought and action: A social cognitive theory. Englewood Cliffs, NJ: Prentice-Hall.

Bass, B .M(1985). Leadership and performance Beyond Exception, NY, The Free Press.

Bass, B, M & Avolio. B. J(1990). "Transformational Leadership.

Development : Manual for the Multifactor Leadership Questionnaire." Palo Alto : Consulting Psychologists Press.

Brien, J. A(1991). Introduction to Information System in Business Management, 6thed., RichardIrwin, Inc., p. 286.

Burton, D.(1989a). The impact of goal specificity and task complexity on basketball skill development. The Sport Psychologist, 3, 34-47.

Douglas Malloch(1877~1938). Be the Best of Whatever You Are.

Fowler, D. M(1989). Ethical decision making in clinical practice. Nursing Clinics of North America. Vol.24, No. 4, 956-957.

Gibson J. L(1991). Organization theory and Nature of man : 99.

Gould, D(1992). Goal setting for peak performance, In J. M. William(Ed.). Applied Sport Psychology: Personal growth to peak performance (2nd ed., 158-169). Mountain View, CA: Mayfield.

Harper & row(1985). Peter drucer, The effective executuive.

Harren, V. A., Kass, R.,Tinsley, H.,and Moreland, J(1979). Influence o Gender. Sex Role Attitudes. and Cognitive Complexity on Gender

dominant Career Choices. Journal of Counseling Psychology, 26. pp. 227-234.

Hughes, R. L. ,R. C. Ginnett, and G. J. Murphy(1999). Leadership: Enhancing the Lessons of Experience, 3rd ed. NY: McGraw-Hill.

Heller, & J. VanTil(1982). Leadership and Followership : Some summary Propositions, Journal of Applied Behavior Science, 18, pp. 405-414.

Hollander(1992). Leadership, Followership, Self and Orhers, New York : Doubleday Dell.

Hersh, R. H. Miller, J. P. & Fielding, G. D(1980). Models of moral education. New York: Longman, I nc.

Jago, L(1982). Leadership Perspectives in Theory and Research. Management Science, 28, p. 315.

Jung, C. G(1971). Psychological types ,N. J. :Princeton University, Press.

Kelley, R. E(1988). “In praise of follower” Harvard Business Review. November-December. 142-148.

Kohlberg, L(2000). 도덕발달의 철학. 김민남, 김소, 진미숙 역. 서울: 교육과학사.

Krunlik,S. & Rudnick, J. A(1987). Problem solving: A handbook for teacher. Boston: Allyn and Bacon.

Kyllo, L. B., & Landers, D. M(1995). Goal setting in sport and exercise: A research synthesis to resolve the controversy. Journal of Sport & Exercise Psychology, 17, 117-137.

Lerner, B. S., & Locke, E. A(1995). The effects of goal setting, self-efficacy, competition and personal traits on the performance of an endurance task. Journal of Sport & Exercise Psychology, 17, 138-152.

Levinson, D. J., Darrow, C. N., Klein, E. B., Levinson, M. H., & McKee, B(1978). The seasons of a man's life. NY: Ballantine.

Levinson, D(1986). "Seasons of A Man's Life", New York : Knopf, 1986.

Locke, E. A(1991). Problems with goal-setting research in sports and their solution. Journal of Sport & Exercise Psychology, 83, 311-316.

Locke, E. A. & Latham, P(1990). A Theory of Goal Setting and Task Performance. Englewood : Prentice Hall.

Locke, E. A(1994). Comments on Weinberg and Weigand. Journal of Exercise & Sport Psychology, 16, 212-215.

Noe, R. A(1988). An investigation of the determinants of successful assigned mentoring relationships. Personnel Psychology, 41(3), 457-479.

Stogdill, R. M(1974), "Definition of Leadership." Handbook of Leadership. New York.

3. 기타자료

김토일 기자(2007.04.27). 연합뉴스 그래픽.

반종빈 기자(2007.04.27. 19:52). 연합뉴스.

EBS. 아이의 사생활, 도덕성.

심현남(2019,11,12). 부아칼럼. 용인대학신문.

중앙 선데이. 조인스 닷컴, 연합뉴스, 2007. 05-03. 10:02,

http://kyckhan.egloos.com/1140267

한국교직원신문. 교실수업 더 즐겁게 바꾼다, 2011. 3. 14.

무엇이 보입니까?(Daum카페(2010.12.17.). http;//cafe.daum.net/doulcn/CAZo/322)

소크라테스문답법(https://ko.wikipedia.org/wiki/%EB%AC%B8%EB%8B%B5%EB%B2%95, 위키백과)

시간의 개념(https://500bag.tistory.com/15 [500bag의 블로])
한국대학사회봉사협의회(http://www.kucss.or.kr)
한국상담교육원 충남교육원, 인성의 개념(cafe.daum.net/insung.edu/giqA/2,,)
한국자원봉사센터 협회(http://www.kfvc.or.kr/contents/sub01/sub01_04.html)
한국자원봉사협의회(http://www.vkorea.or.kr/contents/organization.html?sm=1_7)

저자약력

김진환

[학력]

- 용인대학교 유도학과 졸업
- 한국체육대학교 대학원 이학박사
- 건국대학교 대학원 교육학 석사
- 용인대학교 경호학 박사과정 수료

[경력]

- 서라벌대학교 경호스포츠학부 교수 역임
- 현)용인대학교 경호학과 교수
- 정부 인사혁신처 기술평가위원
- 국토교통부 항공보안과 ICAO전략연구 책임연구원
- 국가평생교육 진흥원 학점은행제 평가위원
- 전국 5개 광역시 청원경찰 문제출제 및 평가위원
- 우성그룹, 대상그룹, 제일기업, 진로그룹 기획실 및 신규사업 팀장 역임
- 경비지도사 국가자격시험 출제위원
- 한국경호경비 학회 부회장

[저서]

- 스포츠심리학 요약
- 사회체육 시설론과 스포츠센터 만들기
- 스포츠비지니스 경영관리론
- 시큐리티 운용론
- 운동과 건강
- 경호경비 관계법
- 경호비서실무론
- 경호학 연구방법론

[연구논문]

- 민간경호 경비원들의 의식구조와 가치관에 관한 연구
- 경호원들의 불안수준에 관한 연구
- 민간경호원의 자기효능감 검사 척도 개발
- 경호 경비업 종사자들의 의식구조에 관한 연구
- 민간 경호경비원의 직무스트레스에 관한 연구
- 민간 경호경비원들의 특성불안 수준에 관한 연구
- T H I에 의한 민간 경호경비원과 경호학 대학생 건강상태 조사 연구
- 민간 경호경비원 자기효능감 검사 척도개발 外 다수의 논문